ロシアの演劇教育

マイヤ・コバヒゼ著／鍋谷真理子訳

成文社

目次

序文

日本演劇協会会長　植田紳爾

ロシアはトルストイ、チェーホフ、ドストエフスキーなど偉大な作家を生んだ国として知られている。特にチェーホフの作品はロシアだけでなく、世界中の劇場で様々な演出で繰り返し上演されている。チェーホフやトルストイの作品のお陰で、ロシア文化を肌で感じ、ロシア人の気質や思索の世界に触れた人が多い。私自身もロシア文学の洗礼を受けた一人だ。私は神戸で育ったが、戦争中は祖母と妹と共に福井の村長宅に疎開していた。そのお宅の蔵に入った時、書棚に実に立派な世界文学全集が揃っているのを見つけ、そこでトルストイと出会い、ドキドキしながら読んだものだ。幼いながら気の張った心を癒し、自分だけの読書の時間、自分の居場所がいかに心地よいか、文学がいかに面白いか目覚めたのである。振り返ると、あの蔵で過ごした時間の中で、自分の脚本家としての土壌ができたように思う。

後日（一九八八年）宝塚歌劇団でトルストイの『戦争と平和』をミュージカル化することになった。世界初の劇化、世界初のミュージカル化ということで話題になったが、この挑戦は苦しみの連続だった。しかし、ある新聞の投稿欄に『宝塚歌劇は王子様とお姫様のラブロマンスだけかと思っていたが、これにはトルストイの訴えた平和と人間愛が明確に表現されており感動した』という記事が出た。トルストイを表面から見据えた難しい仕事だったがいい思い出として残っている。

ロシア演劇は、正にロシア文学の底力に支えられているのだ。今では、ロシア文学・演劇は日本演劇においても決して切り離すことのできない要素になっている。ロシア演劇の成り立ち、その伝統を支える演劇教育を知ることは、今後、ロシア文学、戯曲、芝居を鑑賞する際にも、自国の演劇の将来を考えるためにも有益だろう。本書の巻末にはロシアの演劇教育機関連絡先リストもあり、実用的にも便利である。

本書によると、ロシアには総合演劇大学がモスクワとサンクトペテルブルク等にあり、さらに代表的劇場に付属した演劇大学がある。未来の俳優や演出家はそこで一般教育課程と演劇専門教育を受けている。ソ連時代までは、国が演劇教育に対して統制・管理するという完全一元化統合システムがあった。ソ連崩壊後の現在は昔のような完全システムはなく、教育方針は多様化し、大学自治が確立されているが、大枠の形は残っており、劇場付属大学も今なお健在で、創造・経営面の発展を続けているそうだ。国家が一貫して演劇を文化の重要要素として捉え、支えていたことが分かる。また、演劇大学卒業者は演劇関係の職に就けるということだ。これは、全国の劇場数が多く、需要があるためだと説明されているが、日本とは随分違っている。

日本の場合、総合大学の学部・学科といった形で演劇の大学教育が行われているが、独立した演劇大学はない。また、日本の劇場付属の俳優養成所や研究所は、大学のような教育機関ではないので、教育事情は劇団ごとに大きく異なる。

面白いのは、ロシアの劇場付属演劇大学入試で学生を選抜する時、劇場レパートリーの芝居に登場する役に合った学生を最初から選び、クラスで一つの芝居ができるように準備するということだ。日本の大学入試ではまずあり得ないだろう。また、ロシアの演劇大学では、業界で活躍しているスターが母校で教鞭を執るという伝統が根付いている。それは理想だ。実際に銀幕や舞台の頂点で活躍している人は舞台での立ち振る舞いや所作を難なく手本として示すことができる。彼らが身をもって劇団内での師弟関係、信頼、感謝といった基本事項を教えてくれるだろう。日本の歌舞伎の場合は、一族で代々継承されており、芸能伝承・教育がうまくいっているが、個々の劇団では難しいだろう。

ロシアの俳優訓練法の基本はスタニスラフスキー・システムである。約一二〇年前に国家認定の俳優訓練法と認められ、システムは全国共通の一元化された教育系統になった。現在はいくつかの枝に分岐した俳優訓練法があり、沢山ある劇場では多種多様なスタイルの芝居、ミュージカルが展開されている。「それでも基本にあるのはスタニスラフスキー・システムなのだ」と著者は強調している。

毎年恒例のロシア文化フェスティバル in Japan の一環でロシアの劇団が来日し、スタニスラフスキー・システムに基づく演劇が披露されてきた。今後も好機を捉えて、二一世紀に生きるスタニスラフスキー・システムに触れ、新たな刺激を得たいと希望する。

植田紳爾　社団法人日本演劇協会会長、劇作家・演出家、宝塚歌劇団理事長（一九九六～二〇〇四年）、同歌劇団特別顧問。菊田一夫演劇賞・特別賞、文化庁芸術祭賞・大衆芸能優秀賞、紫綬褒章・旭日小綬賞など受賞。

まえがき

マイヤ・コバヒゼ

日本の読者にロシアの演劇教育の本をお届けするというのは、責任の重い課題である。それは、日本が世界文化遺産登録の伝統芸能をいくつも有する国であり、それらのユニークな伝統芸能を何世紀もの間、脈々と継承・伝授して、地球上の文明社会に衝撃と感動を与えてきたからだ。

しかし私は、グローバル化の時代を迎えた今こそ、人類が創造した多様な文化、それぞれの民族の魂を宿している各国の文化を世界に伝え、大切に守り、育くむことが非常に重要だと考えるのである。私が生活の場としているロシアにも、正にこの世界に語り継ぐべき文化がある。それは演劇遺産と名付けた方が良いかもしれない。ロシアの演劇、演劇教育、スタニスラフスキー・システムは、ロシア文化と切っても切り離せない重要な要素であり、文化資産全般に対して独自の貢献をしている。ロシアという国、ロシアに住む人々の舞台芸術に多少なりとも関わった人間として、この価値ある演劇遺産を世界に伝え、その魅力を分かち合うことは、ある意味で自分の責務であり、名誉ある使命に他ならない。この熱い気持ちこそが、日本の皆様にロシアの演劇教育を紹介する本書をお届けする理由である。

人は誰でも、その人にしかない個性を持っている。一人一人違うから、互いに対する興味が湧いてくるのだ。世界の国々を眺めてみると、一つ一つの国が色々な個性に満ち溢れていることが分かる。この未知の世界をもっと知りたいと願い、少しでも近づけるように努力をしてみると、次第に生活自体が充実し、魅力的な輝きを放つようになり、それが生きがいにもなるものだ。その中で、民族の壁、文化の壁、時の壁をちょっとでも乗り越えられたと感じた時、世界がもっと分かるようになり、分かるスピードが速まり、感動の世界に導かれる。やがて、それまでの様々な努力に対するご褒美が待っている。「君を隔てる境界も溝もない。君はもはや地球のファミリーの一員だ」という天の声を聴くような幸福な瞬間がふわっと舞い降りるだろう。毎年恒例のロシア文化フェスティバル in Japan が、ロシアのアーチストにも、日本の観客にも、このような喜びの瞬間をプレゼントすることになっているのなら、とても素敵だと思う。私の著書が世に出るのもフェスティバルのお陰である。出版に力を貸してくださったウラジーミル・イワノビチ・ベススードノフ氏、長塚英雄氏、日本の仲間達、並びにフェスティバル組織委員の皆様に心からの感謝の言葉を申し上げたい。

本書が、読者諸氏のロシア演劇と演劇教育についての見識を深める上でお役に立つことができれば幸甚である。

マイヤ・コバヒゼ

第一部　ロシアの劇場

第一章　ロシア演劇界の状況

　ロシア演劇界の現状は、ロシア特有の演劇教育システムと密接に結びついている。つまり、今日、ロシアの劇場で見られる状況は、二〇世紀後半の演劇教育で起こったプロセスの延長線上にあるのだ。

　二〇世紀後半のロシアでは、既に常設の職業劇団が活動し、レパートリーを持つ国立劇場のネットワークが国中に張り巡らされていた。現在、このような劇場はレパートリー・シアターと呼ばれ、ロシア文化の業績を象徴するものとして評価されている。国立レパートリー・シアターは全国にあり、その数は非常に多く、いつの時代も、どの劇場も劇団員を補充する必要に迫られてきた。だからこそ演劇大学の存在意義は高く、演劇大学の事業に拍車がかかり、発展が止まらないのだ。

　ここで、世界の劇場の歴史を振り返ってみよう。全体としては、常設劇団は持たずに、何か具体的な芝居を上演する度に俳優を招くスタイルが圧倒的に多い。もっとも、その国で文化財と認定されている劇団は例外だが。十九世紀のロシアの状況を見ると、世界の状況と変わりない。しかし、一九一七年の革命以降は全ての劇場に国立劇場の地位が与えられ、劇団員が確保されている。おまけにその活動は国家予算で賄われているので、極めて恵まれた状態と言えよう。ただ、モスクワとペテルブルクの歴史は特別で、革命以前から沢山の劇場が存在していたとされる。ドラマ劇場はロシアの大半の大都市に開設された。二〇世紀前半に劇場は全ての大中都市、大半の小都市に拡大した。ノボシビルスク、エカテリンブルク、チェリャービンスクといった大都市では、複数の劇場が設立されている。自治共和国（タタルスタン、バシキール、ダゲスタン）の首都には最低でも二劇場あり、一つは民族語、もう一つはロシア語で芝居が行なわれていた。その後はドラマ劇場だけでなく、青年劇場や人形劇場といった児童・青少年向け劇場も全国にネットワークを広げた。

地方劇場はモスクワやペテルブルク（当時はレニングラード）にある劇場の後を追いかける形で、一歩遅れた創造活動を行なうのが普通だった。とは言え、地方に住む演劇ファンもモスクワ等、大都市の劇場の芝居を見る機会があった。ロシア諸都市の劇場交換公演が常に実施されていたので、他の都市からやって来る劇場が上演する芝居に触れることができたのだ。例えばノボシビリスクの劇場がヤロスラブリ公演に出かけて行き、ヤロスラブリドラマ劇場の舞台で芝居を披露すると、お返しにヤロスラブリの劇団がノボシビリスク劇場の舞台で上演するというように。しかも交換公演に必要な資金は、文化省が特別公演計画に基づいて拠出していたので、何の心配もなかった。

劇場経営は安定し、俳優の給与は充分に支払われ、国内巡業に出ることもあり、あわよくば外国公演（外国巡業は全てゴスコンツェルトが握っていた）のチャンスも期待できた。そのため、若者が就職や職業を決める時期に、劇場は才能豊かな人材に対して魅力的条件を提示することができたわけだ。その結果、才能ある若手俳優が劇団に就職するという大きな流れがしっかりと根付いていた。

しかし演劇界には、文化の世界に付き纏う本質的なマイナス要素があった。その多くが国家の厳しい検閲に関係するものだ。芝居上演の際には、どんな劇場でも必ず二回の事前許可を得ることが義務づけられていた。まず戯曲選択の時点で、文化省レパートリー参与会の合意を得なければならない。次に完成した演劇が、文化省特別委員会の事前検閲にかけられ、その上で上演許可が出された。この手続にパスして、初めて観客に披露することができたのである。検閲はイデオロギー、つまり作品の内容だけでなく、純粋な芸術的要素である舞台形態にも及んだ。また、委員会は単に「レベルが低い、下手だ」と言う理由ではねつけることもできた。

ロシア中の劇場がスタニスラフスキー・システムを基本に創造活動を実践してきた。もっとも、劇場による違いや差があったのは確かである。本当に才能のある俳優や演出家（アナトリー・エフロス、ゲオルギー・トフストノーゴフ、オレグ・エフレーモフ等）は、システムの主要使命である「真実味のあるリアリズム演劇」を創造できるレベルまで技術を高めていた。ところがそれほど才能のない人々は、システムを教条化させ、芝居上演の度にシステムの要素を機械的に適用するだけで、魅力と深淵さに欠けた退屈な見世物しか作れなかった。しかしロシア演劇全体を見ると、千篇一律の創造手法が全国規模で根付いていたと言える。文化官僚がその創造手法の基本に据えたのがスタニスラフスキー・システムだった。スタニスラフスキー・システムはロシア演劇発展の突破口と評され、ロシア最大の業績と謳われたが、時と共に、何か保守的なもの、斬新な実験の芽を摘み取るための独特な手段に変身していった。

本書では二〇世紀後半にロシア演劇界で果たしたスタニスラフスキー・システムの役割と、今日に至るまで俳優養成で一貫して果たしているシステムの枢要な使命とは、分けて考えるべきだと思う。上で述べた文脈を見ると、この論調は理屈に合わないと思われるかもしれないが、本書の以下の各章でシステムについて詳しく述べ、この考え方が正しいことを読者に示すつもりである。

フルシチョフ政権の「雪解けの時代」（一九六〇年代）になると、イデオロギーと芸術に対する検閲が一時的に緩み、ロシアの演劇人はスタニスラフスキー・システムの枠を飛び出して実験を試みることができるようになった。最も鮮烈な革新的探求の象徴となったのが、タガンカ劇場のユーリー・リュビーモフ演出による芝居だ。

一九八〇年代半ばのペレストロイカの時代には、ロシア演劇、ロシア芸術に対する世界の関心が急速に高まった。世界の人々が、ロシア芸術は解放され、自分達の手の届くものになったと確信し、自分の国でも観賞してみたいと思うようになったのである。当時は多くの国の興行会社から招聘が殺到し、現代ロシア芸術フェスティバルが矢継ぎ早に開催され、中でも演劇はフェスティバルの重要な核であった。ロシア芸術に対する関心がこれほどヒートアップしたことは、恐らく二〇世紀初頭以降なかっただろう。かつてパリでジャギレフスキーの「ロシアシーズン」が華やかに開催され、世界美術界の視線が所謂「ロシア・アヴァンギャルド」の旗手、カンジンスキー、マレービチ、シャガール等の画家に集中した頃のブーム復活と思われた。

しかし、ソ連崩壊と新生ロシア誕生に伴う政治変化を背景に、一九九〇年代初頭には人々の関心は全く別の方向を向いていた。正にこの時期に、ロシアと言えば「政治」で、政治以外でロシアを連想させるものは何もかも影を潜めてしまった。正にこの時期に、劇場自体も世知辛い時代の波に飲み込まれた。観客の注目を集めるに足りる本物の芸術を開拓する突破口も見つからないままに苦汁の月日が流れた。もっとも、この厳しい時期にもロシア演劇、演劇教育の成果はそのまま失われることなく維持されてきた。

このように、ロシアにおける芸術の運命や劇場の状況は国内政治と密接に関係している。この辺の話は、日本の読者の目には不思議に映るかもしれない。実はロシアでは芸術の世界に生きる人々、その創作活動の自由は政治情勢だけでなく、皇帝、支配者、共産党書記長や大統領といった国家首脳の個人的趣向、好みにも左右されるのである。

ソ連崩壊直後の一九九〇年代初頭、ロシアは深刻な経済不況に喘いでいたが、それにも拘らず全ての国立劇場や演劇大学は、これまで通り国家予算から資金拠出を受けていた。この時期にイデオロギーや芸術の検閲が廃止され、その結果、劇場はレパートリーから芝居の内容に至るまで、創作面の問題は全て自分で決め、もはや上演の事前合意をとりつける必要もなくなった。また、ソ連政権下では許されなかったプライベート劇場の創設も簡単にできる時代が到来した。もっともその後は、このプライベート劇団創設はそれほど進展しなかった。それは、常設劇団を抱えるレパートリー・シアターとなると多額の資金が安定的に必要であり、それをスポンサーや慈善家から集めるのは至難の業だからである。実例を見れば分かるように、スポンサーや慈善家は普通、劇場の全事業に資金を出すのは嫌がるが、個々の短期演劇プロジェクトなら資金拠出してもよいと考えているのだ。このような状況が背景となり、ロシアの演劇活動の中心は、再び国立ドラマ劇場に集中する形になった。国立劇場も新しい環境の下で様々な革新的実験をすることができるようになっていたが、斬新な創造のアイデアが実際に生まれるまで相当の時間を要したことは確かである。

その後、新生ロシア誕生後に迎えたポスト・ソビエト時代の二五年間に、斬新で現代的な演劇プロジェクトが次々と生まれ、世界演劇空間との統合を目指すロシア演劇の一定のイメージが出来あがった。

モスクワとサンクトペテルブルクはいつの時代も演劇芸術・教育の中心である。特にモスクワは、劇場数が圧倒的に多く、創造スタイルも多彩であり、ゴージャスで華やかな演劇都市の顔を保っている。

第二章　モスクワの劇場

モスクワ芸術座

モスクワ芸術座は世界で最も有名なロシアの劇場である。劇場ホールは一八八九年にカメルゲルスキー横町に建設され、ここで十月十四日に旗揚げ公演となるアレクセイ・トルストイの戯曲に基づく芝居『皇帝フョードル・イオアノヴィチ』が上演された。劇場を設計したのは著明な建築家フョードル・シェフテリ。モスクワ芸術座の創設者はコンスタンチン・スタニスラフスキーとウラジーミル・ネミーロヴィチ＝ダンチェンコである。この二人の偉人が新劇場設立の合意に至った邂逅は、重要な出来事としてロシア演劇史に刻まれている。一八九七年六月十九日の十八時間に及ぶ歴史的会談の舞台は、モスクワのレストラン「スラビャンスキー・バザール」。当時、スタニスラフスキーには既に自分の俳優グループ（マリヤ・リリナ、マリヤ・アンドレエワ、ワシーリイ・ルシュスキー等）があり、芸術・文芸協会で芝居を上演していた。一方、ネミーロヴィチ＝ダンチェンコには、モスクワ音楽・演劇学校の教え子（オリガ・クニッペル〈後にチェーホフの妻になったクニッペル・チェーホワ〉、イワン・モスクヴィン、フセヴォロド・メイエルホリド等）がいた。これらの若い才能豊かな逸材を劇団員として、新しい劇場「モスクワ芸術座」が立ち上げられたのである。ロシア演劇史全般を振り返ると、学生が俳優修業を終えた直後に劇団を立ち上げ、その核となり、その後、他の俳優が合流するというケースが少なくない。ワシーリイ・カチャーロフの場合、モスクワ芸術座劇団創設後の一九〇〇年に採用され、後に名実ともに偉大な俳優と認められるようになった。有名な俳優・演劇教師レオニード・レオニードフは一九〇三年に入団している。

モスクワ芸術座の旗揚げ公演は、リアリズム手法、歴史的信憑性、日常生活の微細なデティールを再現する見事な舞台で観客の心を鷲掴みにした。ロシアの観客はこういう芝居を一度も目にしたことがなかったので、度肝を抜かれ、大変な話題となったのである。とはいえ、最終的に芸術座の象徴となる創作傾向がしっかり確立したのは、アントン・チェーホフの戯曲（『かもめ』一八九八年、『ワーニャ伯父さん』一八九九年、『三人姉妹』一九〇一年、『桜の園』一九〇四年）が上演されてからだ。モスクワ芸術座、後にロシアの多くの劇場で上演されたチェーホフの芝居を基本に、真に迫った外面的行動だけでなく、リアリティーに満ちた人間関係、舞台上の登場人物が醸しだす相互作用の中でリアリズムが表現されるようになった。ロシアではモスクワ芸術座の創造活動を基本にした所謂《心理を重んじる演劇》が上演され、その主要手段としてスタニスラフスキー・システムが完成したのである。後にスタニスラフスキー・システムは、ロシア俳優教育の基本とされた。今日では演劇の基本的訓練メソッド、演劇のアルファベットの役割を果たすと考えられている。驚異的なのは、システムを習得した俳優は《心理を重んじる演劇》のジャンルに限らず、現代の革新的流派でも演技をすることができる点だ。

スタニスラフスキーとネミーロヴィチ＝ダンチェンコが鬼籍に入った後は、スタニスラフスキー・システムは神格化され、モスクワ芸術座の創造活動は次第にかつての輝きと魅力を失って行った。成長が止まると同時に停滞が始まるのは世の常であり、モスクワ芸術座もいくつかの優れた芝居を生み、素晴らしい俳優に恵まれていたにも拘らず、一九六〇年代は総じて精彩を欠いていた。こういう状況を引きずる中、一九七〇年に劇場はオレグ・エフレーモフを首席演出家として招いたのである。モスクワ芸術座の往時の栄光を忘れることができず、息を吹き返すには極端な手に打って出る必要があると考えた古参俳優が、エフレーモフを強く求めたのだ。エフレーモフは既に人気俳優・演出家として名声を得ていた。彼が設立したモスクワ現代人劇場は正に人気絶頂で、芝居にはモスクワ中の観客が押し寄せていた。エフレーモフ自身がかつてモスクワ芸術座付属演劇大学で学び、その後に教鞭をとっているという事実が、モスクワ芸術座の磁力をアップさせる重要なセールスポイントになり、エフレーモフ目当てに才能豊かな若手俳優がモスクワ芸術座にぐいぐいと引き寄せられた。エヴゲーニイ・エフスチグネエフ、タチヤナ・ドロニナ、タチヤナ・ラヴロワ、オレグ・タバコフ、ロシアの名優インノケンチイ・スモクトゥノフスキーがその例である。

エフレーモフがモスクワ芸術座に来てから、焦眉の社会的、政治的問題を扱う現代戯曲が上演されるようになった。そのような中で、劇団が大き過ぎるために俳優全員に芝居出演を保証することができないという問題が浮上した。その結果、劇場の活動自体に亀裂が生じるようになり、結局、利害衝突で火花が散り、一九八七年に劇場が二分裂する事態に発展したのである。カメルゲルスキー横丁の由緒ある建物には、オレグ・エフレーモフ率いる劇団グループが残った。もう一つのグループは女優タチヤナ・ドロニナの元に結集して、トベリスコイ公演通りにある新しい建物で活動を開始し、ゴーリキー記念モスクワ芸術座の名のもとに活動を開始した。今日、後者の劇場はロシア演劇界で鳴かず飛ばずの状況で、存在感が薄い。

やがて、オレグ・タバコフを芸術監督に迎えたことで、モスクワ芸術座は新時代に突入した。エフレーモフ逝去後の二〇〇〇年のことである。それまでタバコフはモスクワ芸術座付属演劇大学学長、エフレーモフが創設した現代人劇場の芸術監督を務めていた。タバコフがやって来てから、モスクワ芸術座はドラマチックな変化を遂げた。これまではロシアの大劇場では上演されることがなかった超急進的な現代戯曲に扉が開かれたのだ。タバコフは俳優なので、自ら演出することはない。その代わり最も強烈な異彩を放つ演出家を芝居制作に招いている。時として、そういった演出家の手法がモスクワ芸術座の伝統から余りにもかけ離れ、多面的実験や極端な実験を目指す傾向が強くなることもある。とは言え、タバコフの指揮下で上演された最近数年の芝居は、いつでも演劇ファンの注目の的であることに変わりはない。常に熱い論争を引き起こし、時にはスキャンダルの元凶にもなる。いずれにせよモスクワ芸術座は今日、客入りが最も良い劇場になっている。芝居は本ホール、小ホール、新ホールの三か所で見ることができる。

ニュージェネレーションの有名演出家キリール・セレブレンニコフは、モスクワ芸術座で大舞台デビューを果たした。オレグ・タバコフの力添えがあってのことである。セレブレンニコフの傑作とされるアレクサンドル・オストロフスキー原作『森林』、ベルトルト・ブレヒト作『三文オペラ』、ミハイル・ブルガーコフ作『ゾーイカの部屋』が上演されると、モスクワ芸術座は決まって満員になる。彼の演出手法は折衷主義であり、芝居の諸々の要素の中に、ベルトルト・ブレヒトの手法である「叙事的演劇」が見える。セレブレンニコフの芝居の特徴は、時事評論や政治に関係する効果的暗示、俳優が観客に直接話しかける演技様式にある。

最近の芸術座の芝居では、特にコンスタンチン・ボゴモロフ演出によるオスカー・ワイルド作『理想の夫』とフョードル・ドストエフスキー原作『カラマゾフの兄弟』が、モスクワ最大の話題作とされ、喧々囂々の論争を巻き起こしている。ボゴモロフは間違いなく現代ロシア演劇のリーダーの一人だ。問題は、彼の芝居には必ずスキャンダルと故意の扇情的行為がつきものだという点だ。芸術座が完全に開かれたものになるように苦心しているさすがのタバコフでさえ、「ボゴモロフの芝居を観客に見せるべきか、見せない方がよいか」迷うことがある。面白いことに、これを知った観客はさらに好奇心を煽られ、『カラマゾフの兄弟』に注目するという展開になる。ボゴモロフの舞台で再現したカラマゾフの世界は、一種の反ユートピアである。観客は登場人物の暗澹たる獣のような存在、作品の主旨を残酷なものに変えた演出を目の当たりのするのだ。ここでは、登場人物の誰もが救われない運命に悶える。ドミトリー・カラマゾフは、ドストエフスキーの小説では裁判で懲役刑になる。ところがボゴモロフの手にかかると、死刑判決を受け、舞台上で絞首刑になるのだ。アリョーシャも死んでいくが、それ以前に神に対する信仰を失っている。キリスト教で最大の恐ろしい罪は自殺だ。それなのにアリョーシャ・カラマゾフは身体障害の娘と心中を図る。誰よりも長く生きるのはイワン・カラマゾフだが、それも、極めて不幸な人生を送る為に生き永らえている過ぎない。イワンが身内の全てが眠る墓の傍らで立っている時点で、彼の不幸が明白になる。芝居の登場人物の中には悪魔がいるそうだ。芝居のプログラムに「悪魔がいる」と明記されている。その登場人物が舞台で昔のソ連歌謡曲「君、人生を愛す」を有頂天で歌う。恐らくこれはカラマゾフの獣の世界で楽しく暮らす唯一の生物だろう。芝居は五時間の長丁場だ。演出家は小説の主題を自由自在に操っているが、同時にロシア演劇の伝統に根ざした緻密さを際立たせ、舞台上のリアルな現実とドストエフスキーの主人公達の人間関係を存分に表現している。二〇一三年十一月に芝居を公開する前に、ボゴモロフ自身が「辛辣な悪の芝居」と呼び、「芝居は残酷過ぎるか？」という命題を観客の前で検証しなければならないと補足した。現在、いかなる補足も、カットもされずに上演されており、満席の盛況ぶりである。

コンスタンチン・ボゴモロフ。演出家

　モスクワ芸術座の成功は素晴らしい劇団あってのことだ。俳優の大半はモスクワ芸術座付属演劇大学の卒業生である。中にはロシア国立舞台芸術大学GITISやサンクトペテルブルク国立舞台芸術アカデミーで教育を受けた俳優もいるが。いずれにせよ全員がスタニスラフスキー・システムで教育を受けているわけだ。それでも、この俳優達は《心理を重んじる演劇》だけでなく、世界の劇場で目にする全く別のスタイルでも演じることができる。恐らくこの事実が、この訓練メソッドのオールマイティな特性の証明になるだろう。

マールイ劇場

マールイ劇場はロシアで最も古い二つの劇場の一つである。劇場創設の歴史は、エリザベータ・ペトロブナ女帝の「ロシアの劇場に対する国家支援に関する勅令」（一七五六年）に端を発する。一七五九年にモスクワで公開劇場が設立され、その劇団がマールイ劇場の原型になった。マールイ劇場は歴史的にロシアの俳優術発展のために素晴らしい基礎を築いたと言える。十九世紀と二〇世紀初頭のロシアでこれほど多くの優秀な俳優を抱えていた劇場は他にない。パーヴェル・モチャロフ、ミハイル・シェープキン、マリヤ・エルモロワ、グリケリヤ・フェドトワ、プロフ・サドフスキー、アレクサンドル・ユジン、アレクサンドラ・ヤブロチキナ等、豪華絢爛な顔ぶれだった。マールイ劇場は十九世紀にグリボエードフ、プーシキン、ゴーゴリ、ツルゲーネフの新作戯曲を初めて舞台に登場させた記念すべき場でもある。アレクサンドル・オストロフスキーの四八本の戯曲が、揃いも揃ってマールイ劇場の舞台で初演を迎えている。しかもその戯曲は、この劇場のために特別に書き下ろされたものなのだ。現在もマールイ劇場は過去に対する忠誠を頑なに守り抜いている。唯一、残念なのは、新人作家の発掘という重要な伝統がすっかり影を潜めている点だ。現在の劇場のレパートリーは、何十年もかけて検証を重ねた古典作品一辺倒で構成されている。マールイ劇場はモスクワ芸術座等の他の劇場とは違い、新生ロシアでせっかく起こった舞台芸術進化のプロセスを避けていると言っても過言ではない。マールイ劇場はいつの時代も、鮮烈な俳優の個性で特徴を出してきた。それは立派なことである。しかし二〇世紀初頭以降は、ロシアの劇場では演出家のコンセプトが重視されるようになり、変化の波の方が主流になっているのだ。ところがマールイ劇場はそういった世の中の流れから身を遠ざけ、旧態依然の姿勢を曲げず、あくまでも伝統を守ることに軸足を置いて劇場方針を決め、しかも年々、保守色を強めている。それ故、劇場というよりもむしろ古臭い博物館のようだ。マールイ劇場の劇団には今でも沢山の素晴らしい俳優が揃っているが、その大半はシェープキン記念演劇大学で教育を受けている。現在、劇場を率いているのはロシアの名優ユーリー・サローミン。劇場が己の姿勢を変えないのは仕方ないことだが、せっかくある二つの主要な伝統の内、「優れた俳優陣を軸に活動を展開する」という伝統しか継承していないのは、残念で堪らない。十九世紀には守られていた「現代作家の良い戯曲を発掘して、自分達の舞台で上演する」というもう一つの伝統は、もうとっくに忘却のかなたに消えてしまったということか。芝居は、ボリショイ劇場に隣接した劇場広場の歴史的建造物にある本館と、ボリシャヤ・オルディンカ通りの分館の二か所で上演されている。

モスクワには、演劇大学を所有している劇場が三つある。つまり、モスクワ芸術座はモスクワ芸術座付属演劇大学、マールイ劇場はシェープキン記念演劇大学、ワフタンゴフ記念劇場はシューキン記念演劇大学を設置しているのだ。

ワフタンゴフ記念劇場

ワフタンゴフ記念劇場はロシアの大劇場の一つだ。由緒ある伝統に支えられ、今でも魅力的な創造活動を続け、斬新な演劇言語を模索する場になっている。このワフタンゴフ劇場は教育現場から生まれたことで有名だ。実は、モスクワ芸術座にまだ演劇学校がなかった頃、芸術座のための俳優養成が目的で、芸術座付属特別スタジオが何回か設立されていたのである。一九二〇年にモスクワ芸術座第三スタジオを指導していたのは、俳優・演出家エヴゲーニイ・ワフタンゴフだった。一九二一年九月十三日にスタジオ生が初芝居となるメーテルリンク作『聖アントニウスの奇蹟』を上演した。ワフタンゴフが自分の活動で基本としていたのはスタニスラフスキー・システムだが、創造活動にあたって、彼特有の演技手法も導入するようになっていた。例えば、稽古中も芝居の本番中も、即興を重視するという手法である。彼は教え子にスタニスラフスキー・システムの諸原則と共にこの即興演技を徹底的に叩き込んだ。ワフタンゴフは、リアリティーのある芝居だけでなく、祭りの様に華やかで幻想的な舞台芸術を目指したのである。『聖アントニウスの奇蹟』の上演によって、「モスクワ芸術座第三スタジオの卒業生には自分の劇場を設立するだけの力量がある」ということが、誰の目にも明らかになった。ワフタンゴフの師であるスタニスラフスキーは、手塩にかけて育てたワフタンゴフの計画が実現されるように支援した。こうして計画通りにめでたく誕生した劇場が、後のワフタンゴフ劇場である。その創立記念日は『聖アントニウスの奇蹟』初演の日とされている。その当時のワフタンゴフはまだかなり若かったが、既に重い病気にかかっていた。一九二二年の初めに彼にとって二番目となる芝居の初日を迎えたが、この晴れの日に彼は顔を出すことさえできなかった。それはカルロ・ゴッツィの戯曲『トゥーランドット姫』のことだ。この芝居はロシア演劇が誇る珠玉の名作と考えられている。スタニスラフスキーは初演に立ち会い、心から感動した。幕間に、病床に伏せるワフタンゴフの自宅に車を走らせている。教え子に祝福の言葉を贈るためである。しかし間もなく、ワフタンゴフは息を引き取り、彼が設立した劇場はワフタンゴフ記念劇場と名付けられた。

ワフタンゴフ記念劇場。『エヴゲーニイ・オネーギン』の舞台。演出：リマス・トゥミナス

ワフタンゴフ記念劇場（通称：ワフタンゴフ劇場）は、何十年も変わらずモスクワの人気劇場の座を守ってきた。ソ連時代には、

劇場の俳優陣はソ連時代のスター、アイドルとしてもてはやされ、多くの映画に引っ張りだこで、国中でファンを熱狂させてきたものだ。長年、劇場を牽引してきたのは名優ミハイル・ウリヤノフ。彼は芝居を上演するたびに色々な客演演出家を招聘してきた。しかし、やがて劇場の前途に影が差し、もう時代遅れになるかもしれないという危惧が囁かれるようになった。しかも、劇団が真実の創造集団へと復活を遂げるためには確固たる演出概念が必要なのだが、それが全く欠如していたのである。そんな折、この劇場にうってつけのリトアニア人演出家**リマス・トゥミナス**に白羽の矢が当たった。リトアニア生まれのトゥミナスは国立舞台芸術大学GITISで学び、リトアニアでの仕事と並行して、モスクワの様々な劇場で芝居演出の実績を重ねてきた。二〇〇七年にミハイル・ウリヤノフがこの世を去った時、当時の文化・映画庁長官ミハイル・シュビトコイがトゥミナスにワフタンゴフ劇場芸術監督の座を提案したのである。トゥミナスはこの提案を受け、モスクワに移住した。ここから、劇場のサクセス・ストーリーが始まった。ワフタンゴフ劇場の舞台で彼の芝居が次々と上演され、見違えるほどの活気を呈することになった。シェークスピア作『トロイラスとクレシダ』、アントン・チェーホフ作『ワーニャ伯父さん』、ミハイル・レルモントフ作『仮装舞踏会』、『埠頭』（シェークスピア、ブレフト、ドストエフスキー等の作品がモチーフ）等、上演作品がことごとく話題作となった。特

リマス・トゥミナス。ワフタンゴフ記念劇場芸術監督

にアレクサンドル・プーシキンの作品をモチーフにした『エヴゲーニイ・オネーギン』は、モスクワや外国公演で拍手喝采を浴び、大成功を収めている。

ワフタンゴフが設立したユニークな演劇学校の灯は、ワフタンゴフ劇場付属演劇専門学校、つまり現在の「シューキン記念演劇大学」に受け継がれ、明るい未来を照らしている。この劇場の俳優はいつでも広い観客層の支持を集め、多くのファンに愛されている。主な人気俳優はワシーリイ・ラノヴォイ、イリーナ・クプチェンコ、ユーリヤ・ボリーソワ、リュドミーラ・マクサコワ、セルゲイ・マコベツキー、マクシム・スハノフ等々である。

マヤコフスキー記念劇場

モスクワでは**マヤコフスキー記念劇場**の人気も高い。劇場は一九二〇年にモスクワ中心部のモスクワ音楽院から近いニキーチン通りの古めかしい建物に開設された。この建物は、以前は外国から来た劇団の公演に使われていたそうだ。当時は革命風刺劇場、一九二二年以降は革命劇場（フセヴォロド・メイエルホリドが芸術監督を二年間務めた）と呼ばれていた。その後は、優れた演出家であるアレクセイ・ポポフ（一九三一～一九四二年）、ニコライ・オフロプコフ（一九四三～一九六七年）が劇場を率いた。一九六八年以降は三〇年以上に亘ってアンドレイ・ゴンチャロフが芸術監督を務め、数多くの珠玉の芝居を世に送り、素晴らしい劇団に育て上げたのである。彼は国立舞台芸術大学俳優・演出学部でマヤコフスキー劇場のプロ俳優を養成している。二〇一一年以降は、演出家**ミンダウガス・カルバウスキス**が芸術監督を務めている。カルバウスキスはリトアニア音楽・演劇大学演劇学部で教育を受け、後にピョートル・フォメンコ工房、国立舞台芸術大学で学んだ。カルバウスキスはマヤコフスキー劇場に入る前からモスクワの劇場で見事な芝居を上演していた。大半がオレグ・タバコフ劇場（「タバケルカ」）、モスクワ芸術座、ピョートル・フォメンコ工房の舞台である。マヤコフスキー劇場では、カルバウスキス演出のアレクサンドル・オストロフスキー作『才能と崇拝者』、ベルトルト・ブレヒト作『プンティラ旦那と下男マッティ』、現代作家の作品『八月：オセージ郡』と『カント』が上演され、異例の成功を収めている。芝居は本舞台と小舞台の二か所で観賞することができる。

ミンダウガス・カルバウスキス。
マヤコフスキー記念劇場芸術監督。演出家

モスソビエト記念劇場

ワフタンゴフ劇場やマヤコフスキー劇場と同様に、一九二〇年代初頭にモスクワで誕生した劇場がもう一つある。それはモスソビエト記念劇場である。当時の労働組合は社会で大きな役割を果たしており、モスクワ労働組合ソビエトが自分達の劇場を設立しようと決議したのだ。劇場は一九二三年に開設された。実際に存在感を示して本来の役目を担うことができたのは、スタニスラフスキーとワフタンゴフの教え子だったユーリー・ザワツキーが芸術監督を務めた一九四〇～一九七七年である。この劇場の舞台で、看板スターのファイナ・ラネフスカヤ、ベラ・マレツカヤ、リュボヒ・オルロワ、ロスチスラフ・プリャトゥがファンの熱烈な視線を浴びて燦然と輝いていた。今日、舞台を飾っているのは、ロシアで憧れと敬愛の対象になっているセルゲイ・ユールスキー、マルガリータ・チェレホワ、ギオルギー・タラトルキン、ワレンチン・ガフト、オリガ・オストロウモワ、アレクサンドル・ドモガロフ等である。劇団の俳優陣はモスクワやサンクトペテルブルクの様々な演劇大学の出身者だ。一九八五年以来の芸術監督はパーベル・ホムスキー。芝居は本舞台と「屋根裏」と呼ばれる小舞台の二か所で上演されている。劇場の建物はモスクワ中心部の屈指の美しい場所にある。マヤコフスキー広場に近いボリシャヤ・サドーバヤ通り沿いの「アクアリウム」庭園の奥である。

モスクワ現代人劇場（ソブリメンニク）

二〇世紀後半の「雪解け」の時代に二つの人気劇場が産声を上げた。スターリン死後の短い期間だ。ニキータ・フルシチョフ政権下で「スターリン個人崇拝」が批判にさらされていた時期、人々は社会や政治の出来事について自由に発言することができた。ちょうどその時期に**モスクワ現代人劇場**（ソブリメンニク）、その少し後で**モスクワ・タガンカ劇場**が誕生したのである。この二つの劇場には共通した特徴がある。どちらの劇場にも若くて強いリーダーである演出家がおり、そのリーダーが教え子の劇団を立ち上げ、教え子に対する俳優養成訓練をモスクワの大学の一つで実施していた。現代人劇場は、一九五六年にオレグ・エフレーモフがモスクワ芸術座付属演劇大学の学生と共に設立した。学生とはガリーナ・ヴォルチュク、オレグ・タバコフ、エヴゲーニイ・エフスチグネエフ、イーゴリ・クワシャ、リリヤ・トルマチェワのことで、間もなくその演劇大学の卒業生数名が合流している。エフレーモフ自身、一九四九年度のモスクワ芸術座付属演劇大学卒業生だ。彼はスタニスラフスキーの教え子であるミハイル・ケドゥロフとワシーリイ・トポルコフに師事している。エフレーモフとその教え子はスタニスラフスキー・システム、《心理を重んじる演劇》の忠実な信奉者であるが、同時に自らが創造する芸術の力を駆使して、現代社会を悩ます最も深刻な問題を表現してきた。ロシアでは、新しい劇場の演劇手法をイタリアのネオリアリズムと対比させているが、エフレーモフ自身は、時代が求める芝居、実話のような芝居を上演するだけでなく、劇場にスタジオ的な雰囲気を復活させる試みを行なっている。元々、モスクワ芸術座の歴史は、このスタジオ的な雰囲気の中でスタートしたのだ。だから、当時の現代人劇場の劇団は、ただ単に才能あるプロの役者集団ということではなく、芸術や現代社会についての考えや思想を共有する同志の集まりでもあるわけだ。モスクワの演劇界全体が、いつでも現代人劇場のロシア史や現代事象に対する新鮮な視点に注目してきた。エフレーモフがモスクワ芸術座に移籍した後の一九七二年以降は、ガリーナ・ヴォルチェクが現代人劇場を率いている。現在は、劇場発足からかなりの年月が経ち、もはや一九七〇年代にあった創造面の課題は全てクリアされている。今日、モスクワには初演で騒々しい論争を引き起こす劇場がいくつもあるが、この現代人劇場の芝居は盤石で安定している。ここにはマリーナ・ネエロワ、セルゲイ・ガルマシュ、リヤ・アヘジャコワ、チュルパン・ハマトワ等、魅惑の人気俳優が揃っており、観客は彼らに首ったけである。チストプルードヌイ辻公園にある本舞台や小舞台で行なわれるガリーナ・ヴォルチェクや招聘演出家の芝居にファンが熱心に足を運んでいる。現代人劇場の俳優はモスクワの様々な演劇大学の卒業生だ。創造手法に関してあえて言うなら、誰もが最も身近に感じるのは、モスクワ芸術座付属演劇大学の手法である。

タガンカ劇場

タガンカ劇場は極めてドラマチックな運命を辿っている。**ユーリー・リュビーモフ**は以前からワフタンゴフ劇場の俳優・演出家として有名で、シューキン記念演劇専門学校（現在は大学）で教鞭をとっていた。コースの卒業記念制作作品として上演したベルトルト・ブレヒト作『セツァンの善人』は、一九六四年のモスクワ演劇界で文字通りのセンセーションを巻き起こした。リュビーモフと彼の弟子のジナイーダ・スラビナ、アーラ・ジェミドワ、ボリス・フメリニツキーは、モスクワのさびれた劇場の一つだったモスクワ・ドラマ・コメディ劇場の改革を任された。これがドラマ・コメディ劇場にとって、新たな歴史を切り開くきっかけになったのである。間もなくして、団にワレリー・ゾロトゥヒン、ヴェニアミン・スメホフ、ニコライ・グベンコ、後にカリスマ俳優になったウラジーミル・ヴィソツキーが加わっている。モスクワ・ドラマ・コメディ劇場は目の覚めるような刷新を遂げ、タガンガ劇場と改称された。このタガンカ劇場は二〇年間に亘って革新的演劇思想が集中する爆心地となり、ロシアのインテリ層、学術エリート層、ありとあらゆる外国使節団の間で熱狂的人気を博した。リュビーモフは独立心に燃えた最も勇敢な演出家、非凡な人格と自らの芸術を武器にソ連政権に対抗できる人物として、歴史にその名を刻んだ。演劇変革者であるリュビーモフの芝居は、辛辣な隠喩とソ連イデオロギーに逆らう社会政治評論で注目を浴び、モスクワだけでなく国中で論争を引き起こした。やがて、一九八〇年代初頭に迎えた《停滞》の時代の渦中でリュビーモフはソ連市民権を剥奪され、亡命の憂き目を味わうことになった。この事件がきっかけで、タガンカ劇場は決定的打撃を受けたのである。リュビーモフのやむなき亡命が原因で、劇場は厳しい試練を受け、辛酸をなめた。しかし彼が再び劇場に戻って来て、多くの観客を呼び戻すことができた。リュビーモフの帰国が可能になったのはゴルバチョフ政権下のペレストロイカの時代になってからである。市民権は一九八九年に復活している。リュビーモフは亡命前と同じようにタガンカ劇場を統括した。しかし、二〇一一年に自らこの劇場を去る決断を下した。その引き金となったのは劇団との紛争だった。彼が去ってしまうと、観客はタガンカ劇場に対する関心を失い、潮が引くように遠ざかって行った。二〇一一年以降、この劇場では面白い芝居が一つも行われていない。それでも、二〇一三年にタガンカ劇場創立五〇周年記念グループが創設されている。それは、ロシア演劇のアヴァンギャルドを代表する若手演出家ドミトリー・ヴォルコストレロフとクセニヤ・ペレトゥルヒナをリーダーとする演出家、美術家、演劇専門家、ディレクターのチームが結成したものだ。タガンカ劇場は五〇周年記念祭の枠内で、「劇場の歴史の意味づけ」をテーマに、芸術プロジェクトを展開した。しかし、モスクワの演劇界は「リュビーモフのいない創立記念祭なんてつまらない」と感じ、特に関心を示さなかった。その一方で、リュビーモフ自身は高齢（一九一七年生まれ）をものともせず、タガンカを去った後に三本の芝居を上演し、新たな成功作を生んだ。例えばワフタンゴフ劇場のドストエフスキー作『悪霊』、ボリショイ劇場のオペラ『イーゴリ公』、モスクワのノーバヤ・オペラ劇場におけるオペラ『女房学校』（新進気鋭の作曲家ウラジーミル・マルティノフがモリエールの戯曲をモチーフにリュビーモフのために特別に作曲した）等である。ユーリー・リュビーモフは二〇一四年に帰らぬ人となった。ワフタンゴフ劇場の通夜には、彼の才能を崇拝する数千人の弔問客が長蛇の列を成し、永遠の別れを惜しんだ。

オレグ・タバコフ劇場

教師と学生の手で設立された劇場がもう一つある。それは**オレグ・タバコフ劇場**だ。一九八七年に国立劇場として正式認定を受けている。タバコフ自身の人気が圧倒的に高く、しかも演劇ファンは、タバコフから直々に最高の演劇教育を授かった才能豊かな教え子の腕前に興味津々だったので、この小さな劇場は結成当初から注目の的であった。劇場はチャプルィギン通りの地下ホールで活動をしている。現代人劇場があるチストプルードヌイ辻公園のすぐ近くだ。観客は劇場を「タバケルカ」という愛称で呼び、一九八七年以来、熱心なエールを送っている。タバコフは傑出した俳優・演出家だが、教育者としても天賦の才能に恵まれている。スタニスラフスキー・システムを基本に多くの教え子を育成しているが、その多くがロシア中で有名になり、大成功を収めているのである。ほぼ全員が、タバケルカの舞台でデビューを飾っており、この伝統は今も守られている。

フォメンコ工房

ソ連崩壊後も演出家である教師とその生徒が新劇場を設立するという伝統が引き継がれ、うまく機能している。二つの典型例について語ろう。それはモスクワの**ピョートル・フォメンコ工房**とセルゲイ・ジェノワッチュ主宰の舞台芸術スタジオである。**ピョートル・フォメンコ**は万人が認める演劇教育の重鎮である。彼は命尽きる瞬間まで、自分の誇りである劇団の演出家・教師であり続けた。フォメンコ工房は創設者が他界してからも、最も知的で洗練された劇場、モスクワの観客層の愛すべき場所になっている。もし役者がピョートル・フォメンコ工房の劇団や研修グループに採用されたら、もうその時点で、「その役者はプロの世界で成功する」と太鼓判を押されたようなものだ。フォメンコは俳優だけでなく、演出家の養成も行なった。教え子にはピョートル・フォメンコ工房で芝居を上演する絶好のチャンスが与えられる。フォメンコに師事して、プロの道を歩み出してから大成した演出家としてセルゲイ・ジェノワチ、エヴゲーニイ・カメニコヴィチ、イワン・ポポフスキーがいる。劇場「フォメンコ工房」は、一九九三年にピョートル・フォメンコの手で設立された。彼は一九八八年から国立舞台芸術大学で教鞭を執っており、俳優クラスの学生をメンバーとして劇団を結成したのだ。その後も、フォメンコは大学での俳優・演出家を教育する仕事を続け、教科課程修了後に優秀な教え子を自分の劇団に採用してきた。また、二〇〇七年からフォメンコ工房付属研修員グループの募集を始めている。ロシアの様々な演劇大学の卒業生、他の劇場の若手俳優が次々と工房の門を叩いた。この人達はフォメンコ工房の創造手法を身につけて成果を出せば、いずれは劇団に入るのも夢ではないと期待を抱いてやって来るのだ。フォメンコはロシアの《心理を重んじる演劇》が培った伝統に新たな息吹を与え、レパートリー・シアターのステータスと人気をしっかり支えた人である。その意味で、彼の名は二〇世紀の巨匠ギオルギー・トフストノーゴフ、アナトリー・エフロスと同じ序列に並べることができる。工房は今でも演劇実験を積極的に取り入れる方針をとり、それが恒常的発展の重要な鍵になっている。

フォメンコ工房のレパートリーは、フォメンコ演出の芝居であるB・バフチンの中編小説を舞台化した『ある完全に幸福な村』、オストロフスキーの『持参金のない娘』と『狼と羊』、レフ・トルストイ原作『戦争と平和。小説の始まり』と『家族の幸福』、チェーホフ作『三人姉妹』、プーシキンの『三部作』から成っている。フォメンコの教え子が演じる芝居は観客の絶大なる支持を得ており、マスコミも好意的劇評を載せている。フォメンコの跡を継いで芸術監督の座に就いたのはエヴゲーニイ・カメニコヴィチ。彼の芝居も秀逸作品の呼び声が高い。

工房が最近上演した初演作品に『夏のスズメバチは十一月でも刺す』がある。ロシアの最近の潮流「ノーヴァヤ・ドラマ（新しいドラマ）」の最も輝かしいリーダーの一人が書いた不条理劇の要素を持つ戯曲の舞台化である。その劇作家の名はイワン・ヴィルィパエフ。演出はノルウエー出身の女流演出家シグリドゥ・ストレム・レイボ。彼女はピョートル・フォメンコの教え子セルゲイ・ジェノワチュより演出法を伝授された。フォメンコ工房はスターを多く輩出している。中でもガリーナ・チューニナ、クセニヤ&ポリーナ・クチェポワ、ポリーナ・アグレエワ、キリール・ピロゴフ、エヴゲーニイ・ツィガノフの人気は圧倒的だ。フォメンコ工房は、クトゥゾフ大通りの一画にある大ホール、小ホールの二つの建物で芝居を上演している。

舞台芸術スタジオ

セルゲイ・ジェノワチュは、フォメンコが手塩にかけて育てた優等生の一人だ。今では新しいスタイルの演劇を担う将来の役者を育てる教育者、モスクワの**舞台芸術スタジオ**の設立者の立場でフォメンコの偉業を継承している。二〇〇五年にジェノワチュは、ロシア国立舞台芸術大学で教育課程を修了した学生グループと共にこの劇場を立ち上げた。このグループの学生演劇は、以前からプロの目を釘付けにしていた。全てはドストエフスキー原作「カラマゾフの兄弟」十編に基づく『少年たち』の芝居から始まった。芝居は、誰からもかばってもらえないひ弱で可哀想なイリューシャ・スネギレフが同い年の少年たちにいじめられる残虐な世界を描いている。新劇場を設立したジェノワチュは、従来通りに古典小説の舞台化を行なう中で、小説のドラマチックな側面、演劇性に一早く着眼する才能を開花させている。舞台芸術スタジオの芝居としてニコライ・レスコフの小説をモチーフにした『没落氏族』、チャールズ・ディケンズ作『人生の戦い』、アントン・チェーホフ作『三年』、フョードル・ドストエフスキー作『カラマゾフの兄弟』第十一編をモチーフにした『兄イワン』、ミハイル・ブルガーコフの中編小説「劇場ロマン」に基づく『故人の手記』にスタニスラフスキー著「俳優の仕事」の断片と稽古メモを補足した作品がある。二〇〇八年にスタジオは歴史的建造物の提供を受けた。それはかつてスタニスラフスキーの父親（工場主）アレクセエフが所有していた建物であり、一九〇四年にスタニスラフスキー自身が工場労働者に芝居を見せた歴史的な場所なのだ。建物がそのまま保存されていたこと自体、非常な幸運であり、修復を終えた今、そこでジェノワチュの劇団が創造活動をしているというのは、実に象徴的ではないか。なぜなら、彼こそが自分の恩師フォメンコの跡を継ぎ、スタニスラフスキー・システムを遵守した演技メソッドを俳優に指導し、《心理を表現する》ロシア演劇を発展させている代表的演出家だからである。

レンコム劇場

舞台芸術スタジオ。『モスクワ・ペトゥーシキ』の舞台。演出：セルゲイ・ジェノワチュ

レンコム劇場は一九八〇年代から一九九〇年代の二〇年間、高い人気を保っていた。一九二七年に労働青年劇場として開設されたが、後にレーニン・コムソモール劇場と改称され、ソ連崩壊後は単に「レンコム」と呼ばれている。レンコムの成功は、有名な演出家マルク・ザハロフの手腕によるものだ。ザハロフの最高傑作は『ユノナとアボシ』（一九八一年）である。ソ連初のロックオペラとなる。作曲はアレクセイ・リブニコフ。ドラマ俳優の

演技が圧巻で、観客を夢中にさせる魅力満載の叙情的舞台芸術として成功した。ザハロフがその後に上演した芝居も、音楽とダンスが常に重要なポイントになっている。それでも、劇場自体は以前のままにドラマ劇場として活動している。現在、ザハロフはロシアで最も尊敬されている長老演出家の一人だ。劇場は一シーズンに一本というペースで初演を行っている。未だに昔からの熱狂的ファンに支えられ、大盛況の繁盛ぶりである。何しろ劇場には、映画や連続テレビ番組に出演したお陰で人気急上昇の俳優が目白押しなのだ。例えばインナ・チュリコワ、アレクサンドル・バルエフ、ドミトリー・ペフツォフ、アンドレイ・ソコロフ等だ。ザハロフの最近の作品として、アリストパネスとチェーホフの作品をモチーフにした『天空の巡礼者』(二〇一三年)がある。

民族劇場

民族劇場は最近数年、演劇界で重要な地位を占めている。まだソ連時代だった一九八七年に、ロシア演劇人同盟付属諸民族友好劇場が誕生した。劇場の名称は、民族間関係が重視された多民族国家ソ連の重要な教義を反映したものだ。そもそもこの劇場は、ソ連加盟共和国の劇場が巡業公演でモスクワにやって来た時に利用できる舞台として開設されたのである。ソ連崩壊後に民族劇場と改称されている。プーシキン広場に近いペトロフスキー横丁に立つ一八八五年建造の瀟洒な建物が、劇場用として提供された。革命前はここに人気演芸場「コルシャ劇場」があったそうだ。ソ連崩壊後、劇場は十年以上も演劇界における自分の価値や役割を見い出すことができず、新生ロシアが求める「時代に即したコンセプト」を打ち出すこともないままに低迷を続けていた。ところが、二〇〇六年に俳優の**エヴゲーニイ・ミローノフ**が民族劇場芸術監督に就任してから、状況が一変した。彼は天賦の才能に恵まれた超人である。役者の仕事は完璧にこなしながら、驚異の労働能力を発揮することができるのだ。彼の世代のリーダーと誰もが認める凄腕の実力派だ。一九六六年生まれの彼は、モスクワ芸術座付属演劇大学でタバコフに師事した。ミローノフは演劇と映画の両方で圧巻の演技を見せている。卓越した俳優術で役のイメージを創造する役者として名高い。また、ペーター・シュタイン、デクラン・ドネラン、エイムンタス・ニャクロシュス、トーマス・オステルメイヤー等、有名演出家がクリエーターを担う大規模国際プロジェクトに参加して、著しい成果を上げている。色々な領域で華麗な活躍をしているミローノフだが、何よりも演劇活動家として自らの才能を開花させたのは素晴らしい。彼は創作プログラムを携えて民族劇場にやって来て、就任直後から新しいプログラムを次々と具現している。民族劇場フェスティバル・プロジェクト（「シェークスピア@Shakespeare」、「フランスから来た他の劇場」）、ロシア小都市劇場フェスティバル、それと並行開催するロシア地方都市中小劇場支援プログラムは、モスクワの観客の注目を一身に集めている。国際フェスティバル＝スクール「テリトリー（領域）」は、民族劇場の最大プロジェクトだ。このフェスティバルの狙いは、ロシアの若い演劇関係者を世界演劇の枠組みに参入させることだ。実際、毎年、外国劇団が上演する最先端の芝居を紹介しており、ロシア各地の演劇大学から数百名の学生が世界演劇の潮流、時代が求める最も斬新な演劇、新傾向を学ぶためにモスクワに集まっている。新しい演劇言語を理解するには当然、相当の勉強が必要だ。だから、フェスティバルの枠内でマスタークラス、セミナー、集会、ディスカッションが同時に実施されているのである。

フェスティバル主催者は次のように説明している。「我々のフェスティバルは第一に、個人の自由の《テリトリー》として考案された。とは言えご存知のように、自由は責任と表裏一体であり、両者は切り離すことができない。また、いくら勇敢な行為を成し遂げたとしても、自分の仕事に精通しているプロフェッショナルな人物が一緒でなかったら、評価はされないだろう。だから私達の《テリトリー》は、第一に《フェスティバル・スクール》という学びの場ということになる。関心を持ち、好奇心を抱き、創造分野での発見と強烈な印象を受けたいと切望する人のためにフェスティバルを実施する。フェスティバルは、様々な世代を代表する芸術家の交流と対話の《テリトリー》になる。参加者にとっての芸術は、博物館のように穏やかに静まり返った空間ではなく、新しい言語、新しい形態、新しいテーマと趣旨を模索するためのプロセスなのである」。（http://territoryfest.ru/

about/).

民族劇場は独特な創作活動を行なっている。常設劇団はなく、芝居のたびにロシアの傑出した役者、世界的名声を得た外国の演出家を招いている。民族劇場のレパートリーにある芝居は、アルビス・ヘルマニス（ラトビア）、エイムンタス・ニャクロシュス（リトアニア）、トーマス・オスチェルマイエル（ドイツ）、ヤボル・グィルジェフ（ブルガリア）、ロシアのアンドレイ・モグーチイ等、錚々たる演出家の作品だ。それに加えてニキータ・グリンシュプン、トゥファン・イマムトゥジノフ、チモフェイ・クリャービン、フィリップ・グリゴリヤン、キリール・スビトゥネフ等、若手演出家の芝居が上演されている。その若手演出家は、民族劇場でデビューを飾った人達だ。最近の民族劇場のプロジェクトの一つとして、世界的に有名なカナダ出身のロベール・レパジュ演出、エヴゲーニイ・ミローノフ主演の『ハムレット／コラージュ』がある。芝居は複雑な技術設計に基く舞台で構成されている。舞台上方から立方体が吊り下げられており、芝居の途中でくるくると色々な方向に向きを変える。すると、観客の方向感覚がおかしくなり、次第に上下左右がどっちなのか分からなくなる。立方体の壁面に宮殿の室内、船、図書館等のインテリアの投影図がリアルに映し出され、そこにエヴゲーニイ・ミ

民族劇場。『ハムレット／コラージュ』。ハムレット役：エヴゲーニイ・ミローノフ。演出：ロベール・レパジュ

ローノフ演じるハムレットが現れる。芝居はまるで役者ミローノフを描いた物語のように見えてくる。ミローノフはシェークスピア劇をたった一人で演じ、悲劇がテーマのコラージュに溶け込み、コラージュと一体化している。

ドラマ芸術学校

モスクワの劇場「**ドラマ芸術学校**」はある時期、オリジナリティー溢れるコンセプトを打ち出していた。ロシア演劇界で異彩を放つ**アナトリー・ワシーリイエフ**は、業界の仲間とは一線を画している。イェジー・グロトフスキーや鈴木忠志といった世界的演出家の同類だと言えば分かるだろう。ロシアのリアリズム演劇信奉者がワシーリイエフに大きな期待をかけていたので、彼は期待の星としてキャリアの一歩を踏み出した。しかし、創造面の探求によって彼が導かれた先は研究室、学校、劇場を一つに統合するというロシア演劇にとっては全く新しいコンセプトだった。ワシーリイエフは、「芝居はドラマ芸術の本質を理解する手段の一つに過ぎない。ドラマ芸術の理解に近づくためには、演技、即興、連想、研究室での訓練、間断なき修行の積み重ねが必要」と考えたのである。「ドラマ芸術学校」は、一九八七年にワシーリイエフ演出の芝居で幕を開けた。その後、ポバルスカヤ通りの研究室の様な小さな舞台と、スレチェンカ通りに特注で建設した最新設備完備の劇場ホールでかなり面白い芝居を上演していた。しかしワシーリイエフは、ベルトコンベア方式で新作芝居をせっせと創作して、毎日それを観客に見せたいという気にはどうしてもなれなかった。ある時、この劇場の財源を拠出しているモスクワの機関の役人が、ワシーリイエフにとっては全くお門違いの課題を持ちこんできた。結局、ワシーリイエフとモスクワ文化委員会幹部との意見衝突が起こり、彼はせっかく自分で設立した劇場を去り、さらに祖国を離れたのである。つい最近、彼はモスクワに再び姿を現した。演劇関係者は彼の次なる行動に深い関心を寄せている。

ワシーリイエフがドラマ芸術学校を去った後も、劇場ではいくつかの研究室が活動している。その中で最も興味深いのはドミトリー・クルィモフの研究室である。クルィモフは舞台美術を職業としており、ワシーリイエフが直々に彼をドラマ芸術学校に招いたのだ。現在、クルィモフは演出家の立場で、自分の研究室のメンバー、ロシア国立舞台芸術大学やシューキン記念演劇大学の卒業生と共に、現代ビジュアル芸術、要するにパフォーマンスやインスタレーションのジャンルの要素を取り入れた芝居を上演している。『悪魔、上からの眺め』、『タララブンビヤ』、『あなたはこれが気にいるか』、『麒麟の死』は、ロシア国内外の大規模演劇フェスティバルで成功を収めている。

キリール・セレブレンニコフ。演出家。ゴーゴリセンター芸術監督

ゴーゴリセンター

もし本書が三年前に書かれていたなら、ゴーゴリ記念モスクワ劇場について何か書くなど、あり得なかっただろう。一九二〇年代半ばに鉄道労働者労働組合付属劇場が設立され、後にそれが国立劇場に格上げされ、ロシアの偉大な作家ニコライ・ゴーゴリの名を冠したのである。劇場は長年に亘って自らの地味な役割に甘んじ、モスクワの劇場群、プロの演劇界の隅にひっそりと身を置いていた。ところが、二〇一二年に新世代の旗手、鬼才演出家の一人である**キリール・セレブレンニコフ**が芸術監督に任命されてから、一挙に変身を遂げることになった。彼は早速、この劇場の改革に乗り出し、斬新な新組織**ゴーゴリセンター**に全面改造してみせた。ゴーゴリセンターはそれ以来、モスクワのアヴァンギャ

ルド演劇の本拠地になっている。ゴーゴリセンターはカザコフ通りのクールスク鉄道駅の近くにある昔の劇場ビルに舞台を構えた。このビルはセレブレンニコフ就任後に改築され、新しい課題を遂行するのにぴったりの建物に変身している。ゴーゴリセンターの活動は多面的であり、いくつかの方針が掲げられている。最も重要視されるのは、セレブレンニコフ自身や招聘された演出家が上演するドラマ劇である。ゴーゴリセンターには、セレブレンニコフが招いた三つのレジデンス（「第七スタジオ」社、「SounDrama」スタジオ、ダンスカンパニー「ジアローグダンス」）が置かれた。言うまでもなく、元のゴーゴリ記念劇場劇団もそのまま活動している。一つの芝居にこれら全てのグループから出演者が出ることもある。第七スタジオは、セレブレンニコフが指導するモスクワ芸術座付属演劇大学俳優・演出学部で訓練を受けた卒業生で編成されている。セレブレンニコフは急進的アヴァンギャルドも含め、様々な演劇表現手法で演じる習慣を身につけさせようと教育を行なっている。彼らはモスクワ芸術座小舞台や、「プラットホーム」プロジェクトの枠内で実施される現代芸術センター「ワイン工場」の舞台で芝居を披露している。二〇一二年に第七スタジオの『悪漢』が国家演劇賞・演劇祭「黄金のマスク」の小規模作品部門最優秀演劇賞を獲得した。「ジアローグダンス」は二〇〇三年にコストロマ市で設立された。設立者はイワ

ウラジーミル・パンコフ。劇団 SounDrama 主宰。演出家、音楽家

ン・エスチグネエフとエヴゲーニイ・クラギン。今日、この会社はロシア・コンテンポラリーダンスの演技形態を得意としている。ダンスと共にセリフが飛び交う舞台が好評だ。ゴーゴリセンターの全プロジェクトに、レジデンス会社とゴーゴリ記念劇場劇団が共に出演しているので、見ごたえのある舞台に仕上がっている。劇団の俳優陣はシェープキン記念演劇大学やシューキン記念演劇大学等、モスクワの演劇学校の出身者である。

劇団 SounDrama。『車』の場面。演出：ウラジーミル・パンコフ

　ゴーゴリセンターのレジデンスの中で最も興味深いのは SounDrama である。二〇〇三年に**ウラジーミル・パンコフ**とオリガ・ベルゲルが設立した劇団だ。現在、約三〇名のミュージシャン、俳優、音響監督、舞踊家、作曲家が在籍しており、新しい演劇言語を模索し、芝居、パフォーマンス、サウンドトラックを生みだしている。ウラジーミル・パンコフは胸躍り、わくわくが止まらない芝居の中で、突き上げるような感動を呼び起こし、観客を舞台に引き寄せ、ハートを奪うユニークで魅惑的なショーを披露している：『壁の向こうの雨』、『車』、『オルフェーのシンドローム』、『七つの月』、『お伽噺』、『私。機関銃士』等。また、ニコライ・ゴーゴリの小説がテーマの作品を扱う特別企画もある。企画の総称は「ゴーゴリ。夕べ」で、三つの魅力的な芝居が上演されている（『イワン・クーパラ』、『ソロチンスクの定期市』、『五月の夜（あるいは水死女）』）。SounDrama が生んだ新プロジェクトとして、第一次世界大戦をテーマとする芝居『戦争』がある。こ

の芝居はモスクワ国際チェーホフ・フェスティバルとエジンバラ・フェスティバルの共同制作になっている。
ゴーゴリセンターは芝居の他に現代ビジュアル・アート展、現代の生活や芸術で最も切実な問題をテーマにした討論会、映画上映会を実施しており、センター独自の図書プログラムの企画も手掛けている。上演する芝居は、現代社会に焦眉なテーマを扱ったものであり、創造手法が急進的なので、ヤング・ジェネレーションの観客動員に成功しているが、時には世間を騒がせるスキャンダルの原因になることもある。例えば、二〇一三年末にパンク・グループ「Pussy Riot」を扱った映画の上映を企画したが、当局から上映禁止命令が出るという事件になった。実は、このパンク・グループのメンバーは救世主キリスト教会でパンク祈祷を決行したことで政府の怒りを買い、ロシア法廷で有罪判決を受けていたのだ。ゴーゴリセンターはあくまでも自由主義の価値を宣伝することに邁進し、国家のリベラル化を求めて止まない。またセンター主宰のセレブレンニコフは、ホモフォビア法、ファシズム、ファナチズムに反対するメッセージを発信している。ところが、セレブレンニコフのインタビューを見ると、政治声明は劇場にとっての主要課題でも、重要手段でもないということが明瞭に分かる。彼はこう述べている：「劇場の収蔵庫には、ストレートな政治社会評論よりもはるかに深く、鋭く人間に影響を与えることのできるものがぎっしり詰まっている」。雑誌「Weekend」（二〇一四年二月七日№四。二二頁）
ゴーゴリセンターは市民の目線に立ち、新生ロシアの一種のパイオニアになった劇場の事業をある意味で継承している。その劇場とは、二〇〇一年に劇作家**エレーナ・グレミナ**と**ミハイル・ウガロフ**がドキュメンタリー演劇の劇場として設立した**Teatr.doc**のことである。

Teatr.doc

Teatr.docは独特な創造の世界で業績を着実に積み上げ、同じ道を進む全ての劇場の先駆者として、先頭を走っている。以前、ロシアの新潮流である「ノーヴァヤ・ドラマ（新しいドラマ）」を代表するイワン・ヴィルィパ

エレーナ・グレミナ。Teatr.doc 主宰。劇作家。演出家

エフとマクシム・クロチキンが、グレミナ、ウガロフと手を組んだことがある。それは、民間の独立プロジェクトの芝居であった。芝居の基本にあるのは、現存する人物たちの実際の会話、多種多様な人々へのインタビュー、現代社会にとって最も切実で辛辣なテーマ、世間で騒動を巻き起こしている訴訟、労働移民の無法状態といった社会問題、浮浪者の生活等である。Teatr.doc は、既に西側の劇場には普及しているドキュメンタリー演劇という表現手法を用いている。モスクワ中心部のトゥリョフプルードゥヌィ横丁にある小さな地下室が活動の舞台だ。技術的な仕事の大半は、ファンやボランティア頼りである。劇場が商売の成功を目指して演劇活動を行なうことはない。それでも、いつでもリベラルな社会層の関心の的になっており、熱い視線が注がれている。ただ単に、芝居で提起する社会問題が切実であり、緊要性が高いという理由で Teatr.doc が成功しているわけではない。成功の秘密は他にもある。並外れた演出力、クオリティーの高い役者の演技、室内劇場という密閉空間における観客との生の交流が、演劇ファン、舞台芸術のプロ、様々な職種のインテリ層を魅了しないではいられないのだ。Teatr.doc の舞台では、一般的な演技指導のような舞台演出は存在しない。ここでは、演出は俳優の内面に投影され、演出の役割は登場人物の心に潜む相互関係を精巧に組み立て、本物のアンサンブルを構築することにある。芝

居を見ると、人生の真実、ひたむきで真摯な精神が胸に迫り、役者が芝居の世界に完全に入り込み、芝居の中で生きている状態を感じとることができる。旧ソ連からロシアにやって来た実際の労働移民が参加した舞台『アクィン＝オペラ』は社会をあっと言わせた。最近の芝居『祖国を守らない一五〇の理由』は、文字通り歴史ドキュメンタリー演劇と定義づけできる。芝居のサブタイトルは『コンスタンティノーポル陥落と変遷の時代に生き延びる七戦略』。芝居は大都市コンスタンティノーポルが陥落した一四五三年の事件を描いている。芝居では、その出来事に加わったヤニチャル（親衛軍の兵士）の日記原本、君主メフメトの原詩、トルコの民衆詩人、スーフィー教派（禁欲・神秘主義的傾向の回教一派）のユヌス・エムレの詩が使われている。これらは今回の芝居のために特別に原語からロシア語への翻訳がなされたそうだ。

「ある日突然、君の周りの全てが消失するかもしれない。人の成長・発展の基盤である価値、愛する人、偉大な都市、世界的帝国さえも。全く別のものになるために消滅する…。芝居と音楽が一四五三年五月二九日の出来事を描き出す。当時の世界的大都市の陥落について。なぜ西側が救援の手を差し伸べなかったか、祖国を守らない一五〇の理由、危険な瞬間に及んでも結束しない一五〇の理由、敵のために働く一五〇の理由について」。(http://teatrdoc.ru/events.php?id=67) 芝居の作者はこのように作品紹介を行なった。台本・演出はエレーナ・グレミナ。彼女の才能と演劇活動は高く評価され、尊敬の対象になっている。

カザンツェフとローシンの舞台芸術・演出センター

ここで、ロシアの斬新な舞台芸術を展開して観客の好感度が高い国立劇場「カザンツェフとローシンの舞台芸術・演出センター」（ベゴワヤ通り五番）と新世代の有名な戯曲作家イワン・ヴィルィパエフが主宰するプラクチカ（実践）劇場（ボリショイ・コジヒンスキー横丁三〇番）を紹介しよう。「舞台芸術・演出センター」は、創立者の他界後は幾分、往時の勢いを失った感がある。この二つの劇場は Teatr.doc と創作姿勢がかなり似通っている。また、両方とも、劇場を維持するための財政条件はしっかり整い、国家支援も受けているにも拘わらず、Teatr.doc の創作活動に見られるような高い水準に到達していない。

ここまでモスクワの劇場を紹介してきたが、これが全てというわけではない。他にも、スタニスラフスキー記念モスクワドラマ劇場、エルモロワ記念劇場、プーシキン記念劇場、風刺劇場、サチリコン劇場、マーラヤ・ブロンナヤ劇場、ロシア軍中央劇場といった大劇場がある。全ての劇場について詳しく紹介することはできないが、本章で、モスクワの演劇界で注目されている劇団の活動に焦点を当てた説明を行なった。

第三章　サンクトペテルブルクの劇場

アレクサンドリンスキー劇場

サンクトペテルブルクはロシア第二の重要都市である。ピョートル一世がこの都市を創設し、モスクワからの遷都を行なった。モスクワはその後も商業・産業の中核都市であり続け、一九一七年の革命以降に再び首都に返り咲いた。ロシア初のプロ劇場が設立されたのは、首都がまだサンクトペテルブルクにあった時代である。一七五六年にエリザベータ・ペトロヴナ女帝が劇場設立に関する歴史的勅令に署名した。その勅令で女帝が意図したのは劇団に対する支援である。実際、勅令発効直後に劇場が設立されている。十九世紀になってから、それは**アレクサンドリンスキー劇場**（皇帝ニコライ一世夫人アレクサンドラ・フョードロヴナの名に由来）と名付けられた。これが劇場の歴史の原点である。一八三二年に劇場専用の豪奢な建物がネフスキー通りに建設された。設計は偉大なイタリア人建築家カルロ・ロッシ。この建物は今ではユネスコ文化遺産に登録され、ボリショイ劇場、マリンスキー劇場と並んで、ロシアの優れた歴史的建造物トップスリーに入る。二〇〇三年からロシア演劇界の重鎮**ワレリー・フォーキン**がアレクサンドリンスキー劇場芸術監督を務めている。フォーキンはシューキン演劇大学で演出家の教育を受け、モスクワの現代人劇場で仕事をし、その後はエルモロワ記念劇場芸術監督に就任し、モスクワのメイエルホリド記念センター創設者として名を連ねている。フォーキンを迎える前のアレクサンドリンスキー劇場の状況は悲惨だった。往時の偉大さと輝きは影をひそめ、すっかり色褪せて沈み込んでいた。数十年に亘り、ゲオルギー・トフストノーゴフが見事な手腕を振るったボリショイドラマ劇場の陰にひっそりと隠れていたのである。皇帝時代の飛ぶ鳥も落とす勢いの繁栄は跡かたもなく、ロシア最古の劇場だという自負が創造活動で裏打ちされることは、もはや皆無だった。

フォーキンは驚くべき迅速さで劇場刷新を実行した。天賦の組織力を武器に大ナタを振るい、芸術監督の立場で劇場繁栄や物質基盤増強に八面六臂の活躍をしたのである。フォーキンの采配の下で、歴史的建造物の大規模修繕と改築が進み、さらに隣に新館が建設された。新館の規模は本館に比べると格段に小さいが、最新技術が完備され、マルチメディア・スペクタクルに適合した舞台を備えている。劇場はハード面の充実に加え、新任芸術監督の創作プログラムの驚異的成功により、夢のような栄華の黄金時代を迎えた。この十年、フォーキンの指導を受けた特別プログラム「伝統の新たな生命」が展開されている。プログラムの枠内でフォーキン演出の舞台、さらに彼に招かれた演出家によるロシアや外国の古典作品に基づく芝居が上演されている。劇場にはロシア演劇博物館があり、アレクサンドリンスキー劇場の歴史を反映する貴重で豪華な衣装コレクションが目にも眩いほど美しく、重厚な輝きを放っている。

アレクサンドリンスキー劇場で上演された最近のフォーキン作品として、ドストエフスキー作「賭博者」をモチーフにした『聖体礼儀Zero』（二〇一三年）がある。周知の通り、ドストエフスキーは恋人のポリーナ・スースロワとドイツのヴィースバーデンに滞在していた時、賭博で負けて、二人の金を使い果してすっからかんになってしまった。挙句の果てに、ドストエフスキーは借金返済目的で出版社と新作長編小説「賭博者」執筆の契約を交わすことになる。「賭博師」の執筆は、彼が話し、口述筆記者アンナ・スニトゥキナが書き留める共同作業だった。その内、この二人は急接近し、間もなく結婚することになり、残りの人生を共に過ごした。小説は自伝的なものである。フォーキンは、芝居に原作とは違うタイトルを付けた。聖体礼儀はキリスト教の主要な祈祷式であり、このギリシャ語を文字通り訳すと、礼拝あるいは共通の仕事という意味になる。芝居の登場人物にとっての「共通の仕事」は、「無」の意味を持つ「ゼロ」を目指す闘いということになっている。彼らが仕えているのは無、愚かな誘惑、幻想なのだ。

マールイ・ドラマ劇場

サンクトペテルブルクの劇場の中で芸術面の評判が高いのは**マールイ・ドラマ劇場（ヨーロッパ劇場）**だ。マールイ・ドラマ劇場の芸術監督はレフ・ドージン。劇場は第二次世界大戦時にサンクトペテルブルク（当時はレニングラード）で開館した。しかし、一九八〇年にその舞台にレフ・ドージン演出の芝居が登場するまで、ロシアで、レニングラードでさえ相応の役割を果たしてこなかったと言える。劇場の運命を一変させた芝居はフョードル・アブラモフの長編小説に基づく『家』である。小説自体が発表されたのは一九七八年だ。アブラモフはソ連で屈指の名小説家だ。彼自身が過酷な人生の辛酸をなめ、戦線で戦い、ロシア史の劇的な場面であるレニングラード包囲戦を経験している。『家』はアブラモフが書いた四部作「プリャースリン家の人々」の最終部だ。ドージンは一九八五年にこの作品に再び立ち返る。彼は四部作の前半の部分を『兄弟姉妹』と題して芝居制作に着手した。芝居は二部構成であり、二夜連続で上演している。ドージンの舞台は、まるで爆弾が炸裂したような強烈なインパクトを与え、演出家ドージンとマールイ・ドラマ劇場は一挙にロシア演劇ランクのトップクラスにのし上がった。この芝居はロシア北部の小さな村の住民の生活を描いている。聖書の如き壮大なスケールと迫力、人々の心の奥にうごめく情熱、歓喜、悲哀、落胆を観客に分かりやすく、鮮明に表現して感動の渦を巻き起こした。

この芝居を皮切りに、マスコミで新たな演劇の時代が到来したことを示す劇評記事が火ぶたを切った。二〇世紀のロシア演劇が社会の出来事や、文明とは遠く離れて暮らしている平凡な農民の意識にこれほど深く入り込み、これほど強烈に真実を表現したことは一度もなかったのである。最初はロシア国内で認められ、それに続き、外国でも高い評価を得た。全人類のテーマは、誰にとっても身近であることが証明されたのである。それから多くの年月を経て、ドージンはインタビューで自分の仕事について聞かれ、次のように語っている。「もし世界中が『兄弟姉妹』を見てくれているとしたら、それは、芝居がソビエトロシアの真実を語っているからではない。他の国の生活の真実を知りたいというだけで、ただじっと八時間も座って芝居を見ていられるわけがない。ドキュメンタリー映画なら、もっと手っ取り早く全てが理解できる。しかし、ドキュメンタリー映画を見て、ソビエトロシアの事実に関して涙を流すということはないだろう。人間は何よりも芝居の中に、自分自身に関する何かを発見するものなのだ。その発見が心の琴線に触れ、魂に訴えかけてくるのである。世界中の人々は皆、絶対に叶うことのない願いがどういうものなのか理解しているのだ」。（ロシースカヤ・ガゼータ、二〇〇五年三月十日）。マールイ・ドラマ劇場ではアントン・チェーホフの作品をシリーズで上演している：『桜の園』（一九九四年）、『題名のない戯曲』（一九九七年）、『かもめ』（二〇〇一年）、『ワーニャ伯父さん』（二〇〇三年）、『三人姉妹』（二〇〇〇年）。長年、ドージンの思考はチェーホフの猛烈な磁力に引き寄せられたままでいる。新しく上演するチェーホフ劇を見ると、この傑出した演出家の内面的状況、創造の優先点が分かる。彼の芝居は、正にドージンがチェーホフをどのように見ているかを表現しているのだ。彼の最初の諸作品で、未来に対する希望を失ったチェーホフの主人公が描かれ、その後の芝居で、残虐で容赦なく厳しい世の中に身をさらす主人公の姿が表現された。そして最後の『三人姉妹』は、劇場も演出家も自らの登場人物をどのように愛することができるか、この愛の情感を観客とどのように共有できるかを示している。マールイ・ドラマ劇場でドージンが演出したワシーリイ・グロスマンの長編小説に基づく『人生と運命』は、傑作中の傑作と言えよう。この小説は、ロシアで「二〇世紀の戦争と

マールイ・ドラマ劇場。『ワーニャ伯父さん』の舞台。演出：レフ・ドージン

平和」と称されたほどの名作である。舞台で描かれるのは第二次世界大戦の時代。スターリンのソ連邦とヒトラーのドイツという両政権の不公正と残虐が、舞台で並行して繰り広げられる。ソ連でもドイツでも人間を殲滅し、自由を剥奪し、基本的権利を踏みにじる。人間は犯罪と卑劣に追い込まれていく。それでもなお、当時のソ連邦とドイツの良識ある国民は人間の品格、愛、思いやりの精神を壊さずに生きていた。ドージンの芝居の特徴は、明瞭な舞台隠喩、寓意、登場人物の内面をえぐる緻密な心理解明の結合だ。

　ドージンは数世代の素晴らしい俳優を劇場に結集することができた。ピョートル・セマーク、イーゴリ・イワノフ、セルゲイ・クルィシェム、タチヤナ・シェスタコワ、クセニヤ・ラポポルトゥ、エリザベータ・ボヤルスカヤ、ダニーラ・コズロフスキー等である。最近数年の最も優れた芝居として、エリザベータ・ボヤルスカヤとクセニヤ・ラポポルトゥが出演したシラー作『たくらみと恋』がある。

　一九九八年にマールイ・ドラマ劇場はヨーロッパ劇場評議会総会の決議を受けて、パリのオデオン座、ミラノのピッコロ座に次いで、名誉ある「ヨーロッパ劇場」のステータスを獲得した。

　一九六九年以降、レフ・ドージンはサンクトペテルブルク舞台芸術アカデミーで教鞭を執っている。現在は演出学部長の役職にあり、将来の演出家の訓練にも余念がない。その授業の大

マールイ・ドラマ劇場。芝居『たくらみと恋』の場面。演出：レフ・ドージン。ルイーザ役：エリザベータ・ボヤルスカヤ。レディー　ミリフォード役：クセニヤ・ラポポルトゥ

半は何とマールイ・ドラマ劇場で行なわれ、彼の授業を行なうための専用室内舞台が設けられているのだ。

ボリショイドラマ劇場

ボリショイドラマ劇場は二〇世紀後半の劇場の中で力強いリーダー格として栄誉ある地位を守ってきた。この劇場の良き時代は、ロシアが誇る巨匠ギオルギー・トフストノーゴフの名と結び付いている。トフストノーゴフは三〇年以上も劇場を率い、一流の劇団員を集結させていた。例えばキリール・ラヴロフ、ウラジスラフ・ストゥルジェリチク、パーベル・ルスペカエフ、セルゲイ・ユールスキー（現在はモスクワのモスソビエト劇場に在籍）、オレグ・バシラシビリ、タチヤナ・ドロニナ（後にモスクワ芸術座劇団に移籍）、アリーサ・フレインドゥリフ、リュドミーラ・マカロワ、ワレンチーナ・コベリ等々である。劇場で上演した秀逸の芝居が、完璧な《心理を重んじる演劇》の模範と評され、壮大な演出思考、役者の名人芸の傑作として、ロシア演劇史に刻まれた。ボリショイドラマ劇場の芝居を見るために、全国津々浦々からレニングラードに人々が押し寄せたものだ。レフ・トルストイ作『ある馬の物語』（原作の書名は「ホルストメール」）、マクシム・ゴーリキー作『小市民』、アレクサンドル・グリボエードフ作『知恵の悲しみ』、シェークスピア作『ヘンリー四世』、ニコライ・ゴーゴリ作『検察官』、ワシーリイ・シュクシン

作『エネルギッシュな人々』等だ。外国興行は多く、長期日本公演も行われ、各地で好評を博した。トフストノーゴフが他界した後に芸術監督に就任したのは、愛弟子の一人、非の打ちどころのない演技で定評のあるキリール・ラヴロフである。ラヴロフは任期中を通してボリショイドラマ劇場の伝統を守ろうと努めた。芝居に演出家を招く時に気を付けていたのは、劇場の秩序に不協和音をもたらすことがなく、劇場の立派な役者達にふさわしい舞台の仕事を提供してくれる演出家を選ぶことだった。ラヴロフの提案で首席演出家になり、その後、芸術監督に就任したグルジア出身の有名な演出家チェムール・チュへイゼも、この路線を継承した。チュへイゼは二〇〇四年から二〇一三年まで劇場を牽引した。一連の面白い芝居を上演していたが、ボリショイドラマ劇場のかつての栄華は影をひそめ、トフストノーゴフの時代とは大きく引けを取ってしまった。二〇一三年以降はアンドレイ・モグーチーが芸術監督の座にある。彼は誰もが認めるサンクトペテルブルク・アヴァンギャルド演劇のリーダー的存在だ。アンドレイ・モグーチーは以前、サンクトペテルブルクで独立演劇集団「アンドレイ・モグーチーの形式劇場」を結成した。彼の創作手法の特徴は、コンセプチュアリズム、コンセプチュアル・ビジュアルアート、パフォーマンス、新しい演劇言語の模索にある。モグーチーはボリショイドラマ劇場に来る前に、アレクサンドリンスキー劇場でワレリー・フォーキンと仕事をしており、ロシアの俳優学校の伝統を身に付けた俳優と共に芝居を上演した経験がある。この経験がボリショイドラマ劇場の劇団と出会った時に役立ったのは確かだ。劇団の大半はスタニスラフスキー・システムとロシアの《心理を重んじる演劇》に基づいてトフストノーゴフに叩き上げられた俳優達だからである。アンドレイ・モグーチーは就任早々、数々の難題を突き付けられた。ボリショイドラマ劇場を再び活気づかせ、かつての栄光を取り戻し、現代的な舞台芸術の潮流に乗って劇場に新風を吹かせ、伝統とアヴァンギャルドを結合させるというものだ。モグーチーはボリショイドラマ劇場における初の演出作品として、ルイス・キャロルの小説「不思議の国のアリス」をモチーフとした『アリス』を上演した。彼は劇作家セルゲイ・ノーソフと組んで、キャロルの小説の断片に、芝居の主人公達の回想を織り込んだ。主演を務めたのはベテラン世代の第一人者アリーサ・フレイドリフ。モグーチー演出の芝居のアリスはちょっとした拍子にエレベーターに閉じ込められ、記憶の平行現実（パラレル・ワールド）に陥ってしまう。そして幼児期の自分自身に戻り、祖母の別荘（ダーチャ）に迷い込む。物語はこうして始まり、アリスは自分探しをして、幼児期からこれまでの自分の人生の意味を考える。芝居はボリショイドラマ劇場の第二舞台で上演された。観客は舞台に座を占め、芝居は古いソビエトの生活用品、ルイス・キャロルのグロテスクな登場人物で埋め尽くされた客席で展開される。サーカスの見世物興行の要素が、アリーサ・フレイドリフが演じるアリスの真摯でひたむきな姿、ドラマチックなイメージにぴったり調和している。

アンドレイ・モグーチー。ボリショイドラマ劇場芸術監督。演出家

アンドレイ・モグーチーは、演劇アヴァンギャルドの表現者である新世代の演出家を招く計画だ。例えばモスクワ「プラクチカ劇場」を主宰する新進気鋭の演出家イワン・ヴィルィパエフ、エストニア出身の演出家チイタ・オヤソオやエリモ・ニュガネンである。モグーチーはこれらの演出家と劇団を引き合わせる目的で、彼らが演出した芝居を紹介する小規模フェスティバル「サンクトペテルブルクのヨーロッパ空間」を開催した。

レンソビエト・サンクトペテルブルク劇場

ボリショイドラマ劇場のように、新芸術監督の腕で刷新を遂げた劇場がもう一つある。それは**レンソビエト・サンクトペテルブルク劇場**である。二〇一一年から**ユーリー・ブトゥソフ**が首席演出家を務めている。ブトゥソフは新世代を代表する演出家だ。レンソビエト劇場は一九三三年にレニングラード行政府の支援を受けて俳優グループと演出家のイサク・クロールによって設立された。設立当初は「ノーヴィ・チアトル（新劇場）」と名付けられた。何ともその時代の特徴を彷彿とさせる名称である。クロールはメイエルホリドの弟子であり、師の手法をそのまま継承していた。その後、演出家ニコライ・アキーモフが劇場を率いた。一九六〇年から四〇年間は、トフストノーゴフの教え子イーゴリ・ウラジーミロフが生涯をかけて劇場の個性を伸ばす活動に励んでいた。当時のレンソビエト劇場は既にレニングラード演劇界で堅固な地位を築いており、常に若い俳優が入団していたので、新陳代謝が活発だった。ウラジーミロフはこの劇場のために、レニングラード演劇・音楽・映画大学（現在のサンクトペテルブルク舞台芸術アカデミー）で合計六クラスの俳優を育て上げている。教え子のミハイル・ボヤルスキー、エレーナ・ソロヴェイは、ソビエト演劇・映画のトップスターになった。レンソビエト劇場ではアリーサ・フレインドゥリフが長年、舞台で迫真の演技を見せている。ウラジーミロフが彼女の抜群の才能を活かすレパートリーを構成していた時期もあった。ウラジーミロフが逝去した後の一九九九年以降は、幹部が数回交代し、これが芸術面の斜陽化を誘った。そして遂に、実力者ユーリー・ブトゥソフを芸術監督に任命する決定がなされたのである。ブトゥソフは一九九六年にサンクトペテルブルク演劇芸術アカデミーを卒業し、一九九七年にレンソビエト劇場でデビュー作を上演している。芝居はゲオルク・ビューヒナーの『ヴォイツェク』だった。現在、劇場にはブトゥソフ演出の芝居が六本ある。どの作品も演劇批評家の間で話題になり、彼の表現方法を巡る論争が起きたほどだ。ある新聞のインタビューで次のような問答があった。

問：貴方の劇場には目新しい最新装置が驚くほど沢山あるが、これは演劇の表現言語を発展させるものと考えているのか、それともナボコフが言うように「無能な馬鹿者が、自分は偉いのだと見せつけるために役立つッール」なのか？

答：九〇％は勿論、ナボコフに分がある。しかし、技術装置の助けを借りることで、突然何かの扉が開くってことも現実にある。だからもし技術装置の利用が本当に必要で、その場面で使うのがふさわしいという場合に、僕はそれを使う。ただ、劇場は本来、何よりも第一に人間の想像力で成り立っているものではないだろうか。ところが技術効果はのっぺりと平坦で単調であり、独創力に欠け、一辺倒で表面的になりがちなので、作品の内容を反映しないことが多い。自分は間違っているかもしれないが、観客の感情、脳を覚醒させることができるのは技術装置ではなく、人間の想像力だと思う。（ドミトリー・ツィリキン、ユーリー・ブトゥソフのインタビュー。新聞「ジェロボイ・ペテルブルグ」、二〇一三年七月十九日）

ユーリー・ブトゥソフ。レンソビエト劇場芸術監督

レンソビエト劇場は最近、『三人姉妹』を上演した。芝居には遊びの発見や技術トリックがふんだんに盛り込まれている。演出家はひっきりなしに主人公に着替えをさせ、そのイメージをくるくるめまぐるしく変えることで、まるで戯曲の趣旨を相手に遊んでいるかのようだ。道化の要素もある。芝居の冒頭に登場する三人姉妹は黒い夜会服に身を包んでいるが、フィナーレでは目にも鮮やかなドレスを纏い、それ

ぞれが花嫁のロングベールを手にしている。彼らの前には扉のない煉瓦の壁が聳えている。ちなみに、戯曲でも煉瓦工場が話題になっており、演出家ブトゥソフの頭に浮かんだ想像の世界では、煉瓦の壁は姉妹の未来を閉ざす象徴なのだ。芝居では姉妹が互いに絡む場面がほとんどない。三人それぞれにあるのは隔離された生活。彼らは、てんでんばらばらになった、個性を失ったポスト産業社会の一部なのだ。時折、女優達はリズムカルな身のこなしで名人芸を披露するかと思えば、全く感情のない様子で舞台に登場し、仕舞には観客の目の前で大きな人形に変身する。ベルシーニンは道化を思わせる演技を行い、ピエロの曲芸を頻繁に見せている。全体として、これはある種の《心理を重んじる演劇》の正反対をいく芝居であり、お馴染みのチェーホフ作品の伝統演劇に真っ向から逆らっている。伝統をかなぐり捨て、パロディーを盛り込み、機知に富んだ知的な香りを放つ反伝統ゲームを観客の目の前に提示したのである。

ヴェーラ・コミッサルジェフスカヤ記念劇場

ヴェーラ・コミッサルジェフスカヤ記念劇場はあまり目立たない存在だが、演劇界では確固たる地位を占めている。ロシア演劇史では、マリヤ・エルモロワとヴェーラ・コミッサルジェフスカヤが永遠の二大スターである。モスクワにはマリヤ・エルモロワ記念劇場があり、一方ペテルブルクにはヴェーラ・コミッサルジェフスカヤ劇場がある。ヴェーラ・コミッサルジェフスカヤ（一八六四〜一九一〇年）は、アレクサンドリンスキー劇場の女優だった。しかし、二〇世紀初頭に舞台芸術の世界で誕生した新潮流の影響を受け、革新的な若手演出家には実験劇の舞台が必要だと意を決し、自分の劇団の結成に走ったのだ。ここで言う若手演出家の一人がメイエルホリドである。劇場は何度も名前を変え、現在はヴェーラ・コミッサルジェフスカヤ記念劇場と呼ばれている。劇団の俳優はサンクトペテルブルク舞台芸術アカデミーの卒業生である。芸術監督は著名な演劇人ヴィクトル・ノビコフ。彼は様々な演出家を招いて芝居を提供している。その中でもブルガリア出身の演出家アレクサンドル・

モルフォフは最も優秀である。彼の芝居はサンクトペテルブルクやモスクワで好評を博している（シェークスピアの『嵐』、モリエールの『ドン・ジュアン』等）。最近の劇場の初演作品として、ユーリヤ・ボズネセンスカヤの長編小説「女デカメロン」をモチーフにした『シズガーラ』がある。芝居のタイトル『シズガーラ』は、一九七〇年代にヒットしたオランダのロックグループ「ショッキング・ブルー」が歌う「ヴィーナス」から採った。ボズネセンスカヤ（一九四〇年生まれ）はソ連時代にイスラエルに亡命して、「女デカメロン」を発表したロシアの作家である。『シズガーラ』は、演出家ロマン・スミルノフが手掛けた。停滞の時代（ブレジネフ政権下）に生きた十名のロシア女性の運命をテーマに制作した芝居である。その時代に生きたナイーブでロマンチックな女性の愛、苦悩、幸福を描いている。初演は二〇一三年十二月に行なわれた。

第四章　地方都市の劇場及びプロ劇団の伝統

ヤロスラブリ

ロシア演劇の伝統は古い歴史を持つヨーロッパ地域で育まれてきた。これは当然で、決して驚くべき話ではない。なぜならウラル、シベリア、極東がロシアに併合されたのは、歴史的にはかなり後になってからであり、しかも辺境の地となると、その開発、ロシア文化浸透には気が遠くなるほど多くの年月を要したはずだからである。既に十九世紀には、ヨーロッパ地域の全都市でプロの常設劇団や巡業の劇団による公演が行われていた。ところが実に不思議な話だが、ロシアにおけるプロ劇場の歴史は、何と地方都市**ヤロスラブリ**から始まるというのだ。実際、ヤロスラブリはロシア演劇史で特別大きな意味を持っている。ロシアの古都として有名なヤロスラブリは、十七世紀にはモスクワに次いで二番目に人口の多い都市として繁栄を極めていた。今日のヤロスラブリは多くの大都市にひけをとっているかもしれないが、見事な歴史建造物や建築があることで極立っている。ヤロスラブリ市の歴史拠点はユネスコ世界遺産に登録されているほどだ。このヤロスラブリこそ、十八世紀にロシア初のプロ劇場が設立された地として演劇史に輝く都市なのである。全ては劇場設立者のフョードル・ヴォルコフのお陰と言えよう。当時のロシアでは勿論、外国劇団やロシアの劇団による芝居の上演が行われていた。しかしプロ劇団を擁し、公開劇を上演しているというプロ劇場の「要件」を満たしていたのは、ヤロスラブリ劇場だけだったのである。この劇場では本当に一七五〇年に芝居のチケット販売を開始しており、チケットを購入さえすれば誰でも劇場に入ることができた。役者は給料をもらい、役者業を本業としていた。劇場には数本の芝居で構成されるレパートリーがあり、専用芝居小屋、舞台衣装、小道具、大道具の全てが揃っていたのである。フョードル・ヴォルコフ率いるこの劇団は、ロシア帝国の首都サンクトペテルブルクに出かけ、エリザベータ・ペトロヴナから直々の認可を取得したとされている。こうして、ロシアでプロ劇場設立の基礎ができ上がり、サンクトペテルブルク劇場の劇団を設立するための基盤が整備されたことになる。サンクトペテルブルク劇場の劇団こそが、後のアレクサンドリンスキー劇場の前身なのである。その後、ヴォルコフはヤロスラブリに戻らず、結局、ヤロスラブリ劇場の活動は存続できなかった。後にヤロスラブリ市では私営劇団が活動するようになり、その一つが一八八二年に市立劇場の地位を獲得し、現在は**フョードル・ヴォルコフ記念ヤロスラブリ・ドラマ劇場**と呼ばれている。ヤロスラブリにとってヴォルコフは故郷の誇りであり、彼こそがヴォルコフ記念ヤロスラブリ・ドラマ劇場の創始者と考えられている。現在、ヤロスラブリにはいくつかのドラマ劇場と国立演劇大学がある。有名なヴォルコフ記念ヤロスラブリ・ドラマ劇場は、一九一一年に建設されたヴォルコフ記念広場の美しい建物に置かれている。芝居は本舞台と室内舞台の二か所で上演されている。劇団には五五名の俳優がおり、その大半はヤロスラブリ演劇大学出身だ。劇場の黄金期は一九六〇年から一九八五年まで首席演出家であったフィルス・シシギンの時代である。この劇場は毎年恒例のロシア文化フェスティバル in Japan で来日した数少ない地方劇場の一つである。二〇世紀後半は、もっぱら保守的な演劇方針を貫いていた。二〇〇八年に新任支配人ボリス・メズドゥリチュが、二〇〇九年に新芸術監督セルゲイ・プスケパリスが就任してから、ようやく芸術面の変化が見られるようになった。プスケパリスは人気舞台・映画俳優である。国立舞台芸術大学でピョートル・フォメンコに師事し、演出の指導を受けており、いわばフォメンコの直弟子になる。メズドゥリチュとプスケパリスは劇場改革を目指して奮闘したが、努力の甲斐なく必要な国家支援を得ることができなかった。そのため、アレクサンドル・ヴォロージンの『愛する人と別れないで』（二〇〇九年）とチェーホフの『三人姉妹』（二〇一〇年）の評判が良かったにも拘わらず、両者とも劇場を去って行ったのである。その後、演出家エヴゲーニイ・マルチェリ（ヤロスラブリ演劇学校、シューキン記念演劇大学で学び、ロシアの地方都市で仕事の経験を蓄積し、オムスク・ドラマ劇場とカリニングラード・ドラマ劇場の首席演出家を歴任）が後任に収まった。マルチェリも劇場刷新の道を志向している。彼の最近の芝居、フェデリコ・ガルシア＝ロルカの戯曲による『ベルナルダ・アルバの家』は黄金マスク賞にノミネートされた。

エカテリンブルク

ウラルとシベリアの演劇都市として、エカテリンブルク、オムスク、ノボシビルスクがある。エカテリンブルクはモスクワ、サンクトペテルブルク、ノボシビルスクに次いで四番目に人口の多い都市だ。スベルドロフスク州の行政中心地で、ウラル地域の中核を成す。都市は一七二三年にピョートル一世の勅令で制定され、夫人のエカテリーナの名を冠した。重要産業拠点として建設された都市であり、基幹産業は冶金工業。その後、エカテリーナ二世の治世で、エカテリンブルク経由の鉄道が敷かれた。これがロシアのヨーロッパ地域とシベリアを結ぶシベリア横断鉄道である。ソビエト時代になると、多くの都市と同様に都市名が変更され、共産革命家ヤコフ・スベルドロフの名にちなみ、スベルドロフスクと改名した。ソ連崩壊後に歴史的名称エカテリンブルクが復活している。最後のロシア皇帝ニコライ二世が家族共々、共産党員によって銃殺された地であり、血に染まったロシア史の痕跡を刻む都市でもある。

十九世紀半ばのエカテリンブルクでは、劇団興行が盛んだった。巡業中の俳優は豊かな産業都市の恩恵を蒙り、この都市でたっぷり稼ぐことができた。市のドラマ劇場は一九三〇年に設立されている。要するに、全都市に国立劇場を開設するというソビエト文化政策によるものだ。最初のドラマ劇場はスベルドロフスク劇場（現在のエカテリンブルク・ドラマ劇場）と名付けられた。ドラマ劇場に続き、青年劇場と人形劇場が設立された。

今日、エカテリンブルクの**コリャダ劇場**がロシア演劇界の熱い視線を集めている。この小さな私立劇場は、二〇〇一年に劇作家**ニコライ・コリャダ**が設立したものだ。コリャダは一九五七年にソ連邦構成共和国カザフスタンで生まれ、スベルドロフスク演劇学校で学び、スベルドロフスク・ドラマ劇場で俳優業に打ち込んだ。その後、モスクワ文芸大学を卒業している。一九八二年に新聞「ウラルの労働者」に処女作の短編小説を発表。一九八六年に最初の戯曲『罰金遊びをしよう』を執筆した。一九九〇年代にコリャダの戯曲がいくつかのモスクワの劇場で上演されている。続いて、『出て行け、出て行け』、『ムルリン・ムルロ』、『防柵』、『我々は乗物で進む、進む』、『オギンスキーのポロネーズ』、『ペルシャのライラック』、『閉所恐怖症』等が、ロシア国内外の多くの劇場で舞台化された。コリャダの戯曲では、これまで舞台に登場しなかった人物が取り上げられている。ルンペン等のはみ出し者、様々な理由で社会のどん底に転落した人々、アル中、浮浪者…。コリャダは彼らの人間性の本質、鋭敏な感受性、真摯な一途さ、共感や同情の感性、不正と闘う能力、現代社会の堕落や偽善を断固として否定する姿を描いている。コリャダは雑誌発行にも着手し、自分の周りに若手劇作家を集めて教育活動を開始した。今では彼の努力の甲斐あって、ロシアでは《ウラル劇作家グループ》の存在が周知されている。彼はプライベート劇場「コリャダ」の生みの親だが、このコリャダとは、劇場設立者である劇作家の苗字に他ならないが、同時に古代異教の神、陽気な宴席の神の名でもある。コリャダ神を祀る祭は昔から冬至の日に行なわれる。この祭の日は動物の毛皮、仮面、角を使って扮装をすることになっている。かつてはそういう扮装の人達が群を成して近隣の家を回り、儀式であるコリャダの歌を唄い、踊り、家の主人に幸福と幸運を祈り、家の主人は御礼に御馳走を振る舞ったそうだ。やがて、キリスト教が広まるにつれ、この祭はクリスマスの祭事と合わせて行なうようになった。「私は決して妄想狂ではないが、自分の劇場の名は絶対にコリャダしかないと決めていた。異教の神コリャダは本当に存在していたのである。現にクリスマスキャロルはコリャダと呼ばれているではないか。この劇場にやって来る観客にはお祭りを楽しんでもらい、俳優には喜びを感じてもらいたいから、こう名付けたのだ。私は今、粉骨砕身で頑張っている状態だが、いずれ、コリャダ劇場は市内一の劇場に成長すると確信している。劇場には自前の劇団があり、スタッフがいて、客席百〜二百の舞台もあるではないか」(ニコライ・コリャダ、雑誌「ジェロボイ・クバルタール（ビジネス街）」のインタビューから。二〇〇一年第四三号)。劇場は設立以来、一シーズンに六〜七本の芝居を制作して、創作面で目覚ましい成果を上げてきた。コリャダ自身や、芸術面で近い他の劇作家の戯曲を舞台化し、彼自身、あるいは他の招聘演出家の手で上演している。これまで、芝居小屋のことでは随分と頭を悩ませてきた。芝居は当っており、全国的な知名度も上がったというのに、地元政府の支援が十分でなかったので、舞台を頻繁に変えざろう得なかったのだ。最近になってようやく、地元政府が以前の映画館「イスクラ」の建物を引き渡すという決定を下した。この建物の改装が終了した二〇一四年から劇場として使用している。二〇一四年のシーズンはモスクワの演劇センター「ナ・ストゥラーストゥノム(情熱的な)」の舞台でスタートを切った。大々的なモスクワ公演を堂々とやってのけたということだ。初演作品としてゴーゴリの三作品『死せる魂』、『モリエールを演じよう』、『心の授業』を、さらに劇場のレパートリーからニコライ・コリャダ作『花束』、ゴーゴリ作『検察官』と『結婚』、カルロ・ゴリドーニ作『二人の主人を一度にもつと』、アレクサンドル・プーシキン作『ボリス・ゴドゥーノフ』、チェーホフの『桜の園』、シェークスピアの『ハムレット』、レルモントフの『仮面舞踏会』、テネシー・ウイリアムズの『欲望という名の電車』を上演した。また、巡業興行の一環として、ニコライ・コリャダと弟子達が書き下ろした新作戯曲の朗読会が開催された。コリャダの芝居では、遊びが自然発生的に起こり、パロディー、自嘲の要素が散りばめられ、舞台芸術の鮮烈な実験と発見が万華鏡のように繰り広げられる。だから、コリャダの巡業公演は間違いなく観客に大受けし、演劇批評家の注目を集めると太鼓判が押されているのだ。

オムスク

オムスクは西シベリアの大都市であり、シベリアが誇る劇場都市の一つである。かつて、ロシア国境拡大に伴ない、遊牧民族の襲撃を防ぐ要塞が必要になり、一七一六年にオムスクが建設された。その後、オムスクは四人流刑の土地へと変貌を遂げた。フョードル・ドストエフスキーは一八五〇〜一八五四年にこの地に幽閉され、その経験を『死の家の日記』に遺した。今日、オムスク大学はドストエフスキーの名を冠している。現在のオムスクには国立劇場と私立劇場がいくつかある。ドストエフスキーは「十九世紀にストーリーの面白い芝居を上演する劇場が市内にあった」と書いている。一八八二年に焼失した木造の芝居小屋に代わり、石造りの劇場が建設されたが、今日では、その建物はロシア文化遺産登録歴史建造物に指定されている。これがオムスク・ドラマ劇場の前身である。二〇〇九年以来、ギオルギー・ツヒビラヴァが**オムスク・ドラマ劇場**首席演出家を務めている。劇場に付属してシベリア・ウラル・極東現代演劇研究室が活動しているが、この研究室で才能を開花させて世に出た現代作家は多く、市内だけでなくモスクワやサンクトペテルブルクの劇場でも活躍中だ。

「**第五劇場**」はロシア全体で有名になっている。一九九〇年に演出家セルゲイ・ルジンスキーによって設立された。オムスクには既に四件の劇場があり、新設劇場は五件目になることから「第五劇場」と名付けられた。設立当初の第五劇場には専用の舞台がなく、俳優は九名しかいなかった。ところが今では国立劇場の地位を有し、以前の文化宮殿「ユビレイヌイ」の建物が提供され、斬新な演劇表現の模索と大胆な実験を中心に据えた舞台が繰り広げられている。

ノボシビルスク

ノボシビルスクはシベリア最大の都市で、シベリア連邦管区行政中心地になっている。モスクワとサンクトペテルブルクに次いで三番目に人口の多い都市だ。ロシアの移住地になったのは十七世紀末。現在のノボシビルスクと周辺地域は、ロシアで冶金工業を始めた産業家ジェミードフ家が所有する領地だった。移住地はノボ・ニコラエフスクと呼ばれており、一九〇三年に市に上格している。ソビエト政権の一九二五年にノボシビルスク市と改称された。現在、ノボシビルスクにはドラマ劇場五件と演劇大学がある。

劇場「クラースヌィ・ファーケル」。ノボシビリスク。
『オネーギン』の場面。演出：チモフェイ・クリャービン

ノボシビルスクでは、クラースヌィ・ファーケル（赤い松明）とグローブス（地球儀）という二つの劇場が最も重要である。**クラースヌィ・ファーケル**の歴史は、一九二〇年にオデッサで演出家アレクサンドル・タチシェフと若手俳優グループによって結成された移動劇団に端を発する。劇団はソ連各地で十一年間に亘って活動を続け、一九三二年にノボシビルスクに本拠地を構えると、元商業クラブの建物を提供された。この建物は、革命前は会合や宴会、巡業劇団の公演に利用する娯楽施設だったそうだ。クラースヌィ・ファーケルはこの建物を本格的に改造し、今日に至るまで利用してきた。一九九九年以降は、支配

人アレクサンドル・クリャービンが劇場を指揮統括している。首席演出家はチモフェイ・クリャービン（二〇〇七年から在籍。国立舞台芸術大学卒）。劇団の俳優はノボシビルスク舞台芸術アカデミー、エカテリンブルク演劇大学の出身者だ。チモフェイ・クリャービンが演出を手掛けたプーシキンの叙事詩をモチーフにした芝居『オネーギン』が好評である。物語の舞台は現代。プーシキンの詩を現代風にアレンジしようと趣向を凝らし、「現代ならこうなる」とイメージしながら舞台の登場人物を作り上げた。例えばオネーギンはインターネットを利用したクリエイティブな仕事に従事し、ブログに文章を載せている。オリガはマリリン・モンローにそっくりになりたいと涙ぐましい努力を重ねている。タチヤーナは浮世離れした想像上の人物だ。現代語で会話を交わす登場人物たち。舞台袖から語り掛けるプーシキンの台詞…。チモフェイ・クリャービンは短期間で一躍脚光を浴びるようになり、今では押しもおされぬ人気演出家の一人だ。ノボシビルスクオペラ・バレエ劇場で上演されたクリャービン演出によるワーグナーのオペラ『タンホイザー』は、ロシア文化の重大事件と注目を集め、ロシア正教会を代表とする保守勢力の圧力を受けた挙句、上演禁止になってしまった。クラースヌィ・ファーケルの舞台にかかったシラーの『たくらみと恋』、チェーホフの『三人姉妹』で、ロシアが生んだ精気溢れる若手演出家の評判は決定的なものになった。

グローブス劇場は一九三〇年に設立されたが、当時はノボシビルスク青年劇場と呼ばれていた。この劇場は、先述のオデッサの劇団が一九三二年に移転してくる以前から活動しており、正真正銘のノボシビルスク常設劇場第一号である。一九六〇年代に青年劇場の課題枠を越え、広い年齢層の観客を対象にした芝居を上演するようになり、市内の広範なファン層から支持されてきた。一九九三年に青年劇場の活動枠を完全に越えたと正式認定され、グローブスという新しい名称を授けられたのである。当時の支配人はマリヤ・レヴャキナだった。現在、レヴャキナは国家演劇賞・演劇祭「黄金のマスク」総合ディレクターの重職にある。グローブスでは様々な演劇学校や流派を代表する才能溢れる若手演出家が芝居を上演している。中でもドミートリー・チェルニャコフの活躍は注目に値する。彼は今でこそコヴェント・ガーデン、スカラ座、メトロポリタン劇場でオペラを手がける実力派だが、二〇〇二年当時はまだ駆け出しの演出家に過ぎず、グローブスでP・マリヴォーの『二重の不実』を演出した。一九九五年にはロシア国立舞台芸術大学で、グローブス俳優特別コース学生募集があった。二〇〇八年からアレクセイ・クリークリヴィが首席演出家を務めている。クリークリヴィは二〇〇一年にロシア国立舞台芸術大学演出学部レオニード・ヘイフィッツ教授コースで学んだ。最近の彼の成功作はレフ・トルストイの『クロイツェル・ソナタ』である。劇場ではモスクワから演出家を招く伝統が代々受け継がれている。最近の初演作品に、エレーナ・ネヴェジナ演出の芝居がある。ネヴェジナはニュージェネレーションを代表する演出家で、ピョートル・フォメンコの直弟子である。モスクワ芸術座付属演劇大学で仕事をしていたが、現在はロシア国立舞台芸術大学で教鞭を執っている。彼女の演出したシェークスピア作『十二夜』は、観客の魂を揺さぶる作品と評された。ネヴェジナは「現代ロシアに波及したダウンシフト現象を描く芝居を制作した」と述べている。ダウンシフト現象とは、最近のロシアの若者が自分の祖国で働いてキャリアを積むのを嫌がり、タイやインドのゴア州等、どこか外国にでも行って楽をしたいと考え、立身出世など追わずに、シンプルで人間らしい自然のままの生活をしたがる傾向のことだ。今日ではこのような人を《ロシア移民のニューウエーブ》と呼ぶ。シェークスピアの主人公セバスチャンとヴァイオラが船で行き着く架空の国イリリアは、必ずしも現代人に幸福をもたらすとは限らないと、ネヴェジナは考えている。彼女は「それは、クエッションマーク付きのお話なのです」とインタビューで語っている（『コンチネント・シビーリ（シベリアの大陸）』。二〇一三年十二月六日）。

＊＊＊

由緒ある伝統を有し、全国的に知名度があるその他の地方劇場として、以下の劇場名を挙げておきたい。いずれもロシアの演劇大学で教育を受けたプロの俳優で構成される劇団である。ゴーリキー記念サマラ・ドラマ劇場、ゴーリキー記念ニジェゴロド・ドラマ劇場、イワン・スロノフ記念サラトフ・ドラマ劇場、ユーリー・キセリョフ記念サラトフ青年劇場、ヴォロネジ・ドラマ劇場、ブリャンスク・ドラマ劇場、オレンブルグ・ドラマ劇場、オリョール・ドラマ劇場、ウラジオストク・ドラマ劇場、ハバロフスク・ドラマ劇場等。

近年、国家演劇賞・演劇祭「黄金のマスク」、民族劇場の小都市劇場支援活動の効果で、かつては知名度の低かった劇場が脚光を浴び、巡業公演ができるほど成長を遂げている。例えば、小都市ノボクィブシェフスク、ヴィシニー・ボロチェク、エレツ、グラゾフ、ミヌシンスク、ルィシワ、プロコピエフスク、ルィビンスク等のドラマ劇場である。このような小劇団はロシア全体の演劇界に組み込まれることで、創造能力に磨きをかけることが可能になったのである。もっとも、プロの世界に注目されること自体が、大国の僻地で黙々と舞台芸術に仕えている人々にとっては名誉ある「勲章」に違いない。

第五章　ロシア極東の劇場

全国にある全ての劇場の歴史と活動を一冊の本に収めるのは難しい。しかし、連邦管区を単位にして、そこにスポットを当ててみるだけでも、ロシア演劇界には多様な潮流、流派があること、その共通性等、色々なことが分かると思う。この章では、極東にスポットを当てた演劇の世界を紹介してみたい。極東は日本の読者にとって面白いに違いない。地理的には非常に近くにあるのに、文化的視点から見ると、未知の部分が多い地域なのではないか。

極東はロシア東端にあり、極東管区は九地域を包括している：アムール州、ユダヤ自治区、カムチャッカ地方、マガダン州、沿海地方、サハ共和国（ヤクーチア）、サハリン州、ハバロフスク地方、チュクチ自治管区。かつてこの地域には原住民（ダウル、エベンキ、ニブヒ、ウデゲイツ、ウリチ、コリャーク、アイヌ、イテリメン）が住んでいて、これらの少数民族は狩猟や漁業で生計を立てていた。

ロシアの極東侵略が始まったのは十七世紀。一六三二年にヤクーツク市が建設され、その後、オホーツク海沿岸にロシア初の港であるオホーツク港が完成した。十八世紀初頭にカムチャッカ半島がロシア帝国領に入った。続いて十八世紀の第一四半期にロシア人はシベリア東海岸調査による新地図作製を目的に、ヴィトゥース・ベーリング隊長率いるカムチャッカ遠征隊を二度派遣した。十八世紀以降の極東は囚人の流刑地と化した。十九世紀に入ると、極東開発が本格的になり、アムール川岸地域もロシア帝国領に編入された。

極東国境周辺には沢山の軍人とその家族が住んでいたので、ロシア・ヨーロッパ地域、ウラル、シベリアから商人、企業家、役人が移住してきた。こういったロシア人移住者が文化を持ち込み、それが極東に浸透するのは自然の成り行きであった。十九世紀半ばには、アマチュア劇団の見世物小屋が姿を見せ始めた。芝居には、多少は学のある極東諸都市の住民が出演していた。その後にプロ劇団が出現したが、数シーズンは一都市で働き、それが終わると別の都市に移って行くという移動劇団に過ぎなかった。その後、常設劇団を抱えるレパートリー・シアターが僅かだが開設されている。とは言え、極東地域の劇場の大半は、ソ連邦文化政策基本方針が策定された革命後に開館したものである。大規模住民居住地の全てに「文化サービス」を提供し、可能な限り高等教育機関を設置するというのが、当時の国家方針だった。極東連邦管区にある地方演劇の活動には目を見張るものがある。何分、極東はロシアの文化の中心から遠く離れているので、ロシア全体の潮流から分断され、これが当然、劇場の活動に影を落としている。それでも、首都から遠い辺境の地で演劇人は舞台芸術にじっくりと全身全霊で取り組み、観客の魂の糧になるものを創造しようと懸命になっているのだ。ドラマ劇場は極東のハバロフスク、ウラジオストク、ブラゴヴェシェンスク、コムソモリスク・ナ・アムーレ、ユジノ・サハリンスク、マガダン、ヤクーツク、ペトロパブロフスク・カムチャツキーにある。これらの劇場に在籍する俳優の大半が、シベリア・極東にある文化・芸術教育機関の俳優・演出学部で職業教育を受けた人達だ。今のところ極東連邦管区には、演劇専門高等教育機関として独立した演劇大学は存在していない。管区には十九世紀末から二〇世紀初めにかけて設立された劇場が数館ある。ヨーロッパ地域とは異なり、その多くが一九三〇年代初めのソビエト文化政策の一環で開設されている。

アムール州ブラゴヴェシェンスク

極東最古の**アムール州立ドラマ劇場**は、アムール州都ブラゴヴェシェンスクにある。ブラゴヴェシェンスク市は中国との国境に位置している。市の創立は、ここに軍の国境警備所が置かれ、ザバイカルコサック六〇名が移住してきた一八五六年と考えられている。一八五八年に生神女福音聖堂が建設された。ブラゴヴェシェニエ〈生神女福音〉という単語は、天使が処女マリアに「イエス・キリスト受胎」を告知したという意味であり、福音書に記述された重要な出来事の一つである。市の名称はこの寺院から授かった。アムール州の金鉱山は一八五八年から稼働している。

ブラゴヴェシェンスク市では、一八六〇年に最初のアマチュア演劇公演が行なわれた。しかし劇場設立年は、ブラゴヴェシェンスク市民会議の舞台でゴーゴリ作『検察官』が上演された一八八三年とされている。一八八九年に市民の募金で最初の劇場が完成した。この建物で、他都市からやって来た劇団が芝居を上演した。一九一一～一九一二年に俳優のクメリスキーがこの劇場で最初の常設劇団を結成した。この劇団は革命後の一九二二年に国立劇場の地位を獲得している。その後、国家支援を受けてソ連各地に巡業に出かけ、ロシアのヨーロッパ地域、ソ連邦中央アジア諸共和国、ウクライナ等を訪ね、巡業活動に力を注いできた。劇場創立百周年にはモスクワのレーニン・コムソモール（レンコム）劇場で記念公演を行なった。一九九七年からタチヤーナ・ベジナ（一九四七年生まれ）が劇場を率いている。ベジナはハバロフスク国立文化大学で演出を専攻し、卒業後は地元テレビ局でキャリアを積み、様々な幹部職を歴任した。常設劇団の演出家は彼女だけである。時には、具体的な芝居に演出家を招くことがある。劇団には三四名の俳優がおり、レパートリーは外国やロシアの現代劇、メロドラマ、コメディー、筋の面白い推理物、子供向けお伽噺など多彩な構成になっている。ロシアの古典としてはグリボエードフの『知恵の悲しみ』、ゴーゴリの『降誕祭の前夜』がある。

ハバロフスク地方

ハバロフスクは極東連邦管区首都、**ハバロフスク地方**行政中心地である。一九三三年にハバロフスクに常設劇場を設立する問題の協議が開始され、その結果、まず常設劇団が結成された。劇団は様々な舞台で芝居を上演していたが、一九四六年に「コンミューン会館」（一九三六年建設）を劇場として利用できるようになり、三月にハバロフスク地方ドラマ劇場の初興業が行われた。この建物は以前の内務人民委員部所属のビルで、ロシア連邦文化遺産に登録されている。劇場は新生ロシアになってから名称を変え、現在は**ハバロフスク地方ドラマ・コメディー劇場**と呼ばれている。二〇一〇年以降、芸術監督はニコライ・エフセエンコ（一九七四年ハバロフスク国立文化大学卒、演出専攻）である。首席演出家はウラジーミル・オレノフ。オレノフは一九七〇年代から全ロ演劇協会と緊密な関係を持っていたので頻繁にハバロフスクを訪れ、ハバロフスク地方劇場で芝居の上演をしていた。結局、彼はハバロフスクに転居することになり、ドラマ・コメディー劇場の幹部に収まった。劇場では他の演出家も芝居を上演している。観客に人気があるのは、ニキータ・シリャーエフ（グリボエードフの『知恵の悲しみ』）、セルゲイ・コロムシコフ（シーラ・ディレーニー作『蜜の味』）、ワジム・パルシュコフ（マルシャークの『十二月』）、オスワルド・ザグラドゥニクの『時報つき時計のためのソロ』）、ソフィア・フェジェキナ（アリストパネスの『女の平和』）が演出する舞台である。

ロシアの演劇界には、**コムソモリスク・ナ・アムーレ**のように主都から遠く離れた都市も含まれている。これは極東で最も若い都市だ。一九三二年にソ連政府の決定でタイガを開拓し、造船・航空機工場を建設した。若いコムソモール員を動員して都市建設が進められたため、コムソモリスク・ナ・アムーレ（アムール川岸のコムソモールの町）と名付けられたのである。建設労働にはアムール地方収容所の政治囚を利用していた。この事実が人々の口に上るようになったのはソ連崩壊後のことだ。現在、市内には国立コムソモリスク・ナ・アムーレ・ドラマ劇場と民営劇場 KnAM（市名を表す四単語の頭文字）の二劇場がある。前者は、市制一年を迎えた一九三三年に国の文化政策によって創設され、一九三三年から一九三四年をまたぐ祝いの晩に最初の芝居が上演された。首席演出家はイリーナ・バルスカヤ。KnAM は、一九八五年にタチヤナ・フロロワが俳優グループと共に設立した劇団員九名の小さな劇場だが、ロシアの《心理を重んじる演劇》の原則と西洋演劇の現代的潮流を合成する芝居を目指して、日々研鑽に励んでいる。

沿海地方ウラジオストク

ウラジオストク市（名称の意味は「ウラジェチ・ヴォストーク（東を所有）」が起源）は、ブラゴヴェシェンスクと同様に軍の国境警備所として建設された。創立は一八六〇年。一八六二年に軍国境警備所が港に改称され、対外貿易額を増やす目的で自由貿易港の指定を受けた。現在、ウラジオストクはロシア太平洋艦隊基地になっている。

マクシム・ゴーリキー記念沿海地方ドラマ劇場は、一九三一年にウラジオストク市立ドラマ劇場がベースとなって創立された極東を代表する劇場である。一九四〇年代に俳優養成を目的に劇場付属スタジオが併設された。ゴーリキー記念沿海地方ドラマ劇場の芸術監督は著名な演劇人エフィム・タバチニコフだったが、一九八四年にエフィム・ズベニャツキーが後任に就いている。ズベニャツキーもロシア演劇界で名の通った人物である。ズベニャツキーは一九四七年にハバロフスクで生まれ、一九六九年に極東芸術大学演劇学部を卒業した。その後はモスクワで学び、一九七九年にロシア舞台芸術大学演出コースを修了している。研修では巨匠アナトリー・エフロスとトフストノーゴフに師事した。ズベニャツキーと劇場の主な俳優は、極東芸術大学の教師でもある。ゴーリキー記念沿海地方ドラマ劇場の創作方針は、ズベニャツキーの演出概念に基づいて決定される。彼はドラマ芸術、音楽、ダンスを結合するショーのように楽しく見応えのある舞台芸術を創造し、演技が自然に生みだすエネルギーと祭りの雰囲気に満ちた芝居を提供したいと考えているのだ。劇場のレパートリーは膨大で、ズベニャツキーの芝居(ショーレム・アレイヘムの小説「牛乳屋テヴィエ」に基くグリゴリー・ゴリンの戯曲による『記憶の祈祷』、アレクセイ・トルストイ原作の『カサートカ』、ニコライ・ゴーゴリ作「検察官」をモチーフとする『ペテルブルグからのお忍び旅行』)、その他の演出家の作品が含まれている。劇場は、芝居ごとに外から演出家を招くことがある。例えば、ロマン・ヴィチューク(アンドレイ・マクシモフの『マスカラード・マルキザ・デ・サダ』、オスカー・ワイルドの『サロメ』)、ドミトリー・アストラハン、ビタリー・パブロフ、女優タチアナ・ドギレワといったモスクワの有名演出家である。さらにロベルト・マヌキャン、イーゴリ・ゴリャク、ワジム、パルシュコフ、アンドレイ・ラピコフの芝居が劇場のレパートリー作品となっている。

沿海地方青少年ドラマ劇場も有名である。一九四六年の創立以来、劇場の名は変遷を重ねてきた。設立当初は青年劇場(TUZ)だったが、その後、室内劇場になった。現在は青少年(シアター・マラジョージ)劇場である。芸術監督はビクトル・ガルキンが務めている。この劇場の演出家はレオニード・アニシモフだが、彼は既に、活動拠点を東京に移した。現在、アニシモフは東京ノーヴイ・レパートリーシアター芸術監督として、スタニスラフスキー・システムを基本とする創造活動を行っているのだ。

サハリン

サハリンには実にユニークな演劇史がある。一九三〇年に当時の州都アレクサンドロフスク・サハリンスク市に常設劇場第一号が誕生した。劇場は一九四七年に新行政中心地ユジノ・サハリンスクに移転し、一九五四年にアントン・チェーホフの名が付された。チェーホフは一八九〇年にサハリン島に数か月滞在し、自らの手で住民リストを作成している。住民の大半は一八七五年以降にこの地に送還された流刑者や懲役囚だったのである。チェーホフは住民に直接会い、彼らがサハリンに行き着いた理由をつぶさに聞き込み、その経緯と人生を記録した。チェーホフはこういった不遇の運命に翻弄された者の権利の遵守に初めて関心を抱いた作家であり、真の社会活動家だったのである。この旅の総括として著名なドキュメンタリー小説「サハリン島」を書き残している。島の住民がチェーホフの名を重要視するのは当然のことだ。チェーホフ記念サハリン劇場は一九九二年に新組織**A・P・チェーホフ記念サハリン国際センター（チェーホフセンター）**に改組した。その結果、事業分野は拡大したが、センターの主要事業はあくまでも「ドラマ劇場」である。センターの機構には、ドラマ劇場の他に児童・青年劇場、室内アンサンブル「ジベルチスメント」とグループ「ジャズ・タイム」が入っている。現在、チェーホフセンターを率いているのはエレーナ・フダイベルジエワ。ドラマ劇場のレパートリーは様々な演出家の十九作品で彩られている。古典劇、現代劇、ロシア作品、外国作品を含む多種多様な構成になっている。この多様な作品の中から芝居『碁のゲーム。芥川。短編小説』に注目してみよう。これは芥川龍之介の小説をモチーフにした舞台で、脚色・演出を手がけたのはオレグ・ユーモフである。芝居の基になった小説の一つが「ヤマシギ」で、物語の場面はレフ・トルストイの領地ヤースナヤ・ポリャーナである。登場人物はレフ・トルストイ夫妻と子供達、ロシア古典文学者イワン・ツルゲーネフだ。芥川の小説は、レフ・トルストイの息子イリヤ・トルストイの著「父トルストイの思い出」にあるエピソードが基になっている。演出家のユーモフは、偉大な作家である芥川がロシアの二人の大作家をどう見ているかという視点で、二人の複雑な人間関係を描いた。この芝居はサハリンの演劇ファンにとって非常に興味深い作品となった。

マガダン

マガダン音楽・ドラマ劇場の歴史は悲哀と暗澹たる過去の記憶にまつわるもので、胸に迫るものがある。**マガ**

ダン市は、ロシア極東連邦管区に入るマガダン州の中心地だ。オホーツク海沿岸の超過酷な永久凍土気候帯にある人口九万六千人の若い都市である。一九二九年にマガダン村ができ、スターリン粛清が始まった一九三二年に北東矯正労働収容所が開設された。その時点からマガダンは、帝政ロシア時代のサハリン島と同じ運命をたどるようになった。囚人が船で大量に運ばれてきたが、その多くが過酷な条件の下でむなしく息絶えた。生き残ったとしても、長年に亘って残酷な奴隷労働に耐えねばならないのだ。囚人の中には所謂「刑法第五八条」で有罪となった政治囚、つまり知的労働者、俳優、音楽家、画家が多く含まれていた。その大半は政権に忠誠でないという理由で、時にはただ単に不注意で口をすべらせた一言が災いして有罪となった人達である。当時のスターリン政権は粛清と同時に、未開地開発を目的とした文化政策も実施している。一九三九年にマガダン村が市に格上げされたことで、同年にマガダン・ドラマ劇場とマガダン軽演劇劇場の二劇場が設立された。これがきっかけで、囚人の身で苦渋と辛酸に耐えていた才能豊かな有名演劇人が、劇場で雇用労働者と共に働くチャンスを手に入れたのである。一九四一年に二つの劇場は統合し、マクシム・ゴーリキー記念マガダン音楽・ドラマ劇場の名称を得た。この劇場は、スターリン政権で逮捕された有名アーチスト、演出家、音楽家にとって救いの場になった。遂に収容所の肉体重労働から解放され、劇場で働くことができるようになったのだ。マガダンの囚人の中には、やはり演技の才能に恵まれ、収容所のアマチュア演劇活動で俳優業の経験を積み、実力を認められて、ゴーリキー記念マガダン音楽ドラマ劇場に入団できた人もいた。もっとも、これはほんの一握りの幸運な例だろうが。スターリンの死後、政治粛清は収まったが、このような劇場の活動は継続され、マガダン州の文化拠点の役割を果たしてきた。しかし、近年は本格的な芝居が先細りになっていると言わざるを得ない。一九九一年に劇場はマガダン音楽・ドラマ劇場と改称した。劇場支配人はアレクサンドル・ボンダレンコ。二〇〇〇年にマガダン音楽・ドラマ劇場を拠点にしたロシア国立舞台芸術大学俳優コースが開設された。モスクワの有名演出家、ロシア軍劇場首席演出家ボリス・モロゾフが指導するコースである。このコースを修了した十二名がマガダン音楽ドラマ劇場に入団した。最近数年はウラジオストクにある極東芸術大学演劇学部に未来の俳優を派遣して勉強させている。この劇場では、芝居を上演するたびに演出家を招くスタイルが定着した。毎シーズン六〜八本の初演作品が上演されている。劇場はロシア全体の演劇空間に参入することを目指し、暗い過去を偲ぶ「収容所のランプの灯」フェスティバルを開催した。

ヤクーチア

サハ共和国(ヤクーチア)は極東連邦管区の一部である。首府ヤクーツクは独特の演劇史を歩んできた。ヤクーチアがロシア帝国に組み込まれたのは一六三二年である。それから間もなく、ヤクーチアはロシア各地から犯罪者が送り込まれる流刑地になった。十九世紀以降は主に政治流刑囚が運ばれてきた。このヤクーツクで、流刑者と地元住民ヤクート人によるロシア極東初の演劇運動が芽生えたのである。その結果、一八九一年にロシア・アマチュアドラマ劇団が、一九一〇年にヤクーチア劇団が結成された。ヤクーチアでソ連政権が確立された直後の一九二〇年にロシア・アマチュアドラマ劇団は国有化され、国立劇場の地位を獲得し、ロシア劇場になった。一九九二年にモスクワ芸術座付属演劇大学ヤクーツク分校がロシア劇場をベースに開設されてから、ロシア劇場の業績が広く認められた。そのため、この分校開校が、国立ロシア劇場の歴史を飾る画期的出来事と評されているのだ。モスクワ芸術座付属演劇大学ヤクーツク分校の第一期生(一九九二〜一九九六)アレクサンドル・ロバノフは、劇場支配人と芸術監督を兼任しながら、主演俳優も務めている。彼が懸命に取り組んでいるのは、劇団の能力と可能性を最大限に活かしたレパートリー構成である。団員の大半がモスクワ芸術座付属演劇大学ヤクーツク支部の卒業生だが、一部、北極地方国立文化・芸術大学出身者もいる。新作芝居にはロシアの諸劇場から演出家が招かれており、劇場のレパートリーには十四の芝居がある。アレクサンドル・オストロフスキー、ワシーリイ・シュクシン、サムイル・マルシャーク、ニコライ・コリャダ、ジャン・アヌイ、マトリン・マクドンナフの戯曲や文学作品だ。現在、ヤクーツクには劇団がいくつかある。その内、**A・S・プーシキン記念ロシアドラマ劇場**（前身はロシア・アマチュアドラマ劇団、ロシア劇場）とP・A・オイウンスキー記念サハ・アカデミー劇場（前身はヤクーチア劇団）の二つは国立ドラマ劇場であり、その他に青年劇場等がある。

カムチャツカ

カムチャッカ・ドラマ・コメディー劇場は、極東ならではの歴史をくぐり抜けてきた。この劇場の歩みを知ることによって、ロシアの俳優に特有な心意気にも触れることができる。**ペトロパブロフスク・カムチャツキー市**はカムチャッカ地方の中心地である。人口は既に十八万を超えた。市はカムチャッカ半島南東部にあり、太平洋側のアワチ湾に面した沿岸都市だ。極東最古の都市の一つで、かつてコサックがロシアからの初踏破を果たした土地とされている。昔、この地域では現物納入税制がしかれており、住民が国庫に納める物税の保管庫が建設されることになった。税とは貂、狐、ビーバー、貂の毛皮のことである。ペトロパブロフスク・カムチャツキーの名は第二次カムチャッカ探検（大北方探検）後に付けられた。第二次カムチャッカ探検は地理調査であり、隊長の指揮下でロシア人海員がシベリア北極沿いに北米・日本に向かうルートを調査するというものだった。一七四〇年に探検調査帆船「聖使途ペトロ号」と「聖使途パウロ号」の二隻がカムチャッカ沿岸に到着しており、この船の名前がペトロパブロフスクという市名の由来になっている。市の創設者は船の航海長・海軍少尉イワン・エパギンとされている。現在はペトロパブロフスク・カムチャツキーに太平洋艦隊基地がある。主幹産業は今でも漁業である。

前述の一九三〇年代に施行されたソ連文化政策はカムチャッカにも波及した。実際、一九三三年に劇場開設の決定が下されている。ペトロパブロフスク・カムチャツキー市で劇場が設立されるまでの経緯は、まるで波乱万丈の冒険小説のようだ。一九三三年、最大勢力で荒れ狂う台風がオホーツク海を直撃した。零下二八度の厳寒。

サハリン号は転覆の危機に曝された。しかも船上で火事が発生。三日三晩、全員で力を合わせて必死の火消し作業に追われたのである。しかし、試練はこれでおしまいではない。今度は船が氷原にはまり込んでしまう。それでも何とか氷原の隙間で浮遊することができ、船は命からがら岸壁に接岸する日を迎えた。正にこの船に、後にペトロパブロフスク・カムチャツキーでプロ劇団を創設した俳優グループと演出家ザボーチンが乗り合わせていたのだ。幾多の変遷を経て、試練の波を乗り越えてカムチャツカに辿り着いた人々によって設立されたカムチャツキー劇場は、市内で唯一の劇場にぴったりの建物を提供された。二百名収容の労働組合会館である。早くも一九三三年四月にサボーチンが演出するクルジンの戯曲に基づく『闘争』で旗揚げ公演を果たした。ところが、開館したばかりの劇場は思わぬ災難に見舞われてしまう。一九三六年に木造の劇場が火事で焼けたのだ。劇団は仕方なく地下室で芝居を続けるはめになる。しばらくは一部の劇団員が地下室で芝居を続け、大半はカムチャッカ地方の長期旅巡業に出た。旅先に劇場用設備が整った芝居小屋があるはずもない。小さな漁村に停泊する漁船、凍土帯のトナカイ飼いやきこりの小屋、カムチャッカ辺境にある部落の木造家屋が彼らの舞台だった。一九三九年になって劇場は木造芝居小屋の提供を受け、一九六四年にやっと五百名収容の石造りの建物を取得することができた。観客の脳裏には、ロシアの有名作家イリヤ・エレンブルグが書いたカムチャッカを題材にした戯曲に基づく『ロシアはここから始まる』、グリボエードフの『知恵の悲しみ』が脳裏に焼き付いている。

一九七〇年代は、漁船が前代未聞の漁獲高を上げ、カムチャッカは盛運期で活気づいていた。芝居は大漁船でも上演された。カムチャッカ劇場は一九八一年にモスクワ巡業、つまりマールイ劇場公演を成功させ、これが劇場史のハイライトとして記録されている。劇場の座長を務めた演出家ユーリー・ポグレブニチュコは、特に重要な足跡を残した。彼は劇場で数シーズンを務め上げ、全国的成功という快挙を上げ、彼自身も有名になることができた。現在はモスクワにある「スタニスラフスキーの家の近くの劇場」の芸術監督である。ビクトル・ルィジャコフ（一九六〇年生まれ）もカムチャッカ劇場を率いた人物だ。ルィジャコフの名は、この劇場の国際舞台進出に功労した芸術監督として劇場史に刻まれた。ルィジャコフは二〇〇〇年にカムチャッカ劇場の俳優を伴い、国際演劇プロジェクト「第八警備隊」を実施したのである。このプロジェクトはエジンバラ、ロサンジェルス、トビリシ、ウッチ、ウイーンのフェスティバルで披露された。ルィジャコフはカムチャッカ・ドラマ・コメディー劇場（前身はカムチャッカ劇場）を去った後に有名演劇人として脚光を浴び、モスクワ芸術座付属演劇大学教授、モスクワ芸術座演出家の座を射止めている。彼は話題騒然の芝居『酸素』の舞台演出を手掛けた。これは、ロシアの「ノーヴァヤ・ドラマ（新しいドラマ）」を代表するイワン・ヴィルィパエフの戯曲に基づく作品だ。現在、ルィジャコフはフセヴォロド・メイエルホリド記念センター芸術監督の立場で演劇実験を推進し、成果を収めている。ちなみに、イワン・ヴィルィパエフ（一九七四年生まれ）自身もカムチャッカ・ドラマ・コメディー劇場で仕事をしたことがある。今や人気絶頂のヴィルィパエフは、ロシア演劇の新世代を牽引する存在になっている。戯曲作家、俳優、演出家という二刀流、三刀流の目覚ましい活躍ぶりで注目され、現在はモスクワ「プラクチカ（実践）」劇場芸術監督の座にある。

二〇〇六年にカムチャッカ・ドラマ・コメディー劇場は何の因縁か、またもや辛酸をなめることになった。今度は、古い劇場の建物が長期改築に入ったために、再び自分の芝居小屋のない日々を強いられたのだ。劇場設備のない場所や過酷な条件で芝居を上演するという苦難に俳優全員が辛抱できたわけではない。結局、歯を食いしばって劇団に残ったのはわずか二〇名だった。レパートリーには十本の芝居がある。俳優の大半はイルクーツク演劇学校か極東芸術大学演劇学科の卒業生だ。劇場には首席演出家がいないが、芸術監督は二〇一四年三月以来、劇場の旧世代に属する俳優アンナ・サヴェリエヴァが務めている。

第二部　ロシアの演劇教育機関

第一章　演劇学校に関する最初の記述

ロシアの演劇学校に関する最初の記述が行なわれた時期は、わが国にプロ劇場が設立された日付より古いと歴史学者は証明している。それは奇妙な話だと思われるかもしれない。前述の通り、プロの劇場は一七五六年に発令されたエリザベート女帝の勅令によって設立された。ところが歴史年代記には、これよりはるか前の一六七三年に最初の演劇学校が創設されたという内容の記述があるのだ。一七〇二年にピョートル一世がモスクワに設立した劇場に付属して学校が存在していたこと、一七三八年にサンクトペテルブルクで宮廷舞踊学校が開校したということは既に確認されている。勿論、これより前にも俳優に演技を教えていたというのは確かなのだろう。しかし現代解釈での演劇教育が本格的に行なわれたのは、一九世紀後半以降と考えるのが妥当である。一八五〇〜一八六〇年代にモスクワとペテルブルクで演劇に関係していた進歩的な人々が、広い意味での演劇教育をテーマに協議したのが事の始まりとされている。そんな中で、将来の俳優は外見・内面共に高い資質を持つべきであり、演技術だけでなく、演劇や他の芸術分野の歴史・理論も学ぶべきであると叫ばれるようになり、一八八〇年代に演劇学校やドラマスタジオが出現したのである。その大半が私立であり、一定の教育メソッドに基く演劇教育が行なわれていた。その後、コンスタンチン・スタニスラフスキーとウラジーミル・ネミーロヴィチ＝ダンチェンコが演劇教育の舞台に登場すると、舞台芸術分野の教育は全く新しい段階に突入し、発展の一路を突き進むことになった。これについては、本書でさらに突っ込んで言及する必要がある。

現在、ロシアの代表的な高等演劇教育機関はモスクワとペテルブルクにあるが、演劇教育の流れは遠隔地を含む地方都市にも波及している。次に現代ロシアの演劇教育機関に関して、可能な限り詳細に語ってみたい。

第二章　ロシア国立舞台芸術大学（GITIS）

ロシア国立舞台芸術大学（通称GITIS）の前身である演劇学校は一八七八年に開設された。当時は「マールイ劇場付属モスクワ帝室演劇学校」がモスクワで唯一の演劇専門学校であり、未来の俳優はここで勉強していた。これとは別に新設された教育施設は「ピョートル・ショスタコフスキーの学生のための音楽学校」という名で呼ばれ、一八七八年創立の音楽・演劇芸術愛好家協会（後に音楽・演劇協会と改称）の一部だった。ピョートル・アダモヴィチ・ショスタコフスキー（一八五一〜一九一七年）はピアニスト、指揮者、モスクワ音楽院教授（一八七六〜一八七八年）であり、音楽・演劇協会の創設者・理事であった。一八八三年以降、「ピョートル・ショスタコフスキーの学生のための音楽学校」は事業を拡大し、音楽・演劇協会付属音楽・演劇専門学校に名称を変更した。一八八六年になって高等教育機関に格上げされた。ピョートル・ショスタコフスキーは一八九八年まで専門学校の校長を務めた。新学則は、何とニコライⅡ世の承認を受けている。この学校では演劇学科の評判が高かったと言われている。演劇学科ではマールイ劇場俳優アレクサンドル・スムバトフ＝ユージン（一八八三〜一八八九年）、オシプ・プラヴジン（一八八九〜一八九一年）、スタニスラフスキーの同胞であるロシア演劇改革者ウラジーミル・ネミーロヴィチ＝ダンチェンコ（一八九一〜一九〇一年）、偉大な演出家フセヴォロド・メイエルホリド（一九二二年）といった錚々たる顔ぶれの演劇人が教鞭をとっていたのである。

音楽・演劇協会付属音楽・演劇専門学校におけるネミーロヴィチ＝ダンチェンコの活動は、ロシア演劇史上、極めて重要な意味を持つ。彼がスタニスラフスキーと共に芸術座設立の決意をした時に結成された劇団は、芸術・文学愛好家協会のスタニスラフスキー門下生とモスクワ音楽・演劇協会付属音楽・演劇専門学校のネミーロヴィチ＝ダンチェンコ門下生で構成されていた。イワン・モスクヴィン、オリガ・クニッペル（後のクニッペル＝チェーホワ）、フセヴォロド・メイエルホリド等は、音楽・演劇専門学校卒業生で、モスクワ芸術座結成時に入団した俳優である。後にネミーロヴィチ＝ダンチェンコは自著「過去から」の中で、音楽・演劇専門学校で教鞭を執っていた時代を回想している。

「何百という若者がこのコースで学び、その内の何十人もが素晴らしい俳優になり、しかもその多くが国民的人気を得ている。学生との共同作業の中でどれほど多彩なテーマを扱ったことか！教育は初歩の演技術の枠をはるかに超えていた。俳優の内面で起こる心理的・精神的な変化、舞台動作の特性、モラル、戯曲作家と一体化するための模索、真摯なひたむきさと簡潔を目指す努力、発声・表情・舞台動作のリアルな表現力、独創的な意外性の創造、魅力、感染力、勇気、自信…。学校の授業は魂を奮い立たせ、わくわくさせ、学習で取り扱った要素は余りにも沢山あって、全部列挙できない位だった」。（ネミーロヴィチ＝ダンチェンコ著「過去から」、モスクワ、出版社「ヴァグリウス」、二〇〇三年。五十頁）

一九〇二年に音楽・演劇専門学校はマールイ・キスロフスキー横丁の建物を提供された。その場所に現在のロシア国立舞台芸術大学本館がある。革命後の一九一八年に音楽・演劇専門学校は音楽・演劇大学に名称変更され、一九一九年には国立音楽・演劇大学になった。当時の演劇学科の学生が受けた教科は舞台発声、声の演技、ダンス、フェンシング、演劇史、文学史だった。音楽・演劇大学の履修期間は八年。その内の三年は中等職業教育、次の三年は高等教育（大学）、残りの二年は自由工房での教育、つまり実習に充てられた。

一九二二年に、この大学にフセヴォロド・メイエルホリドの国立高等演劇工房が統合されると、国立舞台芸術大学と改称され、略称のGITIS（ギチス）が今日まで長く使われている。メイエルホリドの国立高等演劇工房が創設されたのは一九二一年。その年の夏に第一期生募集を行なっている。工房には俳優学部と演出学部の二学部があった。第一期募集で集まった学生の中に映画監督として後世に名を残したセルゲイ・エイゼンシュテイン、セルゲイ・ユトゥケビチ、女優ジライダ・ライフが含まれていた。メイエルホリドがモスクワ音楽・演劇協会付属音楽・演劇専門学校で学んでいたことは、既に述べた通りだ。彼はネミーロヴィチ＝ダンチェンコに師事しており、一八九八年にモスクワ芸術座劇団が結成されると同時に、ネミーロヴィチ＝ダンチェンコの門下生として採用されている。しかし時を経て、この師弟は袂を分かち、別々の道を歩むことになるのだ。メイエルホリドはモスクワ芸術座を去り、スタニスラフスキー・システムに鋭い刃を向けた。彼は自分のシステム《ビオメハニカ（俳優の肉体訓練法）》を提唱し、このシステムに基づいて俳優や演出家の養成を行なうようになった。スタニスラフスキー・システムとメイエルホリド手法の間には根本的な違いがある。スタニスラフスキーは、「自分が演じる登場人物の内的状態を実感するように訓練しなければならない。そうすることで初めて舞台上の主人公がどのように動くか、話すかといった外面的輪郭が自然に生まれるはずだ」と考えた。一方、メイエルホリドは全く逆の主張をしている。「初めに役の外面的輪郭が決定されるべきであり、その後、俳優は外面的輪郭によって舞台イメージの中身に没頭する事ができる」というのだ。そのため、メイエルホリドの芝居では役者の身体表現力、ポーズ、身振りに重点が置かれている。メイエルホリドは工房と国立舞台芸術大学の統合後に、この原則に基づいて演出したスホヴァ＝コブイリンの戯曲に基づく学生演劇『タレルキンの死』を大学で上演した。ちなみに、その時に助手を務めたのが、後に映画史を飾る伝説的偉人となった映画監督セルゲイ・エイゼンシュテインである。

結局、スタニスラフスキー・システムの信奉者とメイエルホリドの間で論争が起き、メイエルホリドは一九二二年末に教え子を伴って国立舞台芸術大学を後にしたのだ。彼は自分の劇場「フセヴォロド・メイエルホリド劇場」を創設した。やがてメイエルホリド迫害の火の手が上がる。メイエルホリド劇場は、ソ連の主要な新聞『プラウダ』で人民委員部評議会芸術委員会『V・メイエルホリド劇場閉鎖』令が公表された一九三八年まで活動を続けた。メイエルホリドは偉大な演出家として、悲劇的生涯を遂げたスターリン弾圧犠牲者として、劇場史に名を刻んだ。彼がまだイデオロギー的にソ連政権に近かった一九二二年の時点で、彼のこのような悲劇的運命を予想する者は誰もいなかった。ましてや、国立舞台芸術大学GITISで起こった軋轢は、単なる芸術面、方法論上の論争に過ぎなかったからである。後に演劇史の大家の一人、ボリス・アリペルスが書いている。

「メイエルホリドは演劇教育者ではなかった。彼には自分のスタジオ生や教え子に俳優術を教える能力がなかった（あるいは、教えたくなかったのかもしれない）…。彼は、本来ならきちんと俳優術を教えるべきあの場所で、自分の演技を文字通りコピーせよと俳優に求めていた。メイエルホリドの後期のリハーサルは有名になっている。そのリハーサルでは彼自身が主役を演じ、リハーサルはある種の芝居に変化していくのだ」（B・V・アリペルス著「新しい舞台の探求」、モスクワ、芸術出版、一九七六年。十四頁）

一九二三年にGITISは国立舞踊実践大学と合併した。それ以来、演劇、オペラ、舞踊の三学部を置いたのである。演劇学部の授業は工房（スタジオ）形式を基本に実施されていた。各工房では専門別教師、つまり舞台芸術の各分野の教師が指導にあたった。また、ソビエト連邦の諸民族の劇場で働く俳優を養成する所謂「民族工房」等、特別工房の学生募集が定期的に行なわれていた。例えば、GITISにはラトビア、ユダヤ、アルメニアスタジオがあった。やがて、各学部の教科一覧とカリキュラムが作成されるようになった。ソ連では全大学で社会政治が必須科日だった。GITISも例外ではなく、どの学部の学生もソ連憲法、ソ連共産党史、歴史的物質主義の形をとる哲学、政治経済を勉強し、マルクス、エンゲルス、レーニンの本を読むことが義務付けられていた。政治教科の内容は変化していったが、いずれにせよ、この傾向はソ連崩壊までGITISの教育課程に残っていた。幸い、一九二〇～一九三〇年代に使われていた演劇学部専門教科資料が保管されているので、教育内容に関する重要情報を得ることができる。その資料を見ると、専門教科は以下のように分類される。一．舞台芸術（舞台芸術入門、演習、芝居の舞台実習）、二．表情とメーキャップ、三．台詞と話法（舞台話法、音楽的発声、声の演技）、四．舞台動作（体育、アクロバット、フェンシング、体操、遊戯、リトミック、ダンス）、五．音楽教科（ピアノ、合唱演奏を基本とする音楽基礎知識)、六. 芸術学教科(演劇学、演劇史、現代演劇思潮、衣装史)、戯曲研究、詩、文学形態分析等。重要なのは、演劇学科で演出関連の講義があったことだ。

一九三〇年にGITISにロシア演劇教育史上初の演出・教育学部が開設された。この学部で未来の演出家・監督、俳優術教師の養成が行われるようになったのである。これは演出家の職業訓練を行なう初めての教育現場であり、ロシアにとっては初の試みだった。その歴史的経緯を背景に、GITISは今日でも先頭を走るリーダーの立場にある。俳優学部、演出学部に加えて、さらに二つの学部が一九三一年に開設された。一つは一九三九年まで存在していたディレクター(マネージャー)学部、もう一つはロシア演劇史講座と西洋演劇史講座を設置する演劇研究学部である。演劇研究学部は優秀な人文学者を多く輩出しており、この学者たちが、ロシア演劇学を独立学問として成立させる上で貢献をしたのだ。この学部は今なお活発な活動を行なっている。

第二次世界大戦時、国立舞台芸術大学の学生はサラトフに疎開し、演劇活動を続けていた。通常の学習の傍ら、戦地で戦うソ連兵の慰問を目的に前線劇場を立ち上げ、意義深い課外活動に励んだのである。学生はカリーニン、カレリア、第一バルト、第一・第二ベラルーシの各前線、ドイツ軍が主都に接近して緊迫状況にあったモスクワ郊外で、正に命をかけて芝居を続けた。戦争終結間際の五月三日も、ベルリンで戦うソ連兵士の前で芝居を上演していたというのだ。戦時中のわずか四年間でソ連兵のために上演した芝居は、何と一五〇〇回を数える。

戦後は、かつて同盟国だった西側諸国とのイデオロギー対立の深刻化を背景に、国内における検閲、粛清が強化された。一九四八〜一九五三年にソ連指導部は国内で反コスモポリタニズム闘争という横暴なイデオロギー運動を展開し、その影響でスターリン体制の不公正が大学の活動にも暗い影を落とした。この運動の最初の犠牲になったのがGITISである。運動の刃はまずインテリ層を代表する者に向けられたからだ。共産党の主導的イデオロギー論者の目には、「奴らは祖国の真の愛国者どころか西側の価値観に共鳴している輩だ」と映っていたのだ。コスモポリタニズムは悪罵の代名詞になり、もし誰かが「コスモポリタンだ」と名指しでもされたら、「いつ逮捕されてもおかしくない」と解釈された。「反コスモポリタニズム闘争」の本質は、紛れもなくソ連政権が裏工作していたユダヤ人排斥主義政策なのだ。ソ連にはユダヤ劇場がミンスク、チェルノフツィ、ビロビジャン、モスクワにあったが、一九四九年にその全てが閉鎖されている。反コスモポリタニズム闘争に基づく最初の公式マスコミ報道は、舞台芸術そのものとGITISを狙い撃ちするものだった。その象徴となったのが一九四九年一月二八日発行のソ連共産党機関紙プラウダ編集局の記事である。記事のタイトルは「ある反愛国主義劇評家グループについて」。記事掲載の表向きのきっかけは、ソ連の劇作家アナトリー・ソフロノフ、ボリス・ロマショフ、ニコライ・ヴィトラが書き下ろした新作戯曲に対して、何人かの演劇評論家が否定的評価を下したことだった。戯曲は舞台芸術の観点から評価すると、どう見ても低級そのもの。しかし、共産主義思想を宣伝する内容の作品だったのである。「ある反愛国主義劇評家グループについて」の記事を書いたのは、プラウダ職員とソ連の有名作家グループである。記事の編集は、何とスターリン自身が買って出たそうだ。しかもスターリンはご丁寧にも自分で記事のタイトルまで付けている。この記事でユダヤ姓の演劇・文学評論家数名がずばり名指しされ、ブルジョア耽美主義とコスモポリタニズムの追随者という烙印を押されている。「彼らはソビエト文学の発展を妨げ、進歩に歯止めをかけている。民族の誇りという精神に欠け…。党による批判が目指す第一の課題は、この反愛国主義演劇評論家グループの思想壊滅である」(新聞『プラウダ』、一九四九年一月二八日付け)。この記事が演劇界粛清の警告だということは歴然としていた。反愛国主義で嫌疑をかけられた演劇評論家の大半がGITIS教員だった。記事掲載後にアレクサンドル・アニクスト、グリゴリー・ボヤジエフ等、GITISで教鞭を執っていた演劇学者が党の批判を浴び、何人かは逮捕されている。GITIS学長ステファン・モクリスキーは偉大な学者だったが、学長職を解任された。間もなくして、反コスモポリタニズム闘争は演劇以外の分野にも及ぶようになった。文学、歴史、哲学、建築、自然科学にも恐ろしい魔の手が伸びたのである。この悪夢は、スターリンの息の根が止まるまで続いていた。

その後のGITISで起こった重要な出来事として、一九五八年の教育・研修劇場設立を挙げるべきだろう。また、一九九二年に舞台装飾学部が開設され、教育活動の分野がさらに広がりを見せたことも、トピックスのひとつである。GITISの歴史は多くの偉大な教育者の名で埋め尽くされている。幾人かの名を挙げるだけでも充分に納得してもらえるだろう。その筆頭がマリヤ・オシポヴナ・クネベリ。二十世紀後半に多くの演出家を養成したクネベリは、彼女に師事したロシアの演出家にとって崇拝の対象になっている。クネベリ（一八九八～一九八五）は一九一八年からミハイル・チェーホフスタジオで学び、一九二一～一九二四年にモスクワ芸術座第二スタジオで教育を受け、一九二四～一九五〇年にモスクワ芸術座の芝居に出演し、作品の要になる役を演じた。一九三六～一九三八年にはスタニスラフスキーの命を受け、彼のオペラスタジオで「芸術的な台詞」の科目を教えていた。一九三五年にマリヤ・エルモラワ記念モスクワ劇場で演出を経験し、演出家としての活動を開始している。クネベリの略歴を見ると多彩な活躍をしていることが分かる。しかしロシア演劇史では、スタニスラフスキー・システムの深淵を究め、スタニスラフスキーの演劇手法を真髄まで伝授した立派な教師として名を留めている。スタニスラフスキーは晩年の数年間に、自分の基本概念の多くの項目を見直し、新しい原則、所謂「身体的行動の方法」を打ち出している。周知の通り、もともとのスタニスラフスキー・システムでは創造の形象、つまり自分が演じる役のイメージを形作る際に、内面の状態から外面の表現に移行するように俳優に求めていた。ところが晩年になって、逆の関係もあるという理解に至ったのである。つまり身体的動作や発声される言葉の中で、登場人物の内面状態を模索し、登場人物が求めていること、目指しているもの、目的を見つけなければならないということだ。彼女は一生をかけて、これら全ての要素を統一するための方法を探りながら、スタニスラフスキーの演劇創造手法に教え子が親しむことができるように献身的努力をしたのである。彼女の教育実践活動、著作、特に「戯曲の効果的分析と役割」は、ロシア・リアリズム演劇の発展に多大な貢献をした。クネベルは舞台でなされる動作と発声される言葉（「効果的な言葉」という解釈を実践に導入）の動機を繋ぐ輪を丸ごと掴むように模索しなさいと訴えた。彼女は、異彩を放つ演出手段を駆使する、所謂「効果を狙う」演出の支持者ではなかった。演出家の主な課題は「芝居で戯曲の主旨を表現し、俳優が真実のイメージを創造できるように手助けすること」と考えていたのである。彼女はアナトリー・エフロス、アナトーリー・ワシリエフといった優れた演出家に自分の全てを伝授した。とは言え、教えを受けたのは御膝元の学生だけでない。二十世紀の演劇教育の宝の一つと評される彼女の著書を読んだ人も、彼女の指導を受けた教え子と言えるからだ。

ピョートル・フォメンコ。演出家。演劇教育家。ロシア国立舞台芸術大学教授

ピョートル・ナウモビチ・フォメンコ（一九三二～二〇一二）は、GITISの伝説的教師の一人である。フォメンコは一九六一年にGITIS演出学部を卒業生した。一九八一年に教員として母校に戻り、二〇〇三年まで教鞭を執った。彼は俳優・演出コースの学生を何度も世に送り出した。学び舎を巣立った教え子達は豊かな才能と職人技でロシア演劇を華やかに盛り立てている。俳優ではガリーナ・チューニナ、ポリーナ&クセニヤ・クチェポワ、ポリーナ・アグレエワ、キリール・ピロゴフ、エヴゲーニイ・ツィガノフ等々、演出家ではセルゲイ・ジェノワチ、エヴゲーニイ・カメニコヴィチ、イワン・ポポフスキー、エレーナ・ネヴェジナ、ミンダウガス・カルバウスキス、セルゲイ・プスケパリス、ウラジーミル・エピファンツェフがいる。フォメンコが学生と創設した

「ピョートル・フォメンコ工房」モスクワ劇場では、プロの完成度を究めるという原則が徹底的に叩き込まれている。フォメンコが教育・演出活動で基本にしているのはスタニスラフスキー・システムの原則だが、彼はその原則に新たな生命を吹き込んだ。つまり、その原則が現代性のあるものでなければならないということを、ありとあらゆる自分の活動で示し、その上で《心理を重んじる演劇》の無尽の可能性を証明し、さらに《人間の魂が生きている》（スタニスラフスキーの用語）空気に支配される劇場がいかに強烈な魅力を放つか、証明して見せたのである。

現在、GITISは国内最大、世界屈指の演劇教育機関である。二〇〇九年から演劇研究家メリク＝パシャエワ・カリーナ・レヴォノヴナが学長を務めている。この大学の優位点は、高等演劇教育に必要な全分野の学部が揃っており、演劇専門教育だけでなく、幅広い人文教育を実施しているところにある。また他の演劇大学とは異なり、どこかの劇場に依存していることがないので、完全に自立できている。ここが重要なポイントだ。独立独歩の演劇大学であるからこそ、権威のある色々な専門家をコース長として迎え入れることができるのだ。実際、GITISでは様々な演劇潮流の代表が教鞭を執っており、教師は色々な流派の実験をすることができ、その結果、斬新なアイデアや手法で互いを高め合い、全体として豊かな成長を遂げている。GITISの宝となる伝統の一つは、卒業生が母校に戻って来て教師になっていることだ。そのお陰でロシアの演劇教育の伝統が教師から学生に伝えられ、長く維持できているのである。

GITISには以下の八学部が開設されている。

俳優学部
演出学部
音楽劇学部
演劇研究学部

バレエ振付学部
軽演劇・軽音楽学部
プロデュース学部
舞台装飾学部

俳優学部と演出学部は、ロシアのドラマ劇場の創造活動を実際に経験する場になっている。演劇研究学部はロシア人文学の豊かな伝統に支えられ、演劇史研究家、演劇理論研究家、演劇評論家を養成している。

GITISには二〇の講座があり、その内の九講座は全学部共通講座になっている。

俳優術講座
ドラマ演出講座
サーカス演出講座
音楽劇演出・俳優術講座
声楽芸術講座
ロシア演劇史講座
外国演劇史講座
バレエ舞踊講座
軽演劇・軽音楽講座
舞台芸術プロデュース・マネージメント講座
舞台装飾講座
（学部間講座）：

舞台話法講座
現代舞踊・舞台舞踊講座
舞台動作講座
歴史・哲学・文学講座
音楽及び音楽舞台芸術史・理論講座
美術講座
外国語講座
ロシア語講座
ユネスコ・ロシア国立舞台芸術大学講座

俳優学部の修業年限は四年（学士課程）、その上の修士課程は二年である。本学部入学志望者は二つの試験を受ける。それは俳優術（実技試験）と口頭試問（理論の試験、口述試験）である。外国人はさらにロシア語（筆記）と文学（口頭）の二試験を追加で受ける。俳優学部入学試験要領には次の様に明記されている。「俳優術試験（いくつかの文芸作品〈寓話、詩、散文、モノローグ〉の演技）。演技を行う作品に古典作品、現代ロシア作品、外国文学作品を入れること。受験生の才能と創作分野の幅が分かるように、暗誦して演じる作品は、内容やジャンルがそれぞれ異なるものを選ぶこと。試験用に選択した作品の断片は短いものに限る。試験で評価されるのは、第一に作品を深く理解しているか、観客の注意を惹くだけの能力があるかどうかである」。「口頭試問は、受験生の芸術観を含めた文化レベルを見極めるために実施される。世界や社会で起こっている出来事や時事に関する知識、舞台芸術関係の諸分野（文学、音楽、美術、映画、テレビ）の現状についてどの程度正しく理解しているかを判定する」。

(http://gitis.net/rus/faculty/actor/admission.shtml)

演出学部の修業年限は五年（学士課程）。さらに二年の修士課程がある。演出学部「ドラマ（演劇）演出」専攻の入学志望者は三次試験まで受ける。

一次試験：次のａ、ｂの二部構成で実施される。ａ．俳優術。受験者はジャンルの異なる数種類の作品を演じ（通常は小説、詩、寓話の一部）、さらに入試験委員会が出題するエチュードで即興の演技力を見せる。ここで受験者の造形的身体動作、音感、リズム感が評価される。ｂ．演出実演。受験者は出題テーマに基づいたエチュードで演出に挑戦する。俳優学部志望の受験生が出演して舞台の一幕を仕上げる。

二次試験：筆記試験である。演出に関する課題が出されるので、その回答を記述する。課題内容は戯曲全体の演出プラン、戯曲の各場面の演出プラン、演出や構想を練る段階での俳優・美術家・作曲家に対する指示等になる。

三次試験：口頭試問である。総合的文化水準、知識量、知的レベル、芸術面の視点、イメージ思考能力、ドラマ演出家という職業に関する知識が評価される。

演劇研究学部の修業年限は四年（学士課程）、その後さらに二年間の修士課程がある。受験生は二つの試験を受ける。一．面接による口頭試問。受験生の現代演劇の潮流に関する知識、演劇史、演劇評論、現代戯曲、演出家の仕事、俳優術の原則に関する知識が判定される。二．評論文を書く筆記試験。入試委員会は受験生にいくつかのテーマ選ぶように指示する。例えば有名な芝居や戯曲（現代作品か古典作品）である。評論文は、委員がいる前で記述する。

俳優術講座長は一九七八年から**ウラジーミル・アンドレエフ**（一九三〇年生まれ）が務めている。一九五二年に国立舞台芸術大学を卒業。在学中はアンドレイ・ロバノフとアンドレイ・ゴンチャロフに師事した。一九五二年からマリヤ・エルモロワ記念劇場に入団して俳優として名声を得たが、一九七〇年以降は劇場の首席演出家、続いて芸術監督として演出で手腕を揮った。二〇一二年以降は劇場総裁という立場で活動している。総裁というポストはこれまでとは違い、現場で活躍できる役職ではないが、名誉ある座を得たことになる。ちなみにアンドレエフは一九八五〜一九八九年にマールイ劇場首席演出家を務めている。俳優術講座ではパーベル・ホムスキー、アレクセイ・ボロージン、ボリス・モロゾフ等、総計三〇名以上の常勤教師が教えている。

ドラマ演出講座長は、人気演出家**セルゲイ・ジェノワチ**（一九五七年生まれ）。ピョートル・フォメンコの教え子で、「舞台芸術スタジオ」モスクワ劇場創設者・芸術監督である。講座の教師陣にはレオニード・ヘイフェッツ、エヴゲーニイ・カメコビチ、ドミトリー・クルィモフ、ヨシフ・レイヘリガウズ、ワレーリイ・ベリャコビチといった名高い演出家等、総勢三〇名が顔を揃えている。セルゲイ・ジェノワチは、演劇教育者として究極の評価を我がものにしている。彼のコースに入ることができたら、それだけで一生の幸せと考えられているのだ。ジェノワチは一九八八年のGITISフォメンコ演出コースで学び、一九八八年の卒業と同時に、フォメンコの指導を受けながら教育分野で経験を重ねることになった。彼は演出家としてのキャリアも精力的に積み上げ、飛ぶ鳥も落とす勢いの新進気

セルゲイ・ジェノワチ。演出家。演劇教育家。ロシア国立舞台芸術大学演出講座長

鋭の演出家としてモスクワ芸術座、マールイ劇場で芝居を上演し、ブロンナヤのモスクワ劇場首席演出家の座についた。二〇〇五年には自分の師に倣い、教え子と共に新劇場「舞台芸術スタジオ」を創設した。この劇場は空前の人気で賑わっている。ジェノワチはロシアの《心理を重んじる演劇》の信奉者だ。彼は自分の教え子である俳優の個性を大事にして、その個性が全開するために力を尽くす演出家・教育者の一人と考えられている。

GITISに**舞台話法講座**が開設されたのは一九三二年である。最初の講座長はスタニスラフスキーの弟子エリザベータ・サリチェワだった。一九八八年以降は当大学出身のイリーナ・プロムプトワが講座長の座にある。プロムプトワはビリニュスとモスクワで女優業をしていたが、一九六八年からGITISで教鞭を執っている。彼女はフランスの国際俳優大学、シャンベリー演劇学校、フランス国立舞台芸術大学リヨン校、リモージュの国立演劇学校、カンヌ市の演劇スタジオ等、外国でも教えている。さらにギリシャではアテネのギリシャ国立劇場若手俳優・演出家研究室、イタリアではローマの「ラ・コメタ」演劇学校等からも声がかかり、教師活動の幅を広げた。プロムプトワには三〇以上のモノグラフ、教育・方法論の教材、論文等、多数の著作がある。彼女はまた、演劇家同盟付属ロシア演劇大学教育研究室を指導しており、さらに、ラジオやテレビのアナウンサー、政治家、法律家、ビジネスマンを対象とした話法、呼吸、発声、話し方のトレーニングを行なう等、多彩な仕事をこなしている。

GITISでは創立当初よりダンス、舞台フェンシング、舞台動作の訓練を行ってきた。ただ、独立した**舞台動作講座**が開講されたのは一九四六年一月のことである。現在、舞台動作の教科は、舞台動作講座（講座長：ニコライ・カルポフ）と**現代舞踊・舞台舞踊講座**（一九九一年開講、講座長：アーラ・シガロワ）の二講座が担当している。舞台動作講座の教師が教授法の基礎にしているのは、フセヴォロド・メイエルホリドとその心酔者が考案したビオメハニカの原則である。俳優学部と演出学部の学生は共に、個々のカリキュラムに基づいた舞台動作の訓練を受けている。

ロシア演劇史講座長は、一九八二年から著名な演劇史専門家ボリス・リュビーモフ（一九四七年生まれ）が務めている。彼はマールイ劇場付属シェープキン記念演劇大学の学長だ。リュビーモフはロシア演劇史、文芸学、宗教哲学関係の学術論文やモノグラフ等、多くの著作を残している。彼の研究分野はロシアの文化、歴史、文学、演劇、哲学、宗教である。しかし、文学、歴史、演劇関係の出版物だけでなく、「ロシアのキリスト教運動」、「正教の道」、「教会・社会通報」といった雑誌にも論文を載せている。

外国演劇史講座長は当アカデミー卒のシェークスピア研究家アレクセイ・バルトシェビチ（一九三九年生まれ）である。彼は自らの研究活動を通して、「シェークスピアの戯曲を全ての角度から評価するには、この作家の著作に関する文学的分析だけでは不十分である」という理論を証明した。西側の多数のシェークスピア研究者がこの主張に同調している。彼は長い年月をかけて優れた研究活動を行ない、最高の評価を勝ち得た。今や外国演劇史分野で確固たる権威を築き上げ、研究者として一目置かれている。彼はまた、現代ロシア演劇に関する優れた論文を発表していることでも有名だ。彼の著作はどれをとっても問題に対する深い洞察と繊細さ、良識ある節度が光る文体になっている。具体的な芝居を巡る事象を述べる際にも、芝居に否定的評価を下す時でさえ、このスタイルを曲げることはない。

ロシア国立舞台芸術大学劇場は本校の重要な部門になっている。ある時、「このような大規模な演劇大学が活動するのに本館の学習・研修用舞台では不十分だ、各学部の学年末・卒業制作芝居をレパートリーとする専用劇場が必要だ」という声が大きくなった。ちょうどその頃、一九五八年にモスクワ中心部のボリショイ・グネズドゥニコフスキー横丁にある小さな建物が幸運にも大学に移管されることが決まったのである。その建物は、一九一四年に収益性の高い建物として建設されたものだ。一九一五年から一九五八年までは一階で様々な劇場が芝居を上演していたそうだ。例えばキャバレー劇場『こうもり』、キャバレー『独眼ジミー』、ダビド・グトゥマン主宰モスクワ風刺劇場、フォードル・カヴェリンが指導するマールイ劇場スタジオ、ジプシー劇場「ロメン」等である。この建物が大学に移管されたお陰で、学生劇場が誕生したわけだ。学生は教師や他学部の学生だけでなく、一般の観客にも自分達の芝居を定期的に披露することができるようになった。このような舞台経験はプロの俳優を目指す学生にとって、腕を磨くための絶好のチャンスになる。学び舎を巣立っていく卒業生は、学習過程で得た知識をしっかり身につけ、さらに一定の舞台経験を積んで、堂々と胸を張って劇場に入団していくことができる。俳優は観客の前で演じることによって初めて舞台経験を積んだと言えるのだ。本アカデミーの学生劇場の人気は上々で、モスクワ市民は喜んで芝居を見にやって来る。二〇一三年十月に、大学はチェレムシュカのモスクワ地区でもう一つの教育・研修用舞台をオープンさせた。

一九七七～一九八二年の期間、GITISには演劇研究学部博物館があった。一九八八年にこの博物館の規模を拡大して、**GITIS博物館**に生まれ変わった。この博物館は二〇〇〇年に**GITIS学術研究部**所属になった。学術研究部は当大学の創作・学術研究活動に関する資料の収集、保存、学術印刷物や情報冊子の制作、ロシア国内外の大学教育者等が参加する学術・研修会議、有名外国人演劇史専門家も参加する円卓会議、レクチャー、セミナー、学生自主コンクール、大学博物館の特別企画展や写真展、大学の劇場や図書館の種々行事を実施している。また、GITISは印刷所も所有しており、その出版物は国内の書店で販売されると同時に、国際ブックフェアや見本市に出品されている。

GITISはロシア演劇教育のユニークな伝統を守りながら、同時に外国との交流拡大に尽力する現代的なヨーロッパの大学だ。現在の交流相手校はイギリスの演劇学校（ミドルセクス大学、ギルドホール・ロンドン音楽・演劇学校、ギルドホールの演劇学校）、フランスの演劇学校（パリの国立ドラマ劇場音楽院、リヨンの国立高等舞台芸術学校）、オランダ・アムステルダムの演劇アカデミー、ドイツ・ベルリンの国際演劇センター、イスラエル・テルアビブの「ベイト＝ツヴィ」演劇学校、中国・北京の中央ドラマアカデミー、チェコ・ブルノの音楽ドラマ芸術アカデミー、イタリア・ローマのシルヴィオ・ダミーコ国立ドラマ芸術アカデミー、米国のコルゲイト大学、コルネリ大学、国際プログラムMA-MFA短期コース（ロンドン、マドリード、ミシガン、モスクワ、パリ）等々である。

第三章　モスクワ芸術座付属演劇大学（学校スタジオ）

モスクワ芸術座付属演劇大学は一九四三年に創立された。折しも第二次世界大戦中であり、国は深刻な危機に瀕していたが、無事にソビエト政府の決定が下り、設立が実現したのである。モスクワ芸術座に付属する演劇学校を開設するというアイデアは、元を辿ればウラジーミル・ネミーロヴィビチ＝ダンチェンコから出たものだ。周知の通り、彼はスタニスラフスキーと力を合わせて一八九八年にモスクワ芸術座を創立している。二人は共通の理想に燃えた同胞であり、共に芸術座を足場にした演劇教育に人生の全てを捧げた。ネミーロヴィチ＝ダンチェンコは長きに亘り芸術座のリーダーとして劇場を牽引してきたので、モスクワ芸術座の文字通りの功労者と言える。

ウラジーミル・イワノヴィチ・ネミーロヴィチ＝ダンチェンコはロシア帝国の構成国グルジアで一八五八年に生まれた。モスクワ大学物理・数学学部と法学部を卒業している。一八七七年以降は演劇評論家として様々なモスクワの雑誌に論文と評論を発表した。その後、彼の戯曲が雑誌に次々と掲載され、アレクサンドリスキー劇場、マールイ劇場で戯曲の舞台化がなされた（『最後の意志』、『新しい事業』、『黄金』、『人生の価値』、『夢の中で』）。また、短編小説、中編小説、長編小説（「霞」、「古い家」、「知事の監査」、「楽屋のドラマ」、「夢」）を発表している。ネミーロヴィチ＝ダンチェンコは高等教育を受けた教養ある人物だが、あくまでも筋を通す頑固一徹なところがあった。一八九五年に戯曲『人生の価値』がグリボエードフ賞を授賞すると決まった時、彼は、授賞の価値があるのはこの作品ではなく、同年に上演されたアントン・チェーホフ『かもめ』の戯曲の方だと声明して、授賞を辞退したという。この話は有名で、語り草になっている。ネミーロヴィチ＝ダンチェンコは新人劇作家を発掘する能力に長け、意外な所で本物の傑作を見つけ出した業績でも、ロシア演劇史に名を残している。その才能があったからこそ、モスクワ芸術座幹部の一人として、レパートリー構成で見事な采配を振ることができたのだ。スタニスラフスキーは教育現場で俳優養成に心血を注いだ教育者だったが、ネミーロヴィチ＝ダンチェンコは舞台芸術戦略家の立場で演劇教育を重視した人物と言えるだろう。そもそもネミーロヴィチ＝ダンチェンコが教育活動を開始したのは一八九一年のことである。まず、モスクワ音楽・演劇協会付属音楽・演劇専門学校演劇学科で演劇教育に着手し、その後、モスクワ芸術座付属スタジオの開設に積極的に取り組むようになったのだ。

ご存知のようにスタニスラフスキーとネミーロヴィチ＝ダンチェンコは、かねてよりモスクワ芸術座に新人俳優を迎え入れる問題に頭を悩ませてきた。だからこそ二人はモスクワ芸術座付属スタジオの開設に何度も挑戦したのである。スタジオさえできれば、新人俳優確保の問題がクリアでき、しかもスタニスラフスキー・システムの原則を発展させる独自の実験ができるので、一挙両得と期待した。まず、一九一二年に最初のチャレンジが行われ、モスクワ芸術座第一スタジオが誕生した。スタジオの授業は順風満帆のようだった。ところが卒業シーズンを迎える頃、せっかく手塩にかけて育てた生徒がモスクワ芸術座入団を拒否し、新劇場の結成に走ったのである。もっとも、当のネミーロヴィチ＝ダンチェンコは、学生の計画を支持している。彼は、スタジオが一本立ちして自らの創造の道を進むというやり方を承認したわけだ。その結果、スタジオは「劇場」に変身を遂げ、第二モスクワ芸術座の誕生となった。早速、凱旋広場にある劇場スペースが提供され、スタジオ卒業生の創造活動が開始された。この第二モスクワ芸術座はアレクセイ・ジーキイ、ソフィア・ギアツィントワ、セラフィマ・ビルマン等、素晴らしい俳優を結集していた。グループのリーダーはミハイル・チェーホフで、ハムレットを始めとする当たり役を演じた。彼は一九二二〜一九二八年の期間、つまりアメリカ亡命直前まで第二モスクワ芸術座芸術監督を務めている。その後、一九三六年に劇場は閉鎖され、俳優はモスクワの色々な劇場に散っていった。モスクワ芸術座第二スタジオは、第一スタジオを規範に一九一六年に開設されている。一九二四年にこのスタジオを卒業した学生が、教師の思惑通り、モスクワ芸術座の人員補充という任務を果たしてくれたので、スタジオはもうこれ以上、存続する必要がなくなった。ネミーロヴィチ＝ダンチェンコはスタジオの活動に概ね満足した。なぜなら、オリガ・アンドロフスカヤ、アレクセイ・グリボフ、ボリス・ドブロンラヴォフ、マリヤ・クネベリ、マルク・プロドゥキン等、優秀な俳優が群を成してモスクワ芸術座に入団してくれたお陰で、待望の芸術座第二世代が誕生したからだ。第三スタジオ結成の発表がなされたのは一九二〇年のことである。スタニスラフスキーの承諾を得た上で、エヴゲーニイ・ワフタンゴフが教えていた学生グループを核にして設置されたものだ。ところが運命の皮肉か、この第三スタジオの学生はモスクワ芸術座劇団に合流してくれなかった。というのは、ワフタンゴフの指導の下に、またもや新劇場創設の話が進んだからだ。これが、かの有名なワフタンゴフ記念劇場が生まれる発端なのである。

一九三八年にスタニスラフスキーが永眠してからも、ネミーロヴィチ＝ダンチェンコは引き続き劇団運営と演出に没頭していたが、常設学校設立の夢はどうしても頭から離れなかった。「学校を作って、モスクワ芸術座でキャリアを積んだ俳優や演出家がスタニスラフスキー・システムに基づいた演劇教育を行ない、その教育を受けた卒業生が芸術座に入団するように、お膳立てが出来たらどんなに良いだろう！」、と未来図を思い描いていたのだ。その後、ようやく念願が叶い、モスクワ芸術座付属演劇学校が設立された。遂に、晴れの日が到来したのである。これでやっと、数十年かけてモスクワ芸術座第一、第二、第三スタジオで練り上げて来た俳優養成メソッドが学校教育現場で実際に適用できるというものだ。一九四三年三月二一日付けモスクワ芸術座幹部会議速記録に、将来の学校に関するネミーロヴィチ＝ダンチェンコの発言が記録されている。

「私が皆さんを招集したのは学校の話をするためだ。学校開設は早急に着手してよいと思っている。もう私の頭の中で具体的な解釈が煮詰まっているから。「学校＝スタジオ＝劇場」、あるいは「スタジオ＝学校＝劇場」…。創作に関しては、演劇学校は絶対に自治権を持つべきだ。もちろん演劇学校は、実際に芝居を上演する場となる具体的劇場（モスクワ芸術座を指す）の芸術が何かをちゃんとわきまえていなければならん。しかしそれは、劇場に全面的に服従する義務があるという意味ではない。学生は、入学当初は無我夢中で学んでいるだけでもよいかもしれないが、学生の成長に合わせて、自分で自分なりの芸術解釈ができるように導く教育をすべきなのだ」。

(http://www.theatre.ru/art-school/history.html)

ネミーロヴィビチ＝ダンチェンコが熱く語った学校設立の悲願は実現し、モスクワ芸術座付属演劇学校は一九四三年十月二十日に待望の開校日を迎えた。しかし、彼の命は一九四三年四月に燃え尽きてしまい、当の本人と共に開校の喜びを分かち合うことは叶わなかったのである。

モスクワ芸術座付属演劇大学（一九八九年までは演劇学校）の俳優養成メソッドは、当然スタニスラフスキー・システムを基本にしている。学生はスタニスラフスキーの直弟子であるモスクワ芸術座のトップクラスの俳優や演出家からプロ知識を伝授される。だからこの大学はどこから見ても王座と言える地位にあり、ライバルなどいないのである。

ここでは、優れた演劇人がネミーロヴィチ＝ダンチェンコ考案の訓練メソッドを具現した授業を実践している。演劇学校設立時の初代芸術監督は**ワシリー・サフノフスキー**。サフノフスキーはドイツのフレイブルグ大学哲学部、モスクワ大学歴史・文学部で幅広い教育を受けた学識豊かな専門家である。一九一〇年から文学や演劇の論文を発表し、演出家の立場で多くのモスクワの劇場と協力関係を構築してきた。一九二六年にモスクワ芸術座に演出家として招かれ、その後に副総裁、副芸術監督を歴任している。サフノフスキーは一九三三年からGITIS演出学部長、演出講座長を務めており、既に教育者としての経験も豊富だった。彼は一九四三年からモスクワ芸術座付属演劇学校芸術監督として手腕を発揮した。当時の学生の回想では、彼は単なる芸術監督ではなく、青年の精神を育てる立派な教育者だったそうだ。彼の招きで偉大な作家、音楽家、俳優が学校にやって来て、学生の前で講演を行ない、講演後は学生と膝を交えてざっくばらんに語り合い、有意義な交流の時間を共有したという。実に贅沢な時間がまるでさりげない日常のように流れていたのだ。サフノフスキー亡き後、一九四五年にヴェニアミン・ラドムィスレンスキーが芸術監督に就任し、一九八〇年まで活動を続けた。当学校の一時代がラドムィスレンスキーによって築かれたのは確かである。芸術の真髄を究めた演劇人ラドムィスレンスキーの教育概念の基本にあるのは、厳格な規律と自由な創造の結合である。オレグ・エフレーモフは一九四九年にこの演劇学校を卒業した名優・演出家であり、現代人劇場の創設者、モスクワ芸術座芸術監督を歴任した伝説的人物である。彼が、当時の演劇学校に醸し出された独特な空気、そこで学生として過ごした年月について次のように回想している。

「演劇学校は湧き立つような生命力に満ちた劇場の一部であり…。誰もがモスクワ芸術座の舞台で輝くスターの座を狙っているかに見えた。舞台芸術に対する至極真面目な思想が、学生の骨の髄まで叩き込まれていた。現代ではとても想像できないことだが、それは本当の話だ。だから僕達は「芸術に生きる」と互いに誓い合いながら、血判を交わした…。あの未曾有の困難な時代に、何よりも教師が必死の努力をしたお陰で、学校は人間の顔を失わずに済んだのである。想像を絶する力でこの重荷を一身に背負ったラドムィスレンスキーの支えがあった」。(「モスクワ芸術座付属演劇大学。家族のアルバム」。モスクワ、出版社「モスクワ芸術座」、二〇〇三年。二九～三〇頁)

その後、学長に就任したのはニコライ・アレクセイ(一九八〇～一九八三年)、ワジム・クルピツキー(一九八四～一九八六年)、オレグ・タバコフ(一九八六～二〇〇〇年)、アナトリー・スメリャンスキー(二〇〇〇～二〇一三年)である。二〇一三年以降は、舞台や銀幕で迫真の演技を見せるイーゴリ・ゾロトヴィツキーが学長職を継いだ。彼は一九六一年生まれで、一九八三年にモスクワ芸術座演劇学校(現在は大学)俳優学部を卒業した。一九八九年からモスクワ芸術座劇団の仕事と並行して、演劇大学で俳優術を教えている。

現在のモスクワ芸術座付属演劇大学は、理想的な俳優養成の学び舎になっている。今日では、ライバルはもはやロシア国立舞台芸術大学のセルゲイ・ジェノワチコースを残すだけだ。この演劇大学が不動の人気を誇っているのは、第一にモスクワ芸術座の有名俳優から直々に俳優術を教えてもらえるからだ。また、モスクワ芸術座の卒業生に、人気絶頂の演劇・映画スターが集中していることもその理由である。

ロシア演劇学校史、モスクワ芸術座史の両方で計り知れない役割を果たしているのが**オレグ・エフレーモフ**だ。エフレーモフはモスクワ芸術座付属演劇学校でミハイル・ケドロフとワシリー・トゥポルコフに師事した。エフレーモフは一九四九年に卒業したが、不思議なことに、卒業時にモスクワ芸術座から入団依頼を受けなかったのである。そこで彼は俳優として中央児童劇場でデビューを飾り、映画出演を果たすことになった。それでもやはり、彼は同じ年の一九四九年に、モスクワ芸術座付属演劇学校から「教師職」の提案を受けている。当時はモスクワ芸術座にとって決して楽な時代ではなかった。もはやスタニスラフスキー・システムは芸術座の舞台で創造的発展を遂げることがないまま、凝り固まった教義に転換され、その結果、スタニスラフスキーが舞台で目指した最重要ポイントである「生きた感覚」が芝居から消え始めていたのである。《心理を重んじる演劇》を信奉するエフレーモフは、演劇学校教師としてシステム復活に全身全霊で立ち向かうことになった。そのためにとった方法がモスクワ芸術座付属演劇学校の伝統回帰だったのである。スタニスラフスキー自身が、数回に亘って開設したスタジオに「劇場刷新、硬化から劇場を救う特効薬」があると考え、ひたすらスタジオに希望を託していたことは前にも本書で触れた。演劇学校でのエフレーモフは、若い学生に俳優術を教えるだけの教育者とは全く違っていた。彼は学生に演劇芸術刷新の必要性を懇々と諭したのである。このような教育姿勢は、当時のモスクワ芸術座の立場に矛盾していたので、双方が真っ向から対立する事態になった。その中で、一九五六年にかけてエフレーモフの周りに若手俳優、教え子、同志が集まり、グループが結成されたのである。モスクワ芸術座としては、創造の自由という条件を突きつけるこのグループを受け入れる準備がまだ整っていなかった。その結果、グループの若者達は現代人劇場の設立に踏み切ったのである。現代人劇場の黄金時代は、この劇場でオレグ・エフレーモフが活躍した時期と重なる。周知の通り、結局のところ数年後にエフレーモフはモスクワ芸術座を率いるようになり、その際、現代人劇場の数名の俳優を伴って行った。

現在のモスクワ芸術座付属演劇大学には三学部ある。

俳優学部
舞台効果学部（舞台装飾・技術学部）
プロデュース学部

演劇学校には十講座と研究部門が開設されている。

俳優術講座
舞台話法講座
俳優身体動作訓練講座
舞台芸術マネージメント・プロデュース講座
舞台装置技術・美術装飾講座
舞台衣装講座
芸術学講座
芸術経済・文化政策講座
哲学・社会人文学教科講座
外国語講座

俳優学部の修業年限は四年（学士課程）と二年（修士課程）である。専攻別入学試験は二つの部分より成る。
一、創造面の試験：文芸作品の演技、詩・寓話・散文の断片を暗記して朗読
二、専門試験：発声・話法の評価（健康な声の持ち主か、話し方に欠陥がないか、話し方が明瞭か）、音楽能力の評価（選択曲の歌唱、音感・リズム感を判定するための運動課題）、リズムカルな身体動作能力の判定（選択曲に合わせたダンス、身体動作評価のための特別な運動課題、動きを調整する能力）。

俳優術講座では、**オレグ・タバコフ**講座長を筆頭に計二〇名の教師が教えている。タバコフは一九五七年の当演劇学校卒業生である。タバコフは、現代人劇場創設時のエフレーモフを最も力強く支えた同志の一人であった。圧巻の演技で観客を魅了する俳優タバコフは、一九七一〜一九七六年に現代人劇場総裁を務めている。一九八三年にエフレーモフの提案を受け、モスクワ芸術座劇団に入団したタバコフだが、その後にこの演劇学校の学長に就任した。エフレーモフが天に召された後に、モスクワ芸術座を率いたのは正にこのタバコフだったのである。タバコフはロシアが生んだ卓越した演劇教育者の一人であり、教え子の創造面の個性をずばり見抜き、プロの仕事をする中で才能が開花するようにリードする能力に長けている。また、演劇芸術の新風、斬新な傾向を誰よりも敏感に嗅ぎ取る資質の持ち主でもある。この天賦の才はモスクワ芸術座を率いている時も、演劇学校で俳優術講座の指導をしている時も、常に威力を放っている。彼はロシアの《心理を重んじる演劇》の原則に立って俳優業を歩んできたが、その傍らで、異なる演劇システムが相互に浸透する可能性に道筋をつけている。「うちの演劇学校の学生は卒業するまでに色々な演劇スタイルの仕事ができるようになっていなければならない。そのための準備は大学在学中の訓練の中でするべきだ」というのが彼の信念だ。タバコフの招きを受けて、講座では現代ロシア演劇アヴァンギャルド派の先鋭キリール・セレブレンニコフ（ゴーゴリセンター芸術監督）、エヴゲーニイ・ピサレフ（アレクサンドル・プーシキン記念モスクワドラマ劇場芸術監督）が俳優養成に取り組んでいる。

学校創立当初の一九四三年に、俳優学部と同時に舞台効果学部が開設されている。ネミーロヴィチ＝ダンチェンコは開校前からこの学部の設置を睨んで、モスクワ芸術座美術演出部門のトップ、イワン・グレミスラフスキーを予め大学に招いていたのだ。舞台効果学部は当初、第一期生卒業まで教育を続けようというのが前提で、それ以降のことは特に予定していなかった。この学部設置の当初の目的は、モスクワ芸術座の美術演出家を養成することだった。しかし、実際にこの学部の教育活動を始めてみると、「美術演出専門家の育成は一期生で終わりにするのではなく、これからも続ける必要がある」ということが分かったのである。今では、モスクワにある大半の劇場で、正にこの演劇大学の卒業生が舞台効果の仕事を担っている。一九八七年に舞台効果学部に舞台美術学科、さらに一九八九年に舞台衣装デザイン・技術学科、一九八八年に照明デザイン・技術学科が開設された。現在、舞台効果学部（舞台装飾・技術学部）は以下の専門教科の訓練を行なっている。一．舞台装飾：舞台美術家を目指す学生が学んでいる。二．舞台美術装飾技術：「舞台美術・技術」、「衣装デザイン・技術」、「照明デザイン・技術」の専門家を目指す学生が学んでいる。学生は、俳優学部学生が上演する作品の美術を担当する。

モスクワ芸術座付属演劇大学は教育・研修用学生劇場を所有している。未来の俳優はこの劇場で初舞台を経験するのだ。

この学校では芸術座の伝統に則り、単なる演劇のプロではなく、多面的教養を身につけた人間を育成している。だからこそ、演劇芸術論と演劇史研究が特に重視されるのだ。**芸術学講座**を任された教師陣の使命と責任は重い。講座長は演劇研究家ヴィダス・シリュナス。GITISを卒業したスペイン語圏諸国演劇専門家である。このモスクワ芸術座付属演劇大学は、GITISのように演劇研究家（演劇評論家、演劇理論・演劇史専門家）養成をしているわけではない。とは言え、プロの業界でばりばり働いているGITIS出身の専門家がこの演劇学校の芸術学講座で教えているのだから、本格的な教育と言えるだろう。彼らがロシアや外国の舞台芸術に関する理論科目を学生に伝授しているのは素晴らしいことだ。

モスクワ芸術座付属演劇大学の**学術研究部門**はロシアの演劇研究、特にスタニスラフスキーとネミーロヴィチ＝ダンチェンコの遺業に関する研究で重要な役割を果たしている。まだソビエト政権の時代に、コンスタンチン・スタニスラフスキーとウラジーミル・ネミーロヴィチ＝ダンチェンコの業績を研究・出版する学術研究調査委員会が設立された。この委員会をベースに、演劇大学内に学術研究部門が設置されたのである。学術研究部門の重要な出版物として、スタニスラフスキー著作選集全九巻、「V・I・ネミーロヴィチ＝ダンチェンコの演劇遺産」全四巻、「スタニスラフスキーの人生と創造の編年史」全四巻、「モスクワ芸術座百年」全二巻、多数の基礎研究論文等がある。傑出した演劇史専門家インナ・ソロヴィヨワ、名高い劇評家、演劇史専門家であるアナトリー・スメリャンスキーの研究は特に優れている。

アナトリー・スメリャンスキー（一九四二年生まれ）が本大学の学長だった時期（二〇〇〇〜二〇一三年）に、大学の国際プログラムの内容が一段と充実した。元々、この学校はスタニスラフスキー・システムに基づく教育の本拠地なので、世界の演劇拠点がこぞって本校との協力に関心を示していた。ところがソビエト時代は、外国組織との交流には色々な問題が付き物で、交流がどんなものであっても合意に至るまでには気の遠くなるような年月と煩雑な手続が必要だったので、国際交流はなかなか進まなかった。ところが、新時代が到来すると何もかもが簡略化され、大学はそのチャンスを素早く捉えたのである。アナトリー・スメリャンスキーは二〇世紀を代表するロシア演劇研究の大御所だが、大学国際プロジェクトのオーガナイズで隠れた才能を開花させた。現在は、外国人留学生が演劇学校の全期・短期コースで学ぶほど、交流は軌道に乗っている。また、世界の演劇センターとの定期交流も盛んだ。例えば、ハーバード大学付属高等演劇教育大学との共通学士課程カリキュラム導入である。また、米国コネチカット州にあるユージン・オニール演劇センターの構成に入っている国立演劇大学は、研修実施の重要な相手校の一つになっている。その後、ユージン・オニール演劇センターの学生と共に、北イリノイカレッジの学生もモスクワ芸術座付属演劇大学の授業を受けるようになった。モスクワで学ぶ一学期分の授業は、相手校の職業教育の重要な要素になっている。米国ウエイン州立大学との協力に至っては、既に十年以上の実績がある。

モスクワ芸術座付属演劇大学短期教育プログラムに基づく恒常的交流相手校は以下の通りである：フォーダム大学（米国のニューヨーク）、バトラー大学（米国）、舞台話法・ドラマ中央学校（イギリス）、国際教育アカデミー（ドイツ、ボン）、ケント大学（英国）。米国ピッツバーグで開催している夏季スタニスラフスキー・スクールは、当大学の恒常的プログラムになっている。

第四章　マールイ劇場付属シェープキン記念演劇大学

マールイ劇場付属シェープキン記念演劇大学は、ロシア屈指の演劇教育機関である。創立は一八〇九年十二月二八日とされている。それは、アレクサンドル一世が教育会館付属演劇学校をモスクワ演劇高等専門学校に改組する勅令に署名した日だ。学校はロシア帝室劇場（国家予算が拠出され、国の統一管理がなされていたサンクトペテルブルクとモスクワの主要劇場はこのように呼ばれていた）の構成に入り、その後、マールイ劇場の管轄下に置かれた。一八六三年に伝説的な役者ミハイル・シェープキンの功績で、専門学校はネグリンカ通りの建物を提供された。現在の大学もこの場所にある。専門学校がミハイル・シェープキンの名を冠したのは、それからしばらく経った一九三八年のことである。一九四三年に高等教育機関と認められ、シェープキン記念演劇大学になった。シェープキンは、この大学の歴史、ロシアにおける俳優学校の成立、さらにロシア演劇史全体で決定的役割を果たしている。学校に彼の名がつけられたのは当然で、理論的根拠があってのことである。

ミハイル・シェープキン（一七八八〜一八六三年）は農奴の家庭で産声を上げた。彼の少年時代には貴族の間でプライベート劇団を持つことが流行りだった。劇団の役者は、芝居のできる召使や農奴というのが一般的であり、劇団のオーナーである貴族は、役者を平気で売り飛ばすことができた。また、演劇に対する興味がなくなると、あっさりと劇団ごと売りに出すということも珍しい話ではなかった。こういったプライベート劇場で演じる役者の中で特に才能に恵まれた者は、主人の許可を得て町の民営劇場に出演することもできたそうだ。シェープキンも農奴の身分で劇場に出演する役者の一人だった。彼は観客を魅了する自然な演技で、役者として大成した。しかし、農奴の身分から逃れることはなかなか叶わなかった。ようやく一八二二年にマールイ劇場（帝室劇場）に招かれ、家族共々、奴隷の身分を解かれたのである。シェープキンは一九六三年に四〇歳の生涯を閉じるまで、マールイ劇場で役者人生を貫いた。元々、彼は喜劇役者として名声を上げた人物である。しかし同時代人は、「彼のイメージで作り出された喜劇の主人公が、ただ単に滑稽で面白可笑しいと捉えられたことは一度もなかった」と証言している。つまり、シェープキンは心の中で創造のイメージをふくらませ、自分が演じる役の内面に秘められた緊迫したドラマ性や多面性を思い描き、それを観客に伝えていたのだ。後年、シェープキンは役の幅を広げ、フォンヴィージン、グリボエードフ、ゴーゴリ、オストロフスキー、モリエール、シェークスピアの戯曲の芝居で、様々な側面を持った多彩な役を演じている。彼は背が低い上にずんぐりむっくりで太り気味だったが、抜群の才能と百戦錬磨の卓越した演技力で観客の感動を誘い、外見のマイナス要素を克服していた。またシェープキンは、自分が演じる登場人物になりきることで観客の注目を一身に浴びた。彼は舞台上でがらりと外観を変え、あっという間に舞台衣装を着替え、そのたびに心理的、精神的状態を変化させる（煮え滾る憎悪から歓喜へ、悔恨から勝利のお祝い気分へ等々）ことに醍醐味を覚える役者だった。また、彼は舞台芸術の形象である、自分が演じる登場人物に精神的な深い意味を与えていた。そういうリアリズム演劇は、未だかつて誰も見たことがないものだった。彼が舞台芸術理論、具体的な戯曲の思想を深く理解していたからこそ、天衣無縫に見える演技へと導かれたに違いない。また、彼は尊敬を受ける社会活動家と認められたロシア初の役者でもある。しかも、偉大な作家を相手に堂々と対等に付き合うことができたので、その点でも演劇史に残る人物とされている。実際、アレクサンドル・プーシキン、ニコライ・ゴーゴリ、アレクサンドル・オストロフスキー、イワン・ツルゲーネフと魂を通わす交流があった。シェープキンは俳優術について思索を重ねた結果、「俳優は自分の肉体と声だけでなく、心の内面の技術も完成させなければならない」という結論に達している。要するに、まず自分で自分の感情をしっかりと支配し、遂には、主人公の感情を本当に自然な演技で観客に伝えることができるまで、俳優術をレベルアップすべきだと考えたのだ。学生に対しては、「役と自分自身に意識的に関わるようにしなさい」と指導した。それから五〇年後、スタニスラフスキーがシェープキンの業績を足掛かりに、自分のシステムを考案したのだ。シェープキンこそが、正真正銘のロシア演劇史初の教育者であり、後に広く普及する俳優養成メソッドの基礎を築いたのだと断言できる。彼はマールイ劇場の最初の看板俳優という立場で、演劇学校における訓練に膨大な時間を割き、マールイ劇場の俳優養成に精力を注ぎ、大きな足跡を残した。

十九世紀を通して名優と言えば、当演劇大学の出身者と決まっていた。例えばイワン・サマリン、セルゲイ・シュムスキー、プロフ・サドフスキー、オリガ・サドフスカヤ、マリヤ・エルモロワ、グリケリヤ・フェドトワ、アレクサンドル・レンスキー等だ。彼らは皆、マールイ劇場の舞台で珠玉の演技を披露し、人気を独占していた。二〇世紀初頭になると、新時代の演劇思潮が台頭してきた。その影響を受け、さらにスタニスラフスキーの革新的な活動が高く評価された関係で、マールイ劇場の演劇学校の訓練システムは古臭いと考えられるようになり、演劇界で新しい模索が始まったのである。その結果、スタニスラフスキー・システム、ワフタンゴフ・メソッド、ミハイル・チェーホフ・メソッド、フセヴォロド・メイエルホリド・メソッドが堰を切ったように生まれた。いずれにせよ、シェープキン記念演劇大学は今も昔も変わらず模範的な古典ロシア語を話す劇場の砦になっている。

二〇〇七年以降、学長を務めているのはロシア演劇評論家、歴史家、理論家**ボリス・リュビーモフ**である。リュビーモフについては既に本書で、ロシア国立舞台芸術大学GITISロシア演劇史講座長として紹介している。彼は一九六九年にGITIS演劇研究学部を卒業し、GITIS講師、後に講座長、さらにマールイ劇場文化部長、A・A・

バフルーシン記念中央演劇博物館長を歴任した。現在は大学での学長職や教育活動と並行して、マールイ劇場副芸術監督の仕事をしている。

シェープキン記念演劇大学は教育分野拡大など考えたこともない。創立当初より俳優養成に徹し、他の学部は一切、開設していない。若者に「シェプカ」の名で親しまれているこの演劇大学の入学競争率は高く、常に狭き門になっている。学士課程は四年、大学院修士課程は二年である。入学志望者は三つの創造面の試験を受ける。

一．俳優術

二．舞台動作

三．口頭試問：受験者の発声、話し方、容姿は特に重視される。完璧なまでに正しい話し方をすることが求められ、容姿は、大体がロシア古典で構成されるマールイ劇場のレパートリーにある芝居にぴったり合っていなくてはならない。

未来の俳優は、ロシア古典劇を演じるために必要な原則に従って訓練を受けている。

大学には五講座ある。

俳優術講座

舞台話法講座

造形的身体動作訓練講座

芸術学講座

哲学・文化学講座

大学の要は俳優術講座である。各コースの芸術監督は俳優術等の専門教科を調整しながら、舞台話法や造形的身体動作の教師陣と連携を行ない、総合訓練を行っている。

このように俳優養成と芸術面の訓練は、全分野の教師の合意を得た上で実施される。大学には「舞台芸術の中心は俳優」という基本的な考え方がある。ここでは、俳優は劇作家や演出家の意図をただ単に遂行するだけでは、合格点をもらえない。俳優はさらに、劇作家や演出家の創造活動におけるパートナーや共同執筆者であるべきなのだ。教師側も、大学が求める俳優像をしっかりと念頭に置いて俳優養成にあたらなければならない。基本的にシェープキン記念演劇大学の学生は、卒業する段階になった時、いかなるジャンル、芸術流派、国、時代の戯曲であっても、すぐにできるように準備が整っているはずなのである。ところが、ここで矛盾がある。というのは、大学とは切っても切れない関係にある肝心のマールイ劇場が、そのような斬新な考え方、特に現代的演出に対して消極的で、全くの及び腰になっているからだ。二〇世紀初頭にロシアで魅力的な演出概念が打ち出された時も、マールイ劇場と付属大学にはその波が及ばなかった。マールイ劇場は今もなお、斬新な実験や潮流とは大きな距離を置いているのだ。「劇場の使命は創作面の発展ではなく、伝統の保持だ」と見ているようである。とは言え、大学の方は俳優訓練システムにスタニスラフスキー・システムの重要要素を加え、スタニスラフスキー手法にとっては珍しいことまで成し遂げている。つまり、大学では今でも確かにスタニスラフスキー・システムが教育の理論的基礎の役割を果たしているが、舞台芸術の実践を牛耳っているマールイ劇場の俳優や演出家の手でシステム自体に修正が加えられているということなのだ。大学教師陣はスタニスラフスキー・システムと《心理を重んじる演劇》の原則に基づき、舞台上でリアリティーに満ちた真実を創造し、信憑性と説得力に富んだ演技ができる俳優を育成している。ところがシェープキン記念演劇大学幹部は、このような教育現場の教師陣の俳優養成メソッドを否定するわけではないが、大学教育の重点はあくまでもロシア社会全体の模範になる舞台話法を名人級に習得させることだと主張して譲らないのである。

俳優術講座長は名優**ボリス・クリュエフ**。クリュエフは一九四四年に俳優一家で生を受けた。父親はシューキン記念演劇大学出身のウラジーミル・クリュエフである。息子ボリスもその大学を目指したが、色々な事情があり、シェープキン記念演劇大学に入学した。クリュエフの演技は本演劇大学の原則通りであったため、正に絵に描いた様な理想の役者と評され、一九六九年の卒業と同時にマールイ劇場に入団した。クリュエフは今や劇場を牽引する役者の一人になっている。彼が国民的人気を勝ち得たのは、映画や連続テレビドラマの役（百以上）に負うところが大きい。シェープキン記念演劇大学には、教育者の理想像というものがある。「学生の教育を行ないながら、同時に自分自身で積極的にクリエイティブな人生を送る教育者」というイメージだ。クリュエフはその生きたお手本なのだ。俳優術講座の講師陣は約五十名。学生の指導は《工房》（コース）原則で行なわれる。つまり、工房には責任者である芸術監督がおり、芸術監督の下に教師と助手がいる。学生は入学時に入ることが許された工房で一年生から卒業まで学ぶ。俳優術講座長ボリス・クリュエフも、工房の芸術監督である。永遠の憧れのスターであるマールイ劇場芸術監督の**ユーリー・ソローミン**は、別の工房を指導している。もっとも、大学の工房の指導者は俳優ばかりというわけではない。例えば、演出家**ウラジーミル・ベイリス**も工房の芸術監督の座にある。ベイリスはGITIS演出学部卒で、偉大な教育者マリヤ・クネベリの指導を受けた。一九七五年からマールイ劇場の演出家を務め、二〇本以上の芝居を演出している。一九八五年から教師、一九九八年からシェープキン記念演劇大学で工房芸術監督を務めている。また、講座の教師陣は俳優術専門家だけではなく、舞台メーク、ピアノ、ギター、ロシア民族楽器（バヤン）演奏といった多彩な分野のスペシャリストで構成されている。学校が青写真に描く俳優は、舞台に立って自然な演技を行ない、生きた真実を創造するだけでなく、さらに完璧なまでに正しく台詞を操り、申し分ない舞台動作をこなし、踊りと歌ができ、難度の高いアクロバット芸を身につけ、楽器演奏ができる万能のアーチストである。俳優術講座は、舞台話法講座、舞台動作訓練講座と協力して、全ての教科の訓練に携わっている。

舞台話法講座は俳優術講座と並んで、未来の俳優を養成する上で決定的役割を果たしている。現代ロシアで美しいロシア語と舞台話法の問題はかつてないほど深刻になっていると、教師陣は悲鳴を上げている。この悩ましい状況を考慮して、教師は舞台話法教科を一段と重視するようになった。言語は発展し、変化を遂げ、しかも世の中で様々な話し言葉やスラングが常用語となり、堂々と市民権を得て社会にのさばっている。だから、せめて大学の学生だけでもロシア語の古典規範を忘れることなく、完璧に操り、正しい話し方をしっかりと身に付けるようにしなくてはならないと、講座の教師陣は懸命になっているのだ。教師陣は教育活動だけでなく、学術的教授法の研究を真剣に進め、舞台話法術を磨く新しい演習を考案しており、学生の話法訓練に役立つ新しい文芸素材を常に探し求めている。本講座はマールイ劇場と共同で、マリヤ・エルモロワ記念「芸術的な言葉」学生コンクールを開催してきた。また、ロシアの「芸術的な言葉」の起源と発展の歴史に関して学術研究を行ない、舞台話法と「芸術的な言葉」をテーマとする学術会議、教師と学生が参加する円卓会議を企画・実施している。

造形的身体動作訓練講座ではダンス、舞台動作、舞台フェンシングの教師が教えている。講座の教師全員が劇場、映画、テレビで豊かなキャリアを積んだ実力派だ。教師陣は学生に造形的身体動作を訓練する通常授業の他に、学年末制作、卒業制作の指導にも加わり、造形的身体動作、フェンシング、ダンスシーンを演出する。時には、造形的身体動作教科の最終試験が独立演目に発展して、シェープキン記念演劇大学の教育・研修芝居のレパートリーに入ることもある。

大学には次の二つの理論講座が設置されている。一．**哲学・文化学講座**、二．**芸術学講座**。人文学の教科はロシアのどこの演劇大学でもあるが、シェープキン記念演劇大学の場合、その教育姿勢がユニークである。ここでは、俳優の自立した創造活動を目指して俳優養成を行なっているので、学生は「演出家が何もかも説明して、芝居の演技構想をことごとく提案してくれる」などとのんびり構えているわけにはいかない。学生自身が様々な時代、様々なスタイルのロシア国内外の戯曲について自立した考えを持つことができるように、世界演劇史、文学、文化の知識を充分に習得しなければならない。だからこそ、大学では特に人文学の授業が重要視されているのだ。

学年末制作や卒業制作の芝居は大講堂、室内舞台、ストラストゥヌイ・演劇センター・ホールで披露されている。また、学生にはマールイ劇場の芝居に出演するチャンスが頻繁に与えられており、それがこの大学の最大の魅力になっている。

第五章　ワフタンゴフ記念劇場付属シューキン記念演劇大学

ワフタンゴフ記念劇場付属シューキン記念演劇大学は、卒業生だけでなくロシア演劇全体の誇りである。その誕生の歴史は注目に値する。一九一三年にエヴゲーニイ・ワフタンゴフは、商業大学で学ぶモスクワの学生グループと共にアマチュアスタジオを結成した。当時、彼はモスクワ芸術座の俳優で、スタニスラフスキーに師事し、モスクワ芸術座第一スタジオで教師の経験を積み上げていた。ロシアの《心理を重んじる演劇》の原則を咀嚼し、充分に理解していたワフタンゴフだが、次第に自分だけの演劇ビジョンがむくむくと頭をもたげ、それがいよいよ熟成の時期を迎えていたのだ。彼は独立の準備を進めていったが、他の教師達は最後までその気配に全く気付いていていなかった。ワフタンゴフはスタニスラフスキー・システムを研究していた一九一一年に次のように書き遺している。

「自分達でスタジオを結成して、そこで勉強できたらいいのだが…。何もかも、自分達の力で達成する事。これが原則。全員が芸術監督というわけだ。スタニスラフスキー・システムは、自分達で検証すべきものなのだ。それを受け入れるか、退けるか。訂正するのか、補足するのか、あるいは嘘を排除するのか」。（E・B・ワフタンゴフ。資料集、モスクワ、VTO出版社、一九八四年、八八頁）。

ワフタンゴフは、一九〇九～一九一一年にアレクサンドル・アダシェフ私立演劇学校で有名女優セラフィマ・ビルマンと一緒に学んでいた。指導教師はレオポリド・スレルジツキー、ワシリー・ルジスキー、レオニード・レオニードフ、ワシーリイ・カチャーロフだった。アダシェフ自身が、元々は地方の俳優で、一九一三年になってモスクワ芸術座劇団に迎え入れられている。アダシェフは自分の私立学校にモスクワ芸術座やマールイ劇場の有名俳優を講師として招聘していたので、これが学生にとって大きな魅力だった。ワフタンゴフはアダシェフ私立演劇学校卒業後の一九一一年にモスクワ芸術座に採用されている。劇場では俳優として働き、劇場を一歩出ると第一スタジオの教師職に専念し、芝居を上演する毎日だった。「独立して、学生であるアマチュア俳優と一緒に仕事をしてみませんか」という提案を学生から持ちかけられたのは、一九一三年のことである。その頃、ワフタンゴフは既にモスクワ演劇界で有名になっていたのである。これまで、劇場でもスタジオでも使われるばかりの身だったので、演劇愛好者である学生からの提案を喜んで引き受け、学生スタジオの自立活動に勇往邁進した。最初の講義のテーマは「スタニスラフスキー・システム」で、このメソッドの原則に忠実なモスクワ芸術座について語った。この授業は一九一四年十二月二三日に行なわれたので、この日が現在のシューキン記念演劇大学（当時はスタジオ）の創立記念日と考えられている。最初の頃は自分の師スタニスラフスキーの怒りを買うのではないかと警戒して、新しい学生スタジオと自分を結び付けるものは徹底的に隠し通した。このスタジオは「学生スタジオ」、「マンスーロフ・スタジオ（住所のマンスーロフ横丁から）」、「ワフタンゴフ・スタジオ」と色々な呼び方をされている。

ワフタンゴフはスタジオ生と共にスタニスラフスキー・システムに基づいた演劇に取り組んだ。しかし時折、システムの要素を何から何まで一貫して使用するやり方は、あえて避けるようになった。彼は訓練過程で「舞台上のものを注意して観察する」という要素に重点を置いた。これは、スタジオ生が舞台で創造する形象、つまり自分の役を作り上げる上で役立つ要素なのである。学生はワフタンゴフの指導を受けながら、ありとあらゆる演習、エチュード、戯曲の断片を演じ、即興を行ない、芝居の準備に明け暮れる日々を送った。時には友人や親しい人々を招いて、所謂「芝居の夕べ」を催し、わずかな数の観客の前で演じたものだ。このスタジオで、ユーリー・ザワツキー、ボリス・シューキン、ツェツィリヤ・マンスロワといった、後にロシア演劇を背負うスターが育ったのである。スタジオ入学希望者は面接試験、知的水準を判定する試験、さらに俳優適正試験を受けていた。ワフタンゴフは一九一六年に「学生はもう芝居を演じてもよいレベルに達した」と判断し、モーリス・メーテルリンクの象徴的戯曲『聖アントニオの奇蹟』を演じるように提案した。スタニスラフスキー・システムの信奉者であるワフタンゴフは、その作品を心理ドラマとして、自分なりの手法で演出したいと思った。スタジオ生はまだプロの俳優ではなく、訓練途上にあるので、自分を具体的な状況、スタニスラフスキーの言う《与えられた状況》の中で自分自身を表現しながら、真心を込めて演じるべきだと、ワフタンゴフは考えた。学生の課題は、舞台演技で登場人物の行為と言葉を正当化させることだった。芝居は一九一八年に上演され、スタジオの卒業制作作品となった（後に、ワフタンゴフはこの芝居に戻り、新たに風刺的特徴を加えた）。『聖アントニオの奇蹟』の初演を控えた一九一七年に、学生スタジオに最初の正式名称『E・B・ワフタンゴフ・モスクワドラマ・スタジオ』が与えられた。その後は読者もご承知の通り、スタジオはスタニスラフスキーの承認を受け、モスクワ芸術座第三スタジオと改称されたのである。ワフタンゴフの人生最後の芝居『トゥーランドット姫』が大成功に終わり、それが契機となり、スタジオ（学校）をベースにした常設国立劇場「エヴゲーニイ・ワフタンゴフ記念劇場」が創立された。このスタジオに入学した学生は、卒業すると同時にワフタンゴフ記念劇場の劇団に入団することが義務付けられていた。学校を率いたのは魅惑的な俳優ボリス・ザハワである。彼は一九七六年に他界する寸前まで、学校に人生を捧げた。

一九三七年までの長期間、スタジオ（学校）は劇場内に置かれていた。この年に、ワフタンゴフ劇場から近いボリショイ・ニコロペスコフスキー横丁の独立した建物がスタジオに提供され、スタジオは中等専門学校の地位を得たのである。当時の中等演劇専門学校の修業年限は四年。卒業生はもはやワフタンゴフ劇場に限らず、他のロシアの劇場に就職しても構わなくなっていた。演劇専門学校にボリス・シューキンの名が付いたのは、偉大なワフタンゴフ劇場の俳優、シューキンの逝去後のことである。

ボリス・シューキン（一八九四〜一九三九年）は若くしてこの世を去ったが、その一生は充実していた。彼は革命前に軍隊から召集を受け、無事に帰還を果たしたが、革命後の一九一九年に再び軍隊に戻っている。一九二〇年にワフタンゴフのドラマスタジオ（モスクワ芸術座第三スタジオ）に入学した。シューキンは、ワフタンゴフがスタジオ性と共に上演したメーテルリンクの『聖アントニオの奇蹟』（主任司祭）、カルロ・ゴッツイ作『トゥーランドット姫』（タルタリア）に出演している。シューキンの俳優としての天性の資質が、ワフタンゴフの創作手法（鮮やかに際立つ演劇性、グロテスク、即興）にぴったり合っていた。また彼の才能はずば抜けており、本領を発揮するうちに、彼の内面で喜劇的本質とドラマチックな資質が融合したのである。役者の経歴は一九二一年から一九三九年までと短いが、その間、二〇作以上のワフタンゴフ劇場の芝居や映画に出演し、どの作品でも演劇界の話題をさらった。ミハイル・ロムの映画「十月のレーニン」、「一九一八年のレーニン」のウラジーミル・レーニン役を演じた時は、ソビエト政府から特別の敬意を表されたものだ。この二本の映画は、極めて残酷な時期に撮影された。一九三七年からスターリン圧政が開始されたからだ。一方では共産党イデオロギー宣伝が重視され、他方ではこのイデオロギーの「敵」の摘発と根絶が激化した時代である。ましてやこの映画は、二本ともレーニンの一生、スターリン本人の半生、十月革命という恐ろしく重要な事件を描いたもので、このような映画に出演するのはリスクが大き過ぎた。万一、上手く演じられなかった、あるいはただ単にスターリンの反応がまずかった場合、作家や役者を待ち受けているのは身の毛もよだつ暗黒の運命だった。幸い、この映画の作家や主演俳優（ボリス・シューキン）には幸運の女神がついていたようだ。映画はスターリンだけでなく、観客にも好評だったのである。アメリカの代表的な新聞「ニューヨーク・タイムズ」に映画評論家フランク・ニュージェントが次の映画評を書いている。

「第一に、ソビエトの観客の前でレーニンをどう演じるかという難解な課題を克服したボリス・シューキンと映画監督ミハイル・ロムの偉業を認めよう（もしも「あいつはこの役を滅茶苦茶にひどく演じた」と誰かが決めつけたら一体どうなったことか、想像してみたまえ）。ロム監督は、革命自体は背後に押しやり、レーニンの人格を前面に出した。シューキンという俳優は、登場人物の内面に深く入り込んで役に成りきる演技と巧みなメーキャップが生みだした奇跡そのものだ。彼のレーニンは、観客にとって興味深く魅力的であり、生き生きとした鮮烈な個性で際立ち、共感を誘った」（「十月のレーニン」はここニューヨークのタイムズスクエアで衝撃的なインパクトを与えた。フランク・S・ヌゲント、一九三八年四月二日。ニューヨーク・タイムズ）

映画でレーニン役を見事に演じてから、シューキンの地位は鰻登りで、遂には頂点に達して数種類の国家勲章が授与された。彼の死後、中等演劇専門学校に彼の名を付す政府決定が下った。学校の名前がワフタンゴフからシューキンに変更されたが、そのことで学校の創作面の妥当性に矛盾が生じることはなかった。演劇社会では、シューキンはワフタンゴフの弟子であり、立派な役者であり、この演劇学校の活動に未曾有の貢献をしたという事実が周知されていたからである。一九四五年に中等演劇専門学校は高等教育機関の地位を獲得したので、高等演劇専門学校になった。二〇〇二年になって初めて、ワフタンゴフ記念劇場付属ボリス・シューキン記念演劇大学と呼ばれた。当演劇大学（演劇界の若者は「シューカ」と呼んでいる）には、卒業してワフタンゴフ劇場の役者をしている人が本校の教師になるという伝統がある。このようにして、ワフタンゴフ・スタイルの特性である独創的で鮮やかな演劇性、刷新志向、即興が、世代を超えて維持・継承されているのだ。

かつて、モスクワ芸術座第三スタジオから新劇場「ワフタンゴフ劇場」が誕生したように、シューキン記念大学の学生の中には、ワフタンゴフ劇場等の既存劇場に入団しないで、その俳優コースをベースに新劇場を立ち上げる者もいる。既に数例の実績がある。その中で最も顕著な例となっているのがタガンカ・モスクワ劇場である。タガンカ劇場創設者はユーリー・リュビーモフ。後にロシア演劇の改革者になったリュビーモフは、シューキン記念中等演劇専門学校で演劇人生の一歩を踏み出し、一九三九年に卒業している。ワフタンゴフ劇場の劇団に採用されたのを機に、俳優として目覚ましい成功を収め、三〇以上の役を演じた。一九五三年にシューキン記念高等演劇専門学校で教鞭を執ることになり、演出という新境地を開拓した。リュビーモフは、一九六三年に珠玉の傑作『セズアンからの善人』を学生と共に上演した。この芝居はモスクワの演劇界を震感させ、リュビーモフ門下生で構成される新劇場「タガンカ」の華々しいデビューを飾った。ロシア演劇界を君臨したリュビーモフは、タガンカ劇場を去った後の二〇一二年に、古巣ワフタンゴフ劇場でフョードル・ドストエフスキー作『悪霊』を上演している。

一九八七年から二〇〇三年までシューキン記念演劇大学の学長を務めたのは、ロシア演劇・映画界の権威と崇められるワフタンゴフ劇場俳優ウラジーミル・エトゥシ（一九二二年生まれ）である。現在、彼は当大学の芸術監督の座にあり、学長はワフタンゴフ劇場の比較的若い世代の俳優エヴゲーニイ・クニャゼフ（一九五五年生まれ）が務めている。クニャゼフはシューキン記念高等演劇学校を卒業した。一九八二年からワフタンゴフ劇場の俳優である。青年期はもっぱらロマンチックな役を演じていたが、年齢を重ねるごとにインパクトのある役者として本領を発揮するようになった。ワフタンゴフ劇場で上演したピョートル・フォメンコ演出の全芝居（プーシキン作『スペードの女王』のゲルマン、オストロフスキー作『罪なき罪人』のネズナモフ等）に出演した。現在、クニャゼフはワフタンゴフ劇場の六作品に出演しており、銀幕でも重要な役どころで存在感を出している。

大学には俳優学部と演出学部の二学部がある。俳優学部は二つの専攻に分けて俳優養成を行なっている。一．ドラマ劇場・映画俳優専攻、二．音楽劇場俳優専攻。俳優学部（ドラマ劇場・映画俳優専攻）志望の受験生は、一次試験、二次試験を受けなければならない。

一次試験：俳優術（詩、イワン・クリィロフの寓話、散文小説二〜三作品の断片の朗読）。選考委員会が試験過程で出題するテーマに基づくエチュードの演技、受験生の素質の評価（話し方、リズムカルな身体動作、声楽）。

二次試験：舞台芸術や芝居をテーマとする面接試験。俳優学部（音楽劇場俳優専攻）志望の受験生は、さらに選考委員の前で声楽の作品を歌わなければならない（民謡：アカペラが望ましい、ロシアや外国の作曲家の歌やロマンス、オペレッタやミュージカルからアリア全曲あるいは一部）。

演出学部入学志望者には、以下の試験が義務付けられている。

一．演出と俳優術。出題テーマに基づくエチュード演出、散文小説・寓話・詩の朗読が含まれる。

二．演出。受験生の俳優としての能力や、演出家的思考を見極めるための演技指導に関する筆記試験、舞台芸術と芝居に携わる職業（演出家、作曲家、美術装飾家）をテーマに話す面接試験が含まれる。

シューキン記念演劇大学には七講座が開設されている。

俳優術講座
造形的身体表現講座
音楽表現講座
舞台話法講座
芸術学講座
哲学・歴史・文化理論講座
演出講座

大学の講座はどこも、俳優学部の課題遂行を目標としている。上記各講座の教師は、教科別（俳優術、舞台話法、音楽アンサンブル、声楽、芸術的朗読、舞台動作、ダンス、フェンシング、リズム運動、倫理、哲学、外国語、劇場史、文学史、音楽史、美術史）の授業を行なう。他の演劇大学とは異なり、工房システムがない。各コースの指導は、個々の教師や助手が別々に行なうのではなく、俳優術講座と連携して実施されている。各コースには芸術監督がいて、各講座の教師陣の作業手順と学習方法を決める。俳優術講座は学生の入学試験を担当し、四年間の大学教育課程修了後には学習結果を総合評価する。

俳優術講座長は**パーヴェル・リュビームツェフ**。リュビームツェフは一九七八年にシューキン記念高等演劇専門学校（現在は大学）を卒業した後、当時はピョートル・フォメンコが芸術監督だったレニングラード（ペテルブルク）コメディー劇場劇団に一九八二年まで所属していた。一九八二年からモスクワ交響楽団で朗読俳優の仕事をしている。リュビームツェフは、交響楽団に協力する中で、ロシアや外国の作家が残した古典・現代文学作品に基づく二〇本以上のソロ番組を制作し、出演した。彼は知名度の高いテレビ司会者であり、ロシアのテレビで自作番組の司会を行ない、さらに映画俳優としてスクリーンを飾っている。一九九一年にシューキン記念高等演劇専門学校（現在は大学）講師、二〇〇五年に俳優術講座長に就任した。

造形的身体表現講座は、大学の事業で極めて重要な役割を果たしている。この講座は、演出家・教育者ワフタンゴフの創造メソッドと直接関係がある。早くも一九一四年の最初の講義で、ワフタンゴフが「外面的技術を身につけて、自分の声と体を操ることを覚える」という課題を学生に課した話は有名である。それに続く第二の課題は、スタニスラフスキー・システムに則った内面的技術の修練である。もっとも、ワフタンゴフの活動には、ワフタンゴフ手法とスタニスラフスキー・システムとの相違点が顕著に現れている。彼はモスクワ芸術座とは違って、外面的技術の方を格段に重視した。教育者ワフタンゴフのこのような手法は、演出家として打ち出した訓練課題に端を発しているのである。彼の芝居は常に煌めきを放つ祝祭性が特徴だ。彼は、俳優の身体に溢れ出す表現力、磨き上げられた造形的身体動作、豊かな声の表現力が素材となって初めて、祝祭性に満ちた舞台を創造することができると考えていた。また、芝居のリズム、一人一人の役に特有なリズム、一瞬たりとも止まらない連続した動きの流線、《舞台の句読点》（表現力を持った動作停止）といったアクセントを重視した。さらに、俳優のアンサンブル、舞台の広さに応じて舞台空間にいる自分を五感で感じ取る能力に大きな注意が払われた。ワフタンゴフは自分の芝居を上演するたびに、その芝居に特有な造形的身体動作の形を考案した。当然、俳優にはそれを体現するだけの力量が求められた。ワフタンゴフが永眠すると、教師陣がメソッドの継承者となり、師の教授法に倣った俳優養成を行なった。一九五〇年代は、ロシア演劇史では造形的身体動作文化衰退期とされている。しかし一九七〇年代になると、演劇の重要側面である表現主義的舞台、つまりワフタンゴフ教授法の本質部分が再び注目を浴びたのである。そこでシューキン高等演劇専門学校では、この方向に根ざした活動が著しく活発になった。この高等演劇専門学校に集結したロシア屈指の造形的身体動作専門家が、俳優の造形的身体動作表現（舞台動作、ダンス、舞台フェンシング、リズム運動等）教科の新カリキュラム、メソッドを考案し、実際に活用してきた。今日では、講座の実習として学生芝居・コンサート「造形的身体動作の夕べ」の稽古が行なわれている。講座は造形的身体動作文化理論・実践全国セミナー・会議のオーガナイザーになっている。

一九八八年から**アンドレイ・ドゥロズニン**（一九三八年生まれ）が造形的身体表現講座長を務めている。ドゥロズニンはシューキン高等演劇専門学校演出学部を一九七九年に卒業した。彼は卒業前から当校や、タバコフの演劇スタジオで舞台動作講師を経験していたのである。一九八一年以降はこれと並行してモスクワ芸術座演劇大学でも舞台動作を教えている。ドゥロズニンは長い年月をかけて効果的訓練法を編み出し、造形的身体動作教科の新カリキュラム、新訓練法を生みだした。それは実に独創的であり、これまで以上に詳細に研究する価値がある。ドゥロズニン発案のメソッドは、スタニスラフスキー、ワフタンゴフ、メイエルホリド、タイロフ、ベラルーシの革新演出家レシ・クルバスの演出手法に含まれる要素を結合させたものがベースになっている。ドゥロズニン・メソッドは、次の二つの部分より成る。

一．俳優の精神・肉体訓練。

二．特別な舞台経験を積む訓練。このメソッドの究極の目的は、「俳優の精神・肉体器官を個性的・独創的、かつ敏感なリアクションという形をした、いかなる舞台状況にも瞬時に反応する器官に改造することである。あるいは、スタニスラフスキーの用語で表現するなら、俳優の体の器官を《具現の器官》に変身させることだ。」(http://www.htvs.ru/ru/institute/teachers/gallery 三 /drosnin/)

精神・肉体訓練として、十種類ある。一．体の各部分の可動性と全身の柔軟性を高める訓練、二．最も鍛練されていない筋肉の発達に重点を置いたハードトレーニング、三．全体的な運動活性を高め、可動幅を広げる訓練、四．筋肉解放と動作節約を目指す訓練、五．反応速度を上げる訓練、六．調整能力増強の訓練、七．平衡感覚と身体の強化（重心を利用）を目指す訓練、八．空間位置判断能力アップの訓練、九．相手役と相互作用する訓練、十．グループ内で相互作用する訓練。

特別な舞台経験を積む訓練には、以下の五つの要素が含まれる。：一．移動能力（歩行、走行、跳躍、障害物を乗越える、落下・降下等）、二．舞台アクロバット、三．サーカス・曲芸アクロバット、四．武器を使わない格闘、五．ゆっくりしたムーブメントの技術。

音楽表現講座は、ワフタンゴフ原則に基づく重要な俳優養成の課題を遂行している。音楽は生前のワフタンゴフ演劇で決定的役割を果たしてきたが、今でも芝居の根幹を成している。ワフタンゴフ記念演劇大学の役者は音楽的であることが必須条件で、とりわけ音楽表現講座では、この特質の練磨が必須課題になっている。だから、最近は俳優学部でドラマ・映画の役者だけでなく、音楽劇場の俳優も養成しているのである。講座では音楽アンサンブル、音楽理論・基礎入門、舞台声楽、フォークロア・アンサンブル、音楽史が必修課目だ。俳優学部音楽劇場俳優専攻の学生はさらに「俳優の音楽能力」という教科を、演出学部学生は「芝居の音楽演出」を学ぶ。音楽表現講座の教師陣は独自の教育プログラムを策定して、実習に導入している。教師の仕事の集大成となるのは、最上級クラスの学生と共に制作するミュージカルやクラスコンサートである。

舞台話法講座は上記講座と同様、俳優術講座と密接な連携を保っている。舞台話法講座と俳優術講座は共にワフタンゴフ流派の原則を遵守した授業を行なっている。舞台話法講座長は**ワシーリイ・ラノヴォイ**（一九三四年生まれ）。ラノヴォイは映画史を飾る名画で一躍有名になった俳優で、コンサート番組の名朗読者として定評がある。彼は一九五三年にシューキン記念高等演劇専門学校に入学した。容姿端麗の俳優として学生の頃から映画に出演しており、もてはやされていた。卒業後の一九五七年にワフタンゴフ記念劇場の劇団に入り、あっという間に看板俳優になり、圧倒的人気を勝ち得て、ファンのハートを掴んだ。ラノヴォイは、これまでの役柄と貴族的容姿から、常にロマンチックな役が真骨頂とされてきた。年齢を重ねた今も俳優としての魅力、上品な風貌は相変わらず健在で、ワフタンゴフ記念劇場のレパートリーに入る新作芝居に出演している。彼は一九八五年に教育活動に足を踏み入れた。彼が選ぶ教育用の文学素材は、主にロシア古典である。舞台話法講座は独自の教授法を考案しており、教師はそれに基づいて教育にあたっている。「舞台話法」の教科では、話す技術と芸術的朗読の訓練が中心に行なわれる。教師は学生の天性の声と話法の改善、美しい発音の訓練を重ね、イントネーションと旋律の文化を究めることに懸命だ。原文の趣旨に奥深く入り込む能力を高め、原文の内容とスタイルを理解させることが教育の重要な役割とされている。学生は授業でプロの呼吸法を身に付け、響きの良い柔軟な声を創り上げ、それを実際に使いこなし、非の打ちどころのない美しい発音を習得し、声の演技の基礎を学び、声の音感を養わなければならない。

大学には芸術学講座と哲学・歴史・文化理論講座という二つの理論講座がある。理論教科では、劇場史が最も重要だが、美術史、文学史、舞台衣装史も重視されている。哲学と文化学の学習は、一般的なロシアの学習要領に基づいて行なわれている。

シューキン記念高等演劇専門学校（現在は大学）に**演出学部**と**演出講座**が開設されたのは一九五九年である。開設当初からこの学部の卒業生は、「大衆劇場演出家」あるいは「アマチュア劇団監督」の資格を取得できた。当時は国内にアマチュア劇場が沢山あり、卒業生はそこで腕を奮い、かなりレベルの高い仕事を成し遂げていた。そういった劇場の中で優秀な所が人民劇場の名称を付与されたのである。その後、演出学部の事業は順調に発展を遂げ、高等演劇専門学校はプロのドラマ劇場演出家養成の資格を取得した。現在、シューキン記念演劇大学演出学部卒業生には、「ドラマ（演劇）演出家」の資格が与えられる。演出家養成の授業は、演出講座教師が担当している。教師陣は演出理論・実践、戯曲分析基礎、演劇事業の経済学、芝居の舞台美術と音楽基礎を教えている。学生は卒業制作作品でフィナーレを飾ることになっている。卒業制作作品は何と国内のドラマ劇場の一つで上演することができるのだ。演出講座長はミハイル・ボリソフ。ボリソフは一九八三年にシューキン記念演劇高等専門学校演出学部を卒業している。彼はここで演出助手の研修を受けた。これまで風刺劇場、オペレッタ劇場、エルモロワ記念劇場を初めとして、モスクワの様々な劇場で芝居を上演している。ロシアのテレビ番組作家、司会者の顔も持つ。一九八七年から当演劇大学の教育活動に加わった。

シューキン記念演劇大学の校舎内に教育・研修用劇場がある。学年末制作、卒業制作の芝居は教育・研修用劇場のレパートリーに入り、大ホールと三つの小ホールの四か所で上演されている。ここで行なわれる学生芝居は観客に好評である。

第六章　サンクトペテルブルク国立舞台芸術アカデミー（SPBGATI）

サンクトペテルブルク国立舞台芸術アカデミーとシェープキン記念演劇大学は共に、「我こそがロシア最古の演劇学校だ」と主張して、互いに絶対に譲らないのだ。この由々しき問題には、まだ決着がついていない。サンクトペテルブルク国立舞台芸術アカデミーの歴史は、一七七九年設立のペテルブルク演劇学校に端を発すると言われている。しかしその演劇学校は、元からあった舞踊学校をベースに創立されたものだ。では、この舞踊学校の成り立ちを含め、サンクトペテルブルク舞台芸術アカデミーの歴史に迫ってみよう。一七三八年にアンナ・イオアンノヴナ女帝（一六九三～一七四〇年、在位：一七三〇～一七四〇年）の勅令に基づき、女帝陛下舞踊学校が創立された。第一期生である少年少女十二名は、宮殿内の教育用設備の整った特別室で学んだ。次のエリザヴェータ女帝（一七〇九～一七六一年、在位：一七四一～一七六一年）は前述の通り、劇場を庇護し、劇場の国家支援特別勅令を発令した。ただその時点では、俳優養成を専門とする学校の話は全く出ていない。その後の一七七九年にエカテリーナ二世（一七二九〜一七九六年、在位：一七六二〜一七九六年）の治世下で、ドラマ俳優養成専門の学校を設立する決定が下され、上述の舞踊学校を基盤とするペテルブルク演劇学校の創設に至るのである。エカテリーナ二世の時代は、国家機構の強化、巨大国家統治の新制度整備が主な政策であり、この国策が演劇情勢にも影響を及ぼしたのである。一八八三年には「舞台芸術と演劇学校の管理に関する特別委員会」が設置された。十九世紀初頭の一八〇九年に、演劇専門学校（演劇学校がこのように呼ばれるようになった）の事業を規定する法規、つまり学校規則、入学規定、専門ごとの教育プログラムが採択された。その二〇年後には、新法規「演劇専門学校に関する政令」が採択されている。新法規に基づき、演劇専門学校は男女別クラスに分かれ、バレエ学科、オペラ・ドラマ学科の二科が設置された。その後、オペラ・ドラマ学科は閉鎖され、間もなくしてドラマコース（学科）が発足した。一九一七年の革命の翌年、一九一八年にドラマコースを基盤に俳優学校が開設され、偉大な俳優・演出家・演劇教育者のレオニード・セルゲエヴィチ・ヴィヴィエンが学長に就任した。

レオニード・ヴィヴィエン（一八八七〜一九六六年）はサンクトペテルブルクの演劇専門学校を一九一三年に卒業した。彼は卒業前の一九一一年からアレクサンドリンスキー劇場の芝居に出演して、俳優の経験を積んだ。まだ学生の頃に、フセヴォロド・メイエルホリドと知己を得て、メイエルホリド・スタジオに通うようになり、ここでメイエルホリドの芝居『仮装舞踏会』の道化役で初舞台を踏み、その後もいくつかの役を演じている。ヴィヴィエンは演劇専門学校を卒業した一九一三年にアレクサンドリンスキー劇場劇団に採用された。入団後は数々の重要な役（ゴーゴリ『検察官』のフレスタコフ、オストロフスキー作『罪なき罪人』のネズナモフ、『どんな賢者にもぬかりはある』のグルーモフ、『持参金のない娘』のカランドゥイシェフ、バーナード・ショー作『ピグマリオン』のヒギンズ）を演じ、キャリアを積み重ねた。ヴィヴィエンはアレクサンドリンスキー劇場演出家ニコライ・ペトロフのお陰でスタニスラフスキー・システムに出会うことができた。ペトロフはネミーロヴィチ＝ダンチェンコの直弟子である。ヴィヴィエンは一九二四年に演出の道に入り、一九三七年にアレクサンドリンスキー劇場首席演出家の座を射止めている。ヴィヴィエンが教育活動を初めて体験したのは、何と演劇専門学校卒業の一九一三年のことである。要するに演劇専門学校卒業と同時にコース長のアシスタントになり、その後、主任教師に昇格した。一九一八年には演劇専門学校ドラマコースを基盤に俳優学校を開設する上で主導的な役割を果たし、その校長に就任したのである。

同じ一九一八年に、フセヴォロド・メイエルホリドはペテルブルクで舞台演出術養成所を開設して、所長に就任している。一九二六年にこのメイエルホリド養成所、ペテルブルクにあったドラマ学校「ソバリス」、中等舞踊専門学校が俳優学校に併合された。ちょうどその頃、ペテルブルクで劇場付属の中等専門学校が数校設立されている。間もなく、これらの劇場付属中等専門学校、さらに中等写真専門学校が俳優学校に併合され、一九三九年にレニングラード国立演劇大学となった。これに伴い、既存の専門課程に加え、演劇研究学部、続いて舞台効果演出学部が開設された。一九六二年以降、大学はレニングラード国立演劇・音楽・映画芸術大学と呼ばれるようになり、国内最大の演劇大学に変貌を遂げたのである。一九九三年にサンクトペテルブルク舞台芸術アカデミーと改称されるまでは、この演劇大学の名で親しまれてきた。

ロシア最古の二つの演劇大学はそれぞれ異なる運命を辿っている。サンクトペテルブルク舞台芸術アカデミーは活動領域を拡大させ、多領域の専門家を養成するようになった。ところが、モスクワ最古のシェープキン記念演劇大学の方は、相変わらず俳優業一本に絞った教育に徹している。ちなみに、モスクワで広範な領域の活動を展開しているのはロシア国立舞台芸術大学GITISである。要するに、今日のロシアの二大演劇大学は、GITISとサンクトペテルブルク国立舞台芸術アカデミーということになる。

二〇一一年から**アレクサンドル・チェプロフ**（一九五七年生まれ）がサンクトペテルブルク舞台芸術アカデミー学長である。チェプロフは当アカデミー演劇研究学部卒で、芸術学博士だ。現在は学長職とロシア演劇講座教授を兼任している。かつては当アカデミー演劇研究学部長だった。ワレリー・フォーキンがアレクサンドリンスキー劇場芸術監督に任命された二〇〇三年から、チェプロフは創作・研究部門責任者として、フォーキンと共に仕事をするようになった。チェプロフの支援を得て、アレクサンドリンスキー劇場付属博物館が設立されたのである。チェプロフは優れたロシア演劇史研究家として尊敬されている。著書に「アレクサンドリンスキー劇場の『かもめ』」、「A・P・チェーホフとアレクサンドリンスキー劇場」、「ワレリー・フォーキンが手掛けるゴーゴリの主題」がある。また、チェプロフはシリーズ「アレクサンドリンスキー劇場図書館」（ロシア演劇史関係の書籍十二冊）の総監修、一連のロシア史教科書の共同執筆、ロシア史選集の編纂で功績を上げ、数々の偉業が讃えられてスタニスラフスキー賞を授賞している。

サンクトペテルブルク舞台芸術アカデミーには六学部ある。

俳優・演出学部
人形劇学部
舞台装飾・舞台技術学部
プロデュース学部
演劇研究学部
舞台効果演出学部

サンクトペテルブルク国立舞台芸術アカデミーは高い評判を得ているので、多くの入学志望者が全国から殺到し、競争率が高い。受験生の才能を正しく見極め、選考するのは容易でない。そのため、正しい選考をする割合が高くなるように入学試験に工夫を凝らしている。俳優・演出学部は俳優志望と演出家志望の受験生のために、それぞれ異なる試験を実施している。俳優専攻志望者は三段階の試験（専門試験、創作面の試験、面接）を受ける。

専門試験とは文芸作品（詩、寓話、小説の一部）の小片の暗誦朗読、音楽性とリズムカルな造形的身体動作を評価する試験（歌唱とダンス、リズムカルな造形的身体動作を調べるための特別体操を行なう。受験生の希望で楽器演奏をしても良い）のことだ。

創作面の試験として、ドラマ作品断片の演技がある（試験前日に受験生は二〜三人のグループに分かれ、各グループに課題が示される。翌日に委員会の前で断片を演じる）。

第三の試験は面接だ。ここで受験生の総合的な文化水準、俳優適性と資質（目的意識、演劇芸術に対する関心等）が判定される。

演出専攻志望者も同じように三段階の試験を受ける。

専門試験では俳優としての能力を見る。受験生は詩、寓話、小説断片を暗唱し、音楽性と造形的身体動作の試験を受ける。さらに受験生は、委員会がその場で出題するテーマのエチュードを演じる。

演出家志望の受験生を対象とする創作面の試験は筆記試験になる。自主的に演出分析できる能力があるかどうかを判定する目的で、「自分ならこの戯曲をどう演出するか」の題目で作文を書かせる。受験生には事前に戯曲リストが提示され、試験中に入試委員会がその中から数作の戯曲を選択肢として挙げる。

面接試験は俳優志望者の試験と同様に、受験生の知識と資質を調べるために行なう。これに加え、演出エチュードに関する実技試験がある。つまり、委員会が出題するテーマでエチュードを演出するのである。エチュードの演技自体は他の受験生が担当する。この試験により、俳優を相手に仕事をする際に演出家に求められる資質、俳優との仕事に不可欠な精神的素養、実際の演出能力（イメージを浮かべて思考する能力、空間をイメージで捉える能力）等が評価される。

演劇研究学部受験生は学部独自の試験を受ける。

専門試験は筆記試験で、題目「…に関して私が考えるイメージ」の小論文だ。これは、試験場で提示される選択リストに明記された戯曲や芝居に対する評論である。演劇研究学部入学希望者は、作家の構想、作品の芸術的特徴について理解する能力があることを小論文で示し、さらに自分の考えや感想を叙述しなければならない。

次の創作面の試験で芝居のビデオの一部が示される。受験生はその作品について小論文を書く。その後、委員会の面前で記述内容に対する解説と補足を加え、自己の見解の理論的根拠づけを行なう。

最後に受ける第三試験の面接で、戯曲、演劇史、演劇評論に対する関心と知識、芸術・文化全般の資産に対する考えが評価される。

アカデミーの教師陣は、以下に示す一七の講座で教育を行なう。

演出講座
俳優術講座
軽演劇・音楽劇場講座
テレビ演出講座
造形的身体動作訓練講座
舞台話法講座
声楽・音楽教育講座
人形劇演出・俳優術講座
人形劇舞台装飾・技術講座
舞台装飾・衣装講座
舞台装置・技術講座
ロシア演劇史講座
外国芸術史講座
文学・芸術講座

哲学・歴史講座
外国語講座
舞台芸術プロデュース講座

サンクトペテルブルクには劇場が沢山あるというのに、演劇大学はサンクトペテルブルク舞台芸術アカデミーだけである。モスクワとは状況が全く違う。こういった事情があるため、サンクトペテルブルク演劇芸術アカデミーは、何か一つの演劇流派に限定した教育を行なうことができない。だから、色々な教授法を結合させて教育を実践してきたのである。実際、当アカデミーでは様々な演劇流派（アレクサンドリンスキー劇場古典派、スタニスラフスキー・システム、メイエルホリドのビオメハニカ、ミハイル・チェーホフ手法）の信奉者が教鞭を執っている。現在の**俳優・演出学部**は、ロシアの多様な俳優教育の伝統を維持していく考えである。もっとも、当アカデミーとして特に積極的に発展させようとしているのは、スタニスラフスキー・システムとメイエルホリドのビオメハニカという二大流派である。ところが、アカデミーの看板講座である**俳優術講座**、**演出講座**の教師陣には、それぞれ独自の訓練メソッドがあり、しかも訓練結果を出すために独自の方法を開発しているのだ。そんな状況の中でアカデミー内で多種多様な創作流派やメソッドが生まれ、学部や講座で理論ディスカッションが活発に行なわれ、各種メソッドの教材が制作されるようになった。これが総じて、大学内の創作競争を刺激しているのだ。

サンクトペテルブルク国立舞台芸術アカデミーはロシア国立舞台芸術大学と並んで、ドラマ劇場演出家養成の枢要な教育機関である。当アカデミーは、俳優と演出家を同一学部で教育したロシア初の演劇大学だ。俳優専攻、演出専攻の学生は、互いに密接な関連を保ちながら、それぞれの訓練を受けている。しかも、俳優専攻学生と演出専攻学生が基本的な訓練を一緒に受け、コース・工房の芸術監督は共通の教師が務めるという統合グループ教育の伝統がある。また、芸術監督を頭に、俳優術と演出の教師や助手が担当する主要講座は、互いに緊密に連携し合っている。ロシア屈指の巨匠と謳われる演出家・演劇教育者ゲオルギー・トフストノーゴフ（一九一五〜一九八九年）が、四〇年以上前にこの教育法を発案したのである。その後、ロシアの多くの大学で採用されるようになった。アカデミーではこの訓練手法が色々な場面で活かされている。トフストノーゴフは演出家として二〇世紀後半のロシア演劇史で最も重要な役割を果たしたと言えよう。彼が三〇年以上も芸術監督を務めたボリショイドラマ劇場の栄光は、正に彼の名と共にある。この劇場はサンクトペテルブルクではなく、ロシアの金字塔を打ち立てたと多くの演劇評論家が認めるほど飛躍的発展を遂げた。栄光に輝く劇場の劇団員は、トフストノーゴフのスケールの大きい構想を具現した教え子で占められていた。この事実だけでも、トフストノーゴフがいかに偉大な演出家であり、優れた教育者であったか証明できよう。

トフストノーゴフはロシアの世襲貴族とグルジア女性の間に生まれ、グルジアのトビリシで幼児期と学童期を過ごし一九三一年に十六歳の若さで舞台活動に足を踏み入れている。その時は既に、トビリシ青少年劇場で演出助手を務めていた。一九三三年にチェーホフの戯曲に基づく芝居『結婚申込』で演出デビューを果たす。その年に、国立舞台芸術大学GITIS演出学部に入学している。学生時代はトビリシ青年劇場で年に一度のペースで芝居を上演していたので、モスクワとトビリシを往復する生活だった。GITIS卒業後の一九三八年から一九四六年まで、グリボエードフ記念ロシアドラマ・トビリシ劇場で演出家の職に就いていた。そのうち、才能あるトフストノーゴフの活躍がトビリシ演劇大学の幹部の目に留まり、若干二四歳の若手演出家に俳優コースの指導を任せることになったのである。彼は教育という未知の世界でも驚異的成果を上げた。この世代の優秀なグルジア出身俳優と言えば、トフストノーゴフの教え子に決まっている。トフストノーゴフがロシア中でその名を轟かせたのは、レニングラードに移り、様々な劇場で芝居を上演するようになってからである。彼は一九五六年からボリショイドラマ劇場首席演出家を務めた。一九五八年以降はサンクトペテルブルク舞台芸術アカデミー（当時の名称はレニングラード国立演劇・音楽・映画大学）で講師を務め、その後、演出講座長に就任した。トフストノーゴフは数世代の俳優、演出家を養成している。彼らにとってトフストノーゴフの教え子であることは最大の誇りである。トフストノーゴフの創作方法のすばらしい点は、演出構想のスケールが壮大でありながら、同時に各場面、各登場人物に対する心理探求が緻密を極めているところだ。演出する時はスタニスラフスキー・システムを基軸にしており、彼の教育者としての活動の基礎にはいつでもスタニスラフスキー・システムがあった。ただ、トフストノーゴフはスタニスラフスキー・システムの適用幅をぐんと広げ、自らの探求によってロシアの《心理を重んじる演劇》の手法をさらに豊かに発展させたのである。これは周知の事実だ。彼の名著「演出家の仕事」と「一連の思索」は、ロシア演劇教育で重要な役割を果たしている。

現在の俳優術講座長はヴェニアミン・フィリシュチンスキー（一九三七年生まれ）である。現在、ロシア演劇人同盟演劇教育者評議会議長の要職にあり、演劇教育理論・実践の大家として名高い。フィリシュチンスキーはサンクトペテルブルク舞台芸術アカデミー（当時はレニングラード国立演劇・音楽・映画大学）の出身である。彼はサンクトペテルブルクの劇場で一連の作品を上演していたが、後に演劇教育という天職に巡り合った。フィリシュチンスキーが講座長、コース（工房）長の立場で基本としていたのはスタニスラフスキー・システムであり、俳優養成の主要な要素はエチュード（即興寸劇）だと考えていた。彼は俳優の職業活動、芝居制作で果たすエチュードの役割を人一倍、高く評価していたのである。二〇一一年にサンクトペテルブルクで彼のコースの一つが卒業後に「エチュード劇場」を設立したのを見れば、彼のエチュードに対する情熱が手に取るように分かる。二〇〇六年発行のフィリシュチンスキー著「開かれた教育学」は、ロシアの演劇教育法の発展に大きな貢献をしている。彼は自著で、教師と学生の関係がどのように形作られるか、演劇大学の入学試験で出会った瞬間から、劇場で最初の役を演じるまでを見事なタッチで描写している。この本を読むと、俳優誕生の生きたプロセスが鮮烈にイメージでき、実感することができる。

演出講座長はレフ・ドージン（一九四四年生まれ）。彼はマールイ・ドラマ劇場芸術監督であり、ロシア演出界を担う力強いリーダーだ。彼は自らの創造活動を通して、劇場で湧き起こる感情とはそもそもどういうものなのかという問いに答えようとしている。あるラジオのインタビューに答えて、彼は次のように述べた。

「最近の劇場でよく見られるような形で、むやみに人を興奮させるのは良くない。音量を上げれば上げるほど、音を強くすればするほど、技術効果が多ければ多いほどいいと思っている節がある。実はそれは間違いで、そんなことよりもまず人々の心を感動させるべきであり、人々を何か新しい意識に、追体験のプロセスに引き込むことが必要なのだ。つまり、一方ではスピード、他方ではバーチャルな世界でのやりとりが氾濫して、いわば総体的な生活のバーチャル化が原因で、現代人が喪失してしまった全てのものに引き込むべきなのだ。演劇は最古の芸術の一つでありながら、同時に今日限りの一瞬の芸術として毎回、新たに生まれ、一つ一つの劇場の観客席に毎晩出現する芸術なのである。この演劇こそが、人をシンプルな感情、最も素朴な感情である愛、憎悪、共感、同情に引き戻してあげることができるのだ。劇場に芝居を見に来た人は、普段の生活では感じることがなかったものに共感することができる。例え共感すべき対象なのだということをとっくに忘れてしまって

レフ・ドージン。演出家。マールイ・ドラマ劇場芸術監督。サンクトペテルブルク舞台芸術アカデミー演出講座長

いたとしても、劇場ではそれを感じ取り、共感することができるのである」。(http://echo.msk.ru/programs/dithyramb/551496-echo/).

ドージンは偉大な名匠の類に入る。そのレベルになると、演出構想はあまりにも複雑で奥深く、その構想を舞台で完全に具現できるのは直弟子しかいない。だから、彼が劇場での仕事と並行して教育活動に没頭しているというのも、大いにうなずける話だ。彼は演出講座長の職務を果たすだけでなく、新世代を担う一流俳優と演出家を育て上げた。彼のコース(工房)の訓練は、優秀な教え子が卒業後に入団するマールイ・ドラマ劇場と密接に結びついている。在学中の学生がマールイ・ドラマ劇場でかかる芝居の役をもらって演じることになった場合、その役の稽古がそのままコースの授業になることもある。『リア王』、『ワルシャワのメロディー』、『我儘』、『ベルナルダ・アリバの家』がその顕著な例だ。本書で触れたドージンの画期的芝居であるワシーリイ・グロスマン作『人生と運命』は、正に彼のコース(工房)の二〇〇七年度卒業制作作品として誕生したのである。この芝居はすぐに劇場レパートリーに入り、今日に至るまで大盛況の人気を博している。ちなみに、アカデミーの学業を修了した二〇〇七年度卒業生のために劇場付属青年スタジオが開設されたが、これは二〇一一年まで存続し、その後、マールイ・ドラマ劇場に合流した。マールイ・ドラマ劇場にとっては、この時に貴重な人材補充の恩恵を得たことになる。ドージンの創作・教育活動はそのスケールからギオルギー・トフストノーゴフに匹敵する。二人の創作の特徴は異なっているが、それぞれが等しく「演劇のペテルブルク」のシンボルになり、ロシア全土の演劇界を惹きつける磁界の中心になったのである。ドージンは実践的授業だけでなく、彼の著書を通して学ぶ機会を学生に与えている。その著書とは「題名のない戯曲のリハーサル」と「終わりのない旅。世界に没頭」シリーズ全四巻である。

一連のコースや工房が、サンクトペテルブルクにある劇場との緊密な交流の中で訓練を行っている。具体的には、俳優・演出学部の一四講座の内、五講座が市内の具体的劇場のために訓練をしており、卒業生はその劇場に送り込まれている。また、大学の授業と並行して劇場内で専攻別の授業を行ない、劇場の芝居に学生を出演させることがある。ザゼルカリエ劇場、フォンタンカの青年劇場、レンソビエト記念劇場、ブリャンツェフ記念青少年劇場、ブッフ劇場等がその協力相手になっている。

俳優・演出学部の機構にはいくつかの特別講座【舞台話法講座（ワレリー・ガレンジェエフ講座長）、造形的身体動作訓練講座、声楽・音楽教育講座、軽演劇・音楽劇場講座、テレビ演出講座】がある。

当アカデミーの**演劇研究学部**は究極の評判を勝ち得ている。まず、この学部には豊かな歴史がある。レニングラード演劇専門学校が改編され、高等教育機関になり、演劇大学と改称された一九三九年の時点で演劇研究学部が開設されているのだ。もっとも、それ以前にもレニングラードでは未来の演劇学者を養成する教育が行なわれていたそうだ。例えば一九二七年から芸術史大学（ズーボフ大学）に付属して芸術学高等コースがあった。芸術史大学は一九一二年に芸術史を職業として研究していたロシア人貴族ワレンチン・ズーボフによって設立された。彼がイサク広場の邸宅を大学に寄付したのだ。ズーボフ男爵は国内外の芸術史・芸術論研究に真剣に取り組んでいる人々にこれらを独立した学問として研究できる機会を与えたいと考え、一肌脱いだのである。芸術史大学には当時一流の人文学者が勢揃いしていた。例えば、ロシアの人々に初めて日本の古典文学や芸術を紹介した異色の東洋学者ニコライ・コンラドである。彼は「伊勢物語」をロシア語に翻訳して（一九二三年）、出版の際に詳細な解説を付した。また、ロシア初の歌舞伎研究書「歌舞伎、その歴史と理論」、「日本の演劇」（一九二八年）、モノグラフ「作品例と概要に見る日本文学」（一九二七年）等、一連の日本文学・歴史研究で輝かしい偉業を遂げた。芸術史大学付属芸術学高等コースの錚々たる教師陣のお膝元で教育を受けた学生の多くが、後に学識豊かな知識人、美術・演劇・音楽芸術の専門家、理論家になっている。実はそれ以前から、演劇芸術理論を研究する専門家を系統的に養成する必要性が叫ばれており、遂に演劇大学（後に舞台芸術アカデミーとなる）でその養成を行う決定が下されたのだ。そこで、芸術史大学付属芸術学高等コースの卒業生が演劇大学の仕事に就き、常勤で教鞭を執るようになった。このような流れを御膳立てしたのは偉大な文献学者・演劇学者ステファン・モクリスキーである。彼は西洋演劇専門家だ。彼こそがレニングラード演劇大学で人文科学、芸術学の最強メンバーを集めた凄腕なのである。その後、数年を経てからモクリスキーはモスクワに移り、国立舞台芸術大学学長に就任した（そこでの業績については既に本書で記述した通りである）。モクリスキーは当時のレニングラード演劇大学学長ボリス・スシュケヴィチと共に、演劇研究学部の学生が俳優・演出学科の学生と緊密に連携するように訴えながら指導にあたっていた。この二人の偉人は全ての教育・研修の舞台を回り、学生と熱心に討議を重ね、評論を書き残している。身近な演劇実習が基礎的理論教育と結合することで、大学における演劇史、演劇論、演劇評論専門家養成の全条件が整ったことになる。今でも、当アカデミーは演劇研究学部の誇り高き伝統を守ろうと努力している。だからこそ、ロシア最大の演劇研究教育拠点の一つとして確固たる地位を堅守しているのだ。

演劇研究学部には五講座ある。

二講座は専門講座である：ロシア演劇史講座、外国芸術史講座

三講座は教養講座である：文学・芸術講座、哲学・歴史講座、外国語講座（アカデミーの全学生：英語、フランス語、ドイツ語、イタリア語。外国人留学生：ロシア語）

演劇研究学部には付属施設として学術教授法研究室が設置されている。この活動には上記の各講座が参加して、国際演劇交流関係の調査、ペテルブルク劇場史と現代の活動に関する研究を行なっている。また、演劇研究学部はドイツ、フランス、英国、スエーデン、フィンランド、イスラエル、カナダ、米国等の芸術大学、総合大学の文学部・演劇学部と交流を進めてきた。教材、教師の学術論文、セミナーや会議の資料、文芸雑誌の出版は、アカデミー所有の出版社が担当している。

舞台装飾・舞台技術学部には二講座（舞台装飾・衣装講座、舞台装置・技術講座）ある。

二〇一三年に**舞台効果演出学部**が新規開設された。学部長はアレクサンドリンスキー劇場芸術監督**ワレリー・**

フォーキンである。この学部は修士課程の「芝居のデザイン」プログラムに基づく訓練を行なっている。学部の課題は、最新機材を駆使した演劇プロジェクト制作チームの養成である。学生は芝居制作の全段階（芝居のコンセプト策定、戯曲、芝居の空間デザインから上演、技術、企画・経済、広告の課題解決まで）の集団作業を学習することになっている。この学部の学生は五グループに分かれて訓練を受ける。つまり演出家、美術デザイナー、技術ディレクター、文学ディレクター、プロジェクト・プロデューサーという分類である。学部の授業は基本的にアレクサンドリンスキー劇場の新舞台「教育・研修用施設」で行なわれている。

アカデミーには自前の付属施設として教育・研修用劇場「モホヴァヤにて」がある。この教育・研修用劇場には面白い歴史がある。モホヴァヤ通りに面したモダン様式の建物は、一九〇〇年にヴィチェスラフ・チェニシェフの資金で商業高等学校として建設されたものだ。一九二〇年代にこの建物内にあった演劇ホールが市の文化拠点の一つになり、ここで演奏会、文学の夕べが開催され、ウラジーミル・マヤコフスキー、セルゲイ・エセーニン、アレクサンドル・ブローク、アンナ・アフマトワ、マクシム・ゴーリキーといったロシア史に不朽の名を刻んだ詩人、作家が顔を見せていた。一九一四年に演劇ホールはフセヴォロド・メイエルホリドの劇場と称され、ここで話題作のアレクサンドル・ブローク作『見世物小屋』、『見知らぬ女』が上演された。その後、この建物に青年劇場が置かれ、一九六二年に舞台芸術アカデミーに移管されたのを機に、教育・研修用劇場が設立されたのである。今日、この古い建物には、舞台芸術アカデミーの現代劇上演に必要な技術機材が完備されている。コース制作、卒業制作の芝居には学生演劇に関心を持つ観客が集まり、劇場ロビーでは舞台装飾家の卵の展覧会が行なわれ、むせるほどの若い熱気に包まれる。

第七章　地方の演劇大学

ロシアの演劇教育システムは、大中小都市の多数のドラマ劇場の要求に合ったものでなくてはならない。新人俳優を迎えて劇団員補充をしたいと願うのは、大都市でも地方都市でも同じなのだ。新人補充の要求をモスクワとサンクトペテルブルクの大学だけで満たすのは無理な話である。だから、地方都市でも様々な時期に既存の大学内に演劇学科を開設するとか、独立した演劇大学を設立するといった対策が講じられたのだ。これは何も驚くべきことではなく、自然の成り行きと言えよう。これらの各教育機関にはそれぞれ固有の歴史と特徴があるが、総じて、演劇大学は演劇に親しむ生活が根付いている都市に、あるいは次世代の俳優を養成する能力のある俳優がそろっている劇場内に開設できたということになる。

ヤロスラブリ国立演劇大学

ヤロスラブリはロシアの職業劇場発祥の地である。この歴史を考えれば、この都市が演劇教育機関を開設した最初の地方都市だと聞いても全く不思議ではない。ヤロスラブリには既に一九三〇年代に演劇中等専門学校があった。一九四五年にはフョードル・ヴォルコフ記念劇場付属俳優養成スタジオが出現した。一九六二年になると、ヤロスラブリ劇場首席演出家**フィルス・シシギン**（一九〇八〜一九八五年）の発議で、ヤロスラブリ演劇専門学校が開設された。演劇専門学校開設の立役者シシギンは著名な演劇人の一人である。彼はロシア北部のアルハンゲリスク州の村で生まれ、一九二五〜一九二九年にレニングラード舞台芸術中等専門学校演出学科（現在のサンクトペテルブルク舞台芸術アカデミー）で教育を受けている。彼はセルゲイ・ラドゥロフ、ステファン・モクリスキー、レオニード・ヴィヴィエン、ウラジーミル・ソロヴィヨフといった錚々たる顔ぶれの教育者に師事した。ヤロスラブリに来る前は紆余曲折を経て、ロシアの様々な地方都市に滞在したという。シシギンの経歴を振り返ってみよう。学業修了後はレニングラードの諸劇場で演出家の仕事をしながら、映画にも出演していた。一九三三年に極東にある劇場の芸術監督の座を射止め、ペテルブルクを去ることになった。一九三七年に偽りの政治密告により逮捕されたが、一九三九年に釈放され、演劇活動を再開することができ、ウラジオストク劇場芸術監督（現在の沿海地方ドラマ劇場）に就任した。その後はスタブロポリ地方ドラマ劇場（一九四五～一九四七年）、モスクワ・ドラマ・コメディ劇場（一九四七～一九五〇年）、スタリングラード・ドラマ劇場（一九五〇～一九五六年）、ヴォロネジ・ドラマ劇場（一九五六～一九六〇年）芸術監督を歴任している。一九六〇年にフョードル・ヴォルコフ記念ヤロスラブリ劇場首席演出家の座に就いた。ヤロスラブリの人々は、シシギンが活躍していた時代を今でもなつかしく想っている。彼はここヤロスラブリで、ロシアの地方では未曾有の素晴らしい劇団を結成し、十三本の芝居を世に送り出したが、そのどれもが異例の成功を収めたのだ。演劇専門学校の設立を発議した当時、それは斬新なアイデアと捉えられた。開校から二〇年間で三五〇名のドラマ劇場や人形劇場の俳優を輩出しており、卒業生は地元ヤロスラブリや他の都市で活躍を続けている。

フィルス・シシギン。ヤロスラブリ劇場首席演出家。ヤロスラブリ国立演劇大学創設者

一九八〇年に専門学校は高等教育機関の地位に格上げされ、今日では**ヤロスラブリ国立演劇大学**と呼ばれている。ここで、将来はヤロスラブリ劇場や他の地方劇場で俳優の仕事をしたいと夢を抱く学生が学んでいるのだ。いくつかの劇場に付属してヤロスラブリ演劇大学特別グループが開設されているので、既に劇場で俳優の仕事につきながら、並行して大学の高等教育を受けることができる。モスクワ・ロシア劇場「カーメルナヤ・ス

ツェナ（室内舞台）」は、当演劇大学のパートナー劇場である。

ヤロスラブリ国立演劇大学では俳優専攻が主流である。俳優を専攻した学生は、ドラマ劇場・映画俳優、人形劇俳優のどちらかを選択することになっている。最近はそれに加え、専攻別コース（演劇演出、演劇学、舞台美術装飾）の定期募集が始まった。

ヤロスラブリ国立演劇大学の建物

俳優学部入学試験は、創作面の能力を見極める目的で数段階に分けて実施されている。
受験生は第一次試験で詩、寓話、短編小説か散文小説の断片を暗誦朗読する。朗読作品は多面的になるように選ばなければならない。これは、入試委員会ができるだけ正しく受験生の能力を判定するためである。第一次試験では伴奏なしの歌曲かロマンスの歌唱、造形的身体動作、音楽能力の評価がなされる。入試委員会は特別な運動をしてみせるように受験生に求める。受験生の身体動作調整、瞬発力、音感、リズム感を明らかにするためである。
第二次試験で受験生は、入試委員会が提示するテーマで即興劇を演じる。この試験で、受験生の創作面の個性と演技能力を見極める。その後、受験生は再び朗読（詩、寓話、小説断片）で実力を発揮することになる。第一次試験とは別の作品でも構わないが、それに加えて歌曲かロマンスを歌わなければならない。

芸術関係の大学ならどこでも同じだが、この大学の俳優学部入学志望者も入試委員会の面接試験を受ける。面接により受験生の総合的文化水準、演劇等の芸術、文学、ロシア史に関する知識水準を確認するのである。

当演劇大学には四講座が開設されている。

俳優術講座
人形劇講座
特別科目講座
一般人文学・演劇学講座

大学教育で最も重要な俳優術講座では、ロシアの伝統的な俳優養成手法に基づく教育活動が行なわれている。ここではスタニスラフスキーをロシア演劇改革者というよりも、一九世紀のロシア演劇に見られたリアリズムの伝統継承者と捉えている。その意味でヤロスラブリ演劇大学の教育概念は、マールイ劇場付属シェープキン記念演劇大学に近い。

ウラジーミル・サロポフ（一九二五年生まれ）は、ヤロスラブリ演劇大学で最も有名な教育者と言える。最高位の国家賞や称号を受けた人物である。サロポフはロストフ大学で学び、ロストフ・ナ・ダヌー、クイヴィシェフ（現在のサマラ）、ボルゴグラード、リャザン、ウズベキスタンの首都タシケント等、ロシアの地方劇場で仕事をしていた。また、アレクセイ・コリツォフ記念ヴォロネジ・ドラマ劇場でフィルス・シシギンと共に仕事をしていたこともある。シシギンがヤロスラブリに移った時、「フョードル・ヴォルコフ記念ドラマ劇場の仕事をしないか」と、サロポフを誘ったのである。サロポフは劇場の舞台に立ちながら、数十年も演劇大学で教鞭を執り、自らの演劇経験を学生に伝授した。

本校の卒業生にはロシア中で名声を博した俳優が少なくない。卒業生の一部はヤロスラブリの劇場に入団し、残りはロシアの他都市にある劇場に羽ばたいている。現在のフョードル・ヴォルコフ記念ドラマ劇場芸術監督エヴゲーニイ・マルチェリ（一九五七年生まれ）は、ヤロスラブリ演劇大学の出身である。彼は俳優学部卒業後に、ワフタンゴフ記念劇場付属シューキン記念演劇大学演出学部に入学した。現在、マルチェリはヤロスラブリ演劇大学との縁を何よりも大切にしている。彼の劇場の団員は、ヤロスラブリ演劇大学で養成された俳優で補充されているのだ。

二〇〇〇年以降、ヤロスラブリ演劇大学はロシア演劇大学卒業制作フェスティバルを開催してきた。また、若手俳優支援を目的にフェスティバルの一環として行っている就職紹介イベント「演劇のロシアの未来」は好評だ。このイベントには地方のドラマ劇場幹部がやって来て、卒業制作作品に出演する若手俳優の中から自分の劇場に入団させる俳優を選ぶのである。

サラトフ国立音楽院付属サラトフ演劇大学

サラトフ州の中心であるサラトフ市は、ロシア・ヨーロッパ地域南東部のボルガ川右岸に位置している。現在の市がある地域には昔から人が住んでいた。ここは歴史の波にもまれながら、繁栄と衰退を繰り返した激動の地である。情勢が最も安定していたのは、この地域がハザール国の汗、ヴォルガ・ブルガール、ゾロタヤ・オルダに組み込まれていた時代だ。その狭間にあった時代は、遊牧民族によって荒涼の地と化し、タメルラン侵攻（一三九五〜一三九六年）の時期は荒廃と破壊による苦難を強いられた。十六世紀に入ると、ロシア軍がボルガ川周辺地域を侵略するようになった。その後、軍事要塞建設が必要となり、フョードル・イオアノヴィチ皇帝治世下の一五九〇年に、旧入植地にロシア南部国境防衛要塞が建設されたのである。それ以降のサラトフは安定した発展を遂げ、人口増加が続いている。十八世紀には魚と塩の積替地として栄え、十九世紀以降は穀物取引拠点になった。一八七一年にタンボフ・サラトフ間の鉄道建設が実施され、サラトフ繁栄の幕開けを迎えた。鉄道によって、サラトフはロシア全土の鉄道網と結ばれたのである。この他、サラトフの歴史で重要な出来事となったのがドラマ劇場（一八六七年）、オペラ劇場（一八七五年）、大学（一九〇九年）、音楽院（一九一二年）、青年劇場（一九一八年）の創設である。これらの設立年に注目するだけで、サラトフではロシアの多くの都市、特にシベリア・極東とは異なり、国家文化政策が展開されるずっと以前から文化が発達していたことが分かる。

サラトフには早くから演劇の伝統が根付いていたので、劇団は常に職業俳優の補充を必要としていた。しかもサラトフ出身の俳優の評判がすこぶる良かったので、自然と演劇教育に力が入ったのである。十九世紀後半にサラトフの舞台で活躍していた俳優がマールイ劇場で大スターになったという例が多数ある。例えば、有名な俳優・教師・演劇人であるアレクサンドル・レンスキー、ヴェーラ・コミッサルジェフスカヤ、マリヤ・サヴィナ、ポリーナ・ストゥレペトワ、コンスタンチン・ワルラモフ、モスクワ芸術座の名優ワシーリイ・カチャーロフである。イワン・スロノフ記念サラトフ・ドラマ劇場は一八〇三年に創設されており、ロシア最古の劇場の一つとされている。イワン・スロノフ（一八八二～一八四五年）は地方の傑出した俳優の一人で、一九一五年からサラトフ劇場で仕事をして、劇場発展に大きな足跡を残した。スロノフは俳優でありながら、演出家、演劇教育者でもある。彼は十九世紀末から二〇世紀初頭にかけて、巨大なロシア帝国の様々な都市にある劇場の舞台に立った。例えばベラルーシのヴィテプクス、ペテルブルク（ヴェーラ・コミッサルジェフスカヤ劇場）、ウラル（オムスク市）、シベリア（イルクーツク市）、ロシア南部（エカテリノダール、ノヴォチェルカースク）、ウクライナのオデッサ、キエフ等である。スロノフがサラトフ劇場で演じた評判の役はラスコリニコフ（フョードル・ドストエフスキー作『罪と罰』）、アルベーニン（ミハイル・レルモントフ作『仮面舞踏会』）、ベルシーニン（アントン・チェーホフ作『三人姉妹』）、皇帝フョードル・イオアノヴィチ（アレクセイ・トルストイ作『皇帝フョードル・イオアノヴィチ』）である。スロノフは一九一六年から教育活動に加わっている。一九三三年にサラトフ高等演劇学校はイワン・スロノフの名を冠し、二〇〇三年にサラトフ・ドラマ劇場と改称された。かつて、スタニスラフスキーが当劇場を「ロシア文化の苗圃」と称したことがあり、劇場は今でも鼻を高くしている。しかし現在は、残念ながらこの劇場が主都の演劇評論家の目を引くことはあまりない。とは言え、劇場が変わらずロシアの俳優学校の伝統を守ろうとしているのは紛れもない事実だ。

ロシア屈指の古い青年劇場であるユーリー・キセリョフ記念サラトフ青年劇場は、ロシア国内で有名である。長い歴史があれば必ず成功するというわけではないが、このサラトフ青年劇場は実際に発展を遂げ、ロシア演劇界で重要なポジションを確保している。

サラトフで演劇教育発展の兆しが見えたのは二〇世紀初頭のことだ。演劇スタジオが誕生したのは正にこの時期である。一九二〇年に演劇人グループが職業俳優養成機関を市内で設立するために立ち上がったのだ。こうして誕生した演劇専門学校は、国立高等演劇芸術工房と名付けられた。この専門学校は数々の改組を重ね、現在はサラトフ音楽院付属サラトフ演劇大学と呼ばれている。この学校の修業年限は、元々は三年だった。国立高等演劇芸術工房の初代学長には、俳優で演出家のアブラム・ロムが任命された。その後、彼はソビエト映画史に残る数多くの映画の脚本家として脚光を浴びている。国立高等演劇芸術工房の初年度（一九二二年度）に、八二四名の入学願書が提出された。初年度学生数の記録データを見ると、一二五名になっている。工房の卒業制作作品上演用として教育・研修用劇場を開設したという記録もある。翌年の一九二三年に工房はサラトフ演劇中等専門学校、後にサラトフ演劇専門学校と改名された。演劇専門学校時代の教科は以下の通りである。一．アクロバットと体操（週二回）、二．ダンスと造形的身体動作（週一回）、三．話法と話し方の欠点矯正、発声法と呼吸訓練（週三回）、四．リズム体操と音楽能力（週二回）、五．詩学と詩（週二回）、六．演劇史（週二回）、七．メーキャップ（週一回）、八．ソビエト憲法（週一回）、九．舞台演技クラス（週二回）、十．パントマイム（週二回）、十一．社会・政治分野。

一九三三年に修業年限が四年に延長された。教科にも変更が加えられ、全教科を次の五分野に分類した。一．

社会・政治分野（ソビエト史、マルクス・レーニン主義の基礎）、二．専門分野（俳優術、舞台話法、ダンス、メーキャップ、発声法）、三．芸術学分野（文学史、演劇史、音楽能力）、四．教養分野（フランス語）、五．軍事・体育分野（軍事的動作）。新たに個別科目の俳優術と舞台話法が加わった。同時に、この頃、ソビエト全体主義国家のイデオロギー統制が強化された関係で、所謂「共産主義の理想」の精神で若者を教育することに重点が置かれ、政治科目が重視された。

サラトフ国立音楽院付属サラトフ演劇大学。卒業制作芝居『オセロ』の場面。2012年

第二次世界大戦の戦時下でモスクワ芸術座の一部がサラトフに一時疎開しており、これが、サラトフの演劇教育発展に大いに役立った。サラトフに滞在していたモスクワ芸術座を指導していたのは名優ニコライ・フメレフである。芸術座はサラトフ青年劇場の舞台で芝居を上演していたので、演劇専門学校の教師と学生にとっては、モスクワ芸術座の俳優の演技を学び、演劇手法を吸収する絶好のチャンスになったのだ。

演劇専門学校は中等職業教育機関だったが、一九八三年に全面改組があり、高等機関としての教育を行なうようになった。その後の丸十七年間は、独立した演劇学校という身分は失われていたが、その代わり俳優に高等教育を受ける機会を与えることができた。実はこの間、学校はレオニード・ソビノフ記念サラトフ音楽院（一九一二年創立）に併合されていたのだ。併合の結果、サラトフ音楽院演劇学部に生まれ変わったことになる。

サラトフ音楽院はロシアの地方で二番目、国内ではサンクトペテルブルク音楽院（一八六二年創立）、モスクワ音楽院（一八六六年創立）に次いで三番目の高等音楽教育機関である。創立当初の名称は帝室音楽協会サラトフ音楽院。一九一七年の革命後にサラトフ音楽院と呼ばれるようになった。一九三五に音楽院はレオニード・ソビノフの名を冠するようになった。ソビノフは、ロシアが生んだ偉大なオペラ歌手である。レオニード・ソビノフ記念国立サラトフ音楽院演劇学部はドラマ劇場、人形劇場、音楽劇場の俳優を養成してきた。一回だけだが、「パントマイムの要素を盛り込んだ造形的身体動作のドラマ」を演じる俳優を卒業させている。二〇一〇年に**サラトフ音楽院付属演劇大学**に改編されたために、これまでの状態から脱皮し、演劇大学としての独立性が磐石になった。元演劇学部長のナタリヤ・ゴリューノワが、演劇大学学長に就任している。

サラトフ演劇大学の教師陣にはかなりの有名人がいる。まずイワン・スロノフの名を挙げよう。サラトフ・ドラマ劇場が彼の名を冠していることは本書で述べた通りだ。また、**ユーリー・キセリョフ**の名も忘れてはならない。彼は尊敬と崇拝の的であり、功績が評価されてサラトフ青年劇場にキセリョフの名を冠したのである。長年に亘って演劇専門学校で教鞭を執り、サラトフの文化に枢要な役割を果たした。キセリョフ（一九一四～一九九六年）はモスクワの室内劇場付属学校で演劇の職業教育を受けた。ロシアの伝説的演出家、アレクサンドル・タイロフの教え子である。キセリョフは一九三三年に室内劇場でタイロフ演出のフセヴォロド・ヴィシニョフスキーの戯曲に基づく『楽天的な悲劇』に出演している。彼は一生をかけて青少年用劇場設立の夢に向かって奔走した。苦労の甲斐があり、青少年用劇場は実際に全国に広がっていった。彼自身、そのほとんどの都市に足を運び、精力的に働いたのである。ヴォロシロフグラード（現在のウクライナ領ルガンスク）、ゴーリキー（現在のニジニイ・ノヴゴロド）等、隅々まで足を延ばした。一九四三年にキセリョフはサラトフ青年劇場の首席演出家に就任している。ここで、長期間に亘って二二本の芝居を上演し、数代に亘る傑出した俳優を育て上げた。キセリョフはサラトフ青年劇場で活動を開始した当初から新世代の俳優の育成に取り組んでおり、一九四六年に劇場付属スタジオを開設し、その後、サラトフ演劇専門学校で教鞭を執った。彼はサラトフ青年劇場首席演出家というトップの座に甘んじることなく、著名な国立演劇芸術大学GITIS教師マリヤ・クネベリの下で学び、コースを修了している。サラトフ演劇専門学校におけるキセリョフの門下生は、そろってサラトフ青年劇場に入団しており、これが長年に亘る劇場の創造的発展を支えたのである。

過去の特筆すべき教師としてワレンチーナ・エルマコワ（一九二四〜二〇〇三年）の名を挙げよう。彼女が育てたのは地方劇場の俳優だけではない。何と新世代の旗手、民族劇場芸術監督エヴゲーニイ・ミローノフや、ピョートル・フォメンコ工房劇場の看板女優ガリーナ・チューニナにも最初の職業知識を授けているのだ。

現在、サラトフ演劇大学では以下の専門課程がある。

ドラマ劇場・映画俳優
人形劇場俳優
音楽劇場俳優
ドラマ劇場演出家

本大学には、サラトフ演劇大学付属予備コース、職業劇場俳優能力向上コースが別に開設されている。

俳優学部入学志望者は創造面の資質を評価する三段階の試験を受け、話法、声楽、ダンス、俳優の素養が判定される。受験生の外見は非常に重要だ。専門別試験が終わると、総合的文化水準と演劇芸術の知識を評価するための面接、口頭試問がある。

サラトフ演劇大学には三講座が設置されている。

俳優術講座（講座長：リムマ・ベリャコワ）
舞台話法講座（講座長：アレクサンドラ・スピリナ）

造形的身体動作訓練講座（講座長：アレクセイ・ズィコフ）

教養科目の一部と音楽科目は、音楽院の講座（人文科目講座、外国語講座、歴史・演技芸術理論講座、音楽史講座、声楽理論講座）を担当する教師が教えている。

現在、サラトフ演劇大学教科課程には二五以上の科目が設置されている。

専門教科として俳優術、舞台話法、メーキャップ、研修実習があり、専門理論教科として演劇史、文学史、映画史、芸術美学、演劇美学がある。造形的身体動作教科には舞台動作、クラッシック舞踊、民族舞踊、モダンダンス、舞台上の格闘が含まれる。音楽教科として音楽理論、独唱、歌唱アンサンブル、声楽アンサンブル、アンサンブル・ソルフェージュ、音楽史を学ぶ。

一般人文学共通教科として歴史、哲学、ロシア語、話法文化、外国語、心理学、教育学、社会学、世界宗教史、美術史、舞台装飾芸術史、演劇事業企画、生活安全がある。

全学部を対象とする選択科目が設置されている（ギター、ピアノ、音響スタジオ作業基礎）。

人形劇俳優が専門の学生は、さらに人形劇俳優術、人形劇技術の二教科を学ぶ。

演出学部では補足的に専門科目である五教科（演出、ドラマ劇場演技指導、俳優実習、助手実習、卒業前舞台実習）を受ける。演出家は特別理論科目として、ドラマ理論、物質文化・生活史の二科目を学習する。

サラトフ演劇大学では教科の授業の他に学術研究事業が行なわれ、会議開催、学術論文、モノグラフ、教材、論文集の出版等が盛んだ。また、学生を対象にした造形的身体動作訓練講座科目別コンクール、戯曲断片を上演する俳優術コンクール、歌唱コンクール、写真コンクールが実施されている。

ヴォロネジ国立芸術アカデミー

ヴォロネジはロシア・ヨーロッパ地方の古代都市として独特な輝きを放っている。ドン川がヴォロネジ川に注ぐ地点に近いヴォロネジ川岸に位置しており、市の人口は百万人を超える。ここには八世紀から移住地が存在していたそうだが、ロシア年代記にヴォロネジの名が登場するのは一一七七年のことである。一六世紀になると、ロシア南部の都市でクリミア・タタールやノガイツィといった遊牧民族の襲撃を防ぐ要塞の建設が始まり、他に先駆けて一五八六年にヴォロネジ要塞が建設された。この年がヴォロネジ市創立年と考えられている。ピョートル一世の治世下でヴォロネジはロシア初の軍艦建造都市になった。ヴォロネジは様々な民族が交差する要衝に位置するため、ロシア史の最もドラマチックな戦闘の渦に巻き込まれた。一六〇五年の対ボリス・ゴドゥーノフ戦では、ヴォロネジは僭称者ドゥミートリーを援護している。一六七〇〜一六七一年にはドン・コサック、スチェパン・ラージン（通称ステンカ・ラージン）の暴動を支持する側で必死の闘いを繰り広げ、一九世紀になると、ナポレオンのロシア侵略に対抗する一八一二年の祖国戦争とクリミア戦争（一八五三〜一八五六年）が起こり、ヴォロネジの住民は祖国ロシアの防衛に命を張ったのである。やがて、二〇世紀初頭に鉄道車両生産の本拠地がヴォロネジに置かれたのを契機に、産業都市の顔を持つようになった。その頃、最初の高等教育機関であるピョートル大帝（ピョートル一世）記念ヴォロネジ農業大学が誕生している。第二次世界大戦中の一年近く（一九四三年始めまで）はドイツ軍の包囲下にあった。

ヴォロネジ市では一八〇二年にドラマ劇場第一号が誕生し、演劇の歴史を歩み出した。現在、この劇場はアレクセイ・コリツォフ記念ヴォロネジ・ドラマ劇場と呼ばれている。アレクセイ・コリツォフ（一八〇九〜一八四二年）はヴォロネジ生まれの著名な詩人である。一九世紀のロシアでは、地方の劇場が華やかな賑わいを見せていた。多くの優れた俳優がロシア・ヨーロッパ部にある地方都市を訪れ、地元の劇場に出演していたからだ。ヴォロネジ劇場にも、マールイ劇場の伝説的な俳優であるミハイル・シェープキンが一八三七、一八四六、一八五〇、一八六三年に、悲劇的な運命を辿ったやはりマールイ劇場の人気俳優パーヴェル・モチャロフが一八四〇、一八

四六、一八四七、一八四八年に来ている。女優リュヴォヒ・ムロトゥコフスカヤの場合、ヴォロネジ劇場の舞台で数シーズンに亘って出演し、観客を熱狂させたものだ。彼女が演じるオフェリアは秀逸で、しかも相手役がパーヴェル・モチャロフとなると、もう夢のような世界だ。詩人アレクセイ・コリツォフがムロトゥコフスカヤの魅力を賛美する抒情詩を詠んだほど、魂に響く演技を見せたのだ。今日、ヴォロネジ劇場はアレクセイ・コリツォフの名を冠している。一九世紀後半になると、巡業公演は益々盛んになり、市は洗練された文化の芳香を放ち、益々華やかに活気づいた。名実ともに大スターであるセルゲイ・シュムスキー、プロフ・サドフスキー、アレクサンドル・レンスキー、マリヤ・エルモロワ、マリヤ・サヴィナ、ヴェーラ・コミッサルジェフスカヤ、アレクサンドル・スムバトフ＝ユージン（これらの俳優については既に本書第一章で述べた）等がヴォロネジにやってきて、観客を感動と熱狂の渦に巻き込んだ。その結果、ヴォロネジ劇場の常設劇団はみるみる内に発展と成長を遂げ、オストロフスキーの多くの芝居がレパートリーに入った。その中で、ヴォロネジでもロシア流俳優育成が根づく地盤ができたのだ。革命後はソビエト文化政策がヴォロネジ劇場の事業にも影響を与えた。文化政策を受けて、シベリアや極東の都市でドラマ劇場が設立されたことは既に述べた通りである。しかし、ロシア・ヨーロッパ部の都市ではそれ以前から劇場が存在していたので、劇場は文化政策を機に、国家資金でモスクワに巡業に出かけ、花の都で十八番の芝居を披露する絶好のチャンスをものにした。フィルス・シシギンは演出家・教育者・演劇活動家であり、ヴォロネジ劇場史で際立った活躍をした人物とされている。既にフョードル・ヴォルコフ記念ヤロスラブリドラマ劇場の頁で触れた人物だ。シシギンは一九五六～一九六〇年にヴォロネジ劇場首席演出家を務めている。ウラジーミル・カラブリノソの長編小説「コリツォフの生活」に基づく芝居『アレクセイ・コリツォフ』は、ヴォロネジ時代の傑作である。ヴォロネジにはアレクセイ・コリツォフ記念ドラマ劇場の他に、青年劇場、室内劇場、人形劇場「道化」、「シアター・オドゥナヴォー（一人の劇場）」、オペラ・バレエ劇場がある。

一九七一年にヴォロネジ国立芸術大学が創設され、一九九八年にヴォロネジ芸術アカデミーと改称された。

現在のアカデミーには三学部ある。

音楽学部

演劇学部

美術学部

　音楽学部と演劇学部は開校当初の一九七一年に、美術学部は一九九四年に開設された。音楽学部の修業年限は五年、演劇学部は四年、美術学部は六年である。アカデミーでは四八〇名の学生が専攻別授業を受けている。音楽専攻（器楽家、声楽家、指揮者、音楽学者）の学生が大半だが、学生の質と価値では、演劇学部は音楽学部に決して負けていない。一九七一年にワフタンゴフ演劇手法継承者と称される演出家・演劇教育者オリガ・スタロスチナとボリス・クリネフが、演劇学部と俳優術講座を組織した。スタロスチナは一九一一年にモスクワで生まれ、エヴゲーニイ・ワフタンゴフの愛弟子だった俳優ユーリー・ザヴァツキーのスタジオで学び、モスクワ芸術座の名優ニコライ・フメレフの下で個人指導を受け、アレクサンドル・オストロフスキーの戯曲に基づくフメレフの芝居『一文なしだった』で助手を務めている。GITIS演出・教育学部の第一期生として卒業した後、ソビエト各都市で芝居を上演した実績を持つ。しかし彼女の天職はあくまでも演劇教育であり、GITISで長く教鞭を執っている。クリネフはシューキン記念高等専門学校（現在のシューキン記念演劇大学）の教員で、数年間は学長の座にあった。彼は一九五三〜一九五五年に北京の演劇アカデミー設立に関わり、さらにスタロスチナと共にウラジオストク、エカテリンブルクにある諸大学の俳優学部や俳優術講座の開設に加わっている。二人はヴォロネジ大学の演劇学部を組織しただけでなく、学部第一回生の最初の教師になった。現在、ヴォロネジ芸術アカデミー俳優術講座を率いているのは、両名の教え子であるイリーナ・シシキナである。彼女は一九七二年度演劇学部第一回生なのだ。スタロスチナとクリネフは、早い時期からシシキナを演劇教育という天職に導いたと言える。俳優術講座で教鞭をとっている教え子がもう一人いる。それはヴィオレッタ・トポラガだ。トポラガはヴォロネジに来る前にスタロスチナ、クリネフと出会っている。それは、ウラジオストクで二人が極東芸術大学を組織した時である。トポラガはその演劇学部第一回募集生だったので、ここで縁ができ、その後、スタロスチナとクリネフがヴォロネジで演劇学部を設立した時に、トポラガを教員に招いたのである。

演劇学部の卒業生はヴォロネジの劇場だけでなく、モスクワの劇場（現代人劇場、サチリコン、レンコム、マヤコフスキー記念劇場）、サンクトペテルブルクの劇場（トフストノーゴフ記念ボリショイドラマ劇場等）、ロシア諸都市（クールスク、ベルゴロド、サマラ等）で活躍中だ。彼らの卒業制作作品は教育・研修用青年劇場、ヴォロネジ青年劇場、アレクセイ・コリツォフ記念ヴォロネジ・ドラマ劇場の舞台で上演されている。俳優術講座は教育事業だけでなく、訓練メソッドの学術研究、書籍出版、俳優術・舞台話法関連の論文発行にも熱心である。

アカデミー（以前は大学）創設以来、学長は何回か交代している。二〇一三年六月から学長を務めているのは有名演劇人**エドゥアルド・ボヤコフ**（一九六四年生まれ）である。一九九五年から国家演劇賞・演劇祭「黄金のマスク」の総合ディレクターを務めてきた。また、若手劇作家の急進的戯曲を推進するフェスティバル「ノーヴァヤ・ドラマ（新しいドラマ）」を立ち上げたことで有名だ。「黄金のマスク」の重職から退いた後は、二〇〇五年に設立されたモスクワ「プラクチカ（実践）」劇場の初代芸術監督に就任した。このボヤコフがヴォロネジ芸術アカデミー学長の座に就いたのである。彼は大学に現代芸術の息吹を与えたいと目論んだ。ヴォロネジ芸術アカデミーの古参教職者は、いつでもボヤコフの事業に賛同していたわけではない。しかし、彼には強みがあるということを、誰もが痛いほど承知していた。その強みとは、これまでモスクワで積極的にプロデュースを手掛けて来た関係で、ロシアの現代芸術の担い手である有名人と多くの縁を築いてきたことだ。その人間関係があるからこそ、ヴォロネジの会議、セミナー、講義集会、マスタークラス、大学のコースに有名人を招くことができたわけである。実際、作曲家ウラジーミル・マルティノフ、音楽家タチヤナ・グリジェンコ、美術家ミハイル・シェミャキン、サーカス芸術の名人ヴャチェスラフ・ポルーニン等が、ヴォロネジに招かれている。ボヤコフには色々な計画があったが、二〇一五年にヴォロネジ芸術アカデミーを去った。その結果、本大学の学術担当副学長であった音楽学教授オリガ・スクリンニコワが学長に格上げとなった。

演劇学部では大学や学部の創設者の息のかかった二代目世代である古参教師と肩を並べて、新任俳優コース長である名演出家ミハイル・ブイチュコフ（一九五七年生まれ）が仕事を開始した。彼は前述のカリスマ教育者マリヤ・クネベリの最後の教え子の一人である。ブイチュコフはGITISを一九八一年に卒業し、バルナウルとイルクーツクの青年劇場で演出家の仕事をしていた。一九八八年以降はヴォロネジ青年劇場芸術監督を務め、一九九三年にヴォロネジで室内劇場を設立している。この劇場の芝居は、今では全国的に周知されるまでになった。彼はロシア各地、ラトビア、エストニアで六〇本以上の芝居を上演しており、コンスタンチン・スタニスラフスキー賞を受けたこともある。現在のブイチュコフは、アカデミーの仕事とヴォロネジ室内劇場芸術監督の仕事を立派に両立させている。アカデミーでは自分が指導するコースで未来の俳優と演出家の育成に懸命だ。前述の通り、アカデミーの演劇学部と俳優術講座を開設したのはスタロスチナとクリネフであり、二人ともエヴゲーニイ・ワフタンゴフ理論とワフタンゴフ劇場付属シェープキン記念演劇大学の訓練メソッドを信奉している。その姿勢は二人の門下生である古参世代の教師、シシキナとトポラガが継承している。ところがブイチュコフの方は演劇教育学の別の流派を代表する者だ。いわばスタニスラフスキー・システムに基づく流派と言えよう。何しろブイチュコフはGITIS在学中にシステムの基本知識をスタニスラフスキーの弟子マリヤ・クネベリから直伝で授けられたのである。こうして、ブイチュコフが入ったために、アカデミーではこの二つの異なる流派に基づく訓練メソッドが、同時に存在する事態になった。アカデミー内では、二流派の結合は学生の選択の可能性を広げるのに役立つと考えている。しかし、今のところは演劇学部俳優専攻の入学試験プログラムは従来通りである。

入学試験は四つの部分に分かれている。

一．芝居の演技（受験生の選択するロシアあるいは外国の作家の詩、イワン・クリロフ等の作家が書いた寓話の演技、ロシアか外国の作家が著作した散文小説の一片の暗誦朗読：分量は一頁）。

二．俳優術（試験で入試委員会が提示するテーマに基づく舞台エチュードの演技）。

三．音感を調べるために実施する楽器伴奏なしの歌唱。リズム感の確認（試験官が提示するリズムの特色を再現）。身体動作調整のテスト（様々な国のダンス・メロディーをテーマに、入試委員会が提供する音楽伴奏で踊る）。造形的身体動作を調べる能力テスト。

四．口頭試問：受験生の文化・知的水準、関心と趣向の領域を確認するために実施される。受験生が事前に準備できるように、いくつかのテーマが試験前に提示される。例：コンスタンチン・スタニスラフスキーの人生と創造、ウラジーミル・ネミーロヴィチ＝ダンチェンコの人生と創造、エヴゲーニイ・ワフタンゴフとフセヴォロド・メイエルホリドの人生と創造、文芸分野（マクシム・ゴーリキーとアントン・チェーホフの戯曲）、音楽芸術（有名なロシアの作曲家と作品、有名な現代音楽作曲家）、社会生活における演劇の役割、ロシアの画家（移動展覧派）、演出家の創造（ゲオルギー・トフストノーゴフ、レフ・ドージン、マルク・ザハロフ、オレグ・エフレーモフ）、ヴォロネジの劇場、ロシアの詩歌（プーシキン、フェト、ヴォローシン、ツヴェターエヴァ、アフマトワ、ヴォズネセンスキー、オクジャワ等）。

二〇一三年十一月に国際フェスティバル「大きな変化」の支援を受けて、各種プロジェクトが当アカデミーで開催された。プログラムは、色々な国の専門家が選んだ子供向け芝居で構成されている。フェスティバルの目的は、現代のコンセプチュアル・アートの表現言語で子供の観客と交流し、子供にアクチュアルな芸術を実験的に親しんでもらうことだ。この目的にぴったり合った芝居や行事を選んで、フェスティバル・プログラムが策定されている。ヴォロネジでは国際フェスティバル「大きな変化」の協力を得て、二〇一三年に二つのプログラムが開催された。ティーンエンジャー向け戯曲工房「クラスの（素敵な）ドラマ」（ロシア語ではクラスのклассный という形容詞には「素敵な」と言う意味もあるので、二重の意味が込められている）と、プロ対象の特別教育プロジェクトである。プログラム「クラスの（素敵な）ドラマ」は、十四歳から十六歳の少年少女を対象としたものだ。参加者はプロの戯曲作家の指導を受けながら、自分の選んだテーマで短編戯曲を五～六日かけて書かなければならない。テーマは全く自由。「書いてはいけないテーマは一切ない」と、子供たちは最初から説明を受けているそうだ。演劇芸術に対するラジカルな見解で名声を築いたロシアの《ノーヴァヤ・ドラマ（新しいドラマ）》を代表する劇作家が、少年少女の指導役として招かれている。完成した戯曲はプロの演出家、俳優の手に渡り、最終的には舞台で上演される。少年少女は戯曲作家としてリハーサルに立ち会い、リハーサル中に演出家に対して意見を述べ、注意を与えることができる。つまり、彼らは戯曲執筆から上演までの全過程に参加するのだ。プログラムは、少年少女の戯曲をモチーフに上演される十分間のミニ演劇を含むガラコンサートでフィナーレとなる。国際フェスティバル「大きな変化」の支援を受けて、ヴォロネジ芸術アカデミーはもう一つのプロジェクト「教育プログラム」を実施した。こちらは子供のための仕事をしている演出家や教師を対象に絞った講義、セミナー、マスタークラスである。これらの催しを通して、「子供が伝統芸術だけでなく、斬新な実験芸術にも親しむことができるようにするにはどのような教育メソッドが必要か」という課題に取り組んでいる。

最近数年間でヴォロネジ芸術アカデミーの活動内容は、現代芸術や演劇実験の方向で驚異的変化を遂げた。アカデミーがこの先、どのように進んで行くのか、時が示してくれるに違いない。

エカテリンブルク国立演劇大学

戦後、スベルドロフスク州の中心地エカテリンブルクに演劇専門学校（中等教育機関）が設立された。この専門学校は一九八五年に高等教育機関である大学に改編されている。当時、エカテリンブルク市とスベルドロフスク州で党のリーダーを務めていたのは、後に初代ロシア大統領となるボリス・エリツィンであった。当時の事情を知っている人は、「エリツィンこそが、演劇専門学校を格上げして演劇大学に改組するように率先して声を上げた張本人である」と認めている。その時点から今日に至るまで、ウラジーミル・バベンコ（一九四六年生まれ）が学長である。バベンコはウラル大学（エカテリンブルク市）を卒業後、エカテリンブルク国立演劇大学の前身である演劇専門学校で外国文学と戯曲の研究をしていた。その専門学校を退職して、演劇大学学長に任命されてからは、純粋な研究から通俗科学文学に転換を図り、偉人の通俗伝記小説や文芸小説、戯曲を執筆するようになった。バベンコはアレクサンドル・ヴェルチンスキー（一九八九年）、ニコライ・エヴレイノフ（一九九二年）、オレグ・タバコフ（一九九六年）に関する本、サド侯爵についての「素晴らしい狂人公爵」（二〇〇〇年）、戯曲『ブーメラン』、『恋を語る逢引』を執筆したことで有名だ。

大学には三学部ある。

俳優学部は専攻別（ドラマ劇場俳優、人形劇場俳優）教育を行なっている。専門コースとしてテレビ番組司会者コースがある。

プロデューサー学部は舞台芸術プロデューサー養成を行なっている。

文学部は文芸専門家を養成している。

俳優学部入学希望者は、創造面の資質を見る選考試験を経て、入学試験を受けることができる。まずは創造面の試験で容姿、発声、発話、音楽・リズム、造形的身体表現の素養が評価される。受験生はこの試験のためにジャンルの異なる文学作品等（自分で選ぶ寓話一〜二作品、詩二〜三作品、小説の断片二〜三作品、歌一〜二曲、ダンス）の準備をしておく必要がある。この選考を無事にパスした受験生は、次の三段階の入学試験を受ける。

一．面接。演劇、映画、美術、音楽、美学、現代演劇の傾向に関する知識を調べる。面接時に話題になるのは、ロシア現代演劇の優れた演出家、世界演劇文化の名匠、ロシア演劇・映画の優れた俳優、受験生の地元にある劇場の歴史と現状、古典・現代劇作家、スタニスラフスキーとネミーロヴィチ＝ダンチェンコ、世界演劇における彼らの活動の意義、世界の映画、有名映画俳優・監督、世界の名画、ロシア映画と制作者、ロシアの名画、ロシアの現代映画作品、ロシアの現代演劇人である。受験生には面接試験に役立つ書籍リストが提示されている。例えば、以下の劇作家の戯曲が含まれている。シェークスピア（『ハムレット』、『ロミオとジュリエット』、『真夏の夜の夢』）、モリエール（『タルチュフ』、『町人貴族』、『ドン・ジュアン』）、シラー（『群盗』、『たくらみと恋』）、バーナード・ショー（『ピグマリオン』）、ベルトルト・ブレヒト（『セツァンの善人』、『肝っ玉お母とその子供たち』）、テネシー・ウイリアムズ（『欲望という名の電車』）、イプセン（『人形の家』）、ロシアの劇作家からフォンヴィージン（『親がかり』）、グリボエードフ（『知恵の悲しみ』）、プーシキン（『ボリス・ゴドゥーノフ』、『小さな悲劇』）、レルモントフ（『仮面舞踏会』）、ゴーゴリ（『検察官』、『結婚』）、オストロフスキー（『雷雨』、『持参金のない娘』、『才能とパトロン』）、ツルゲーネフ（『村の一月』、『居候』）、チェーホフ（『かもめ』、『三人姉妹』、『桜の園』）、ゴーリキー（『どん底』）、ブルガーコフ（『トゥルビン家の日々』、『逃亡』）、エヴゲーニイ・シュワルツ（『ドラゴン』）、ヴィクトル・ローゾフ（『永遠に生きるもの』）、アレクサンドル・ヴァムピーロフ（『長男』、『鴨猟』）である。演劇関係の本としてはスタニスラフスキー著「芸術におけるわが生涯」、「俳優と劇場の倫理」、G・N・ボヤジエフ作の「ソフォクレスからブレヒトまで四〇の演劇の夕べ」、B・I・ジンゲルマン著「二十世紀西ヨーロッパ演劇史概説」、G・N・ボヤジエフ編纂「外国演劇史」全四巻、「ロシア・ソビエトドラマ劇場史」全二巻、A・M・スメリャンスキー著「与えられた状況：二十世紀後半におけるロシア演劇界から」等だ。面接では受験生の教育心理テストも実施される。

二、舞台動作試験（リズム感の評価）

三、俳優術実技試験（委員会が提示した作品から受験生が選んで準備した戯曲断片の演技）

「ドラマ劇場・映画俳優。テレビ司会者」専攻の受験生は上記試験に加え、テレビカメラテスト（カメラの前でニュース原稿を読む）を受けなければならない。特に注目されるのは、テレビ画面に映る自然で全体的に調和した様子である。

エカテリンブルク演劇大学には八講座ある。
俳優術講座
音楽劇場講座
人形劇場講座
身体表現講座
人文学全般・演劇学専門教科講座
舞台話法講座
芸術史講座
その他、大学にはコンサートマスター科と情報教育メディアセンターがある。
俳優術講座では十四名の教師が教鞭を執っている。二〇一〇年から講座長を務めているウラジーミル・ドゥヴォルマン（一九五〇年生まれ）は一九七五年にエカテリンブルク国立演劇大学（ドラマ劇場・映画俳優専攻）を卒業した。一九九三年から演劇大学で俳優術を教えると同時に、エカテリンブルク青年劇場の主演俳優を務めている。
身体表現講座の教師は七名いる。講座長はヴャチェスラフ・ベロウソフ（一九六四年生まれ）。彼の本業は俳優だが、エカテリンブルク演劇大学卒業後にエカテリンブルク青年劇場で俳優・舞踊家として仕事をしながら、銀幕にも登場している。彼はワフタンゴフ記念劇場付属ボリス・シューキン記念演劇大学で補足教育を受けた。一九九一年からエカテリンブルク演劇大学で舞台動作教師として母校に貢献している。ベロウソフの尽力で、二〇〇一年に身体表現講座が開設された。彼は造形的身体動作の演出家として多くの芝居を手掛けた実績を持つ。現在は俳優術と舞台動作の二教科を担当している。
舞台話法講座では九名の教師が教えている。講座長はアザリヤ・ブリノワ。彼女はサンクトペテルブルク舞台芸術アカデミー俳優学部出身で、女優業を専門に活躍してきたが、一九九〇年に舞台話法講座を立ち上げ、講座長に就任した。ブリノワは舞台話法の授業の基本的ポイントを挙げている。それは筋肉コントロール能力の発達、従来とは異なる発声訓練法、声の転換と模倣、嗚咽から笑いに移る訓練、外面的呼吸のビオメハニカ、呼吸筋の鍛練、観客を前にした演技の基本である。ブリノワの理論研究は、GITIS学術論文集に含まれている。

エカテリンブルク演劇大学。芝居『アート・トランスフォーメーション』

芸術史講座は大学創設と同時に開設された。現在、講座には十二名の教師がおり、講座長は、学長のウラジーミル・バベンコが兼任している。講座の教師陣はロシア演劇史、外国演劇史、ロシア文学史、外国文学史、美術史、映画芸術史、美学をそれぞれ担当している。国中の人気を我が物にしている劇作家・演出家のニコライ・コリャダも、芸術史講座で教鞭を執っている。彼の劇団「コリャダ」については、本書で既に紹介している通りだ。エカテリンブルク演劇大学は劇作家を養成するロシア唯一の大学と言える。ここ以外で劇作家養成をしているのはモスクワの文学大学ぐらいだろう。コリャダが鮮烈な創造活動で注目を浴びてから、エカテリンブルク演劇大学のステータスは急上昇し、人気は沸騰状態になった。コリャダは一九九四年から大学で文学創作、劇作家の創作技術、散文小説理論、俳優術の教科を教えている。コリャダが大学で仕事をするようになってから、世の中では「エカテリンブルク流派の演劇」という解釈が生まれた。今日、これはロシア演劇の流れを決定するキーワードになっている。二〇〇一年にコリャダの教え子であるワシリー・シガレフの戯曲『粘土』がキリール・セレブレンニコフの演出で舞台化され、この芝居が現代ロシア演劇の文字通りの「発見」と騒がれ、ロシアの「ノーヴァヤ・ドラマ（新しいドラマ）」の先鋒になった。やはりコリャダの教え子であるオレグ・ブガエフ、アレクサンドル・アルヒポフの戯曲も、モスクワやサンクトペテルブルクの劇場で高い評価を受け、成功を収めている。また、コリャダの教え子の戯曲は、毎年出版される作品集で紹介されており、既に舞台化されている戯曲は二〇一三年に学生の「戯曲集」として出版された。

人文学全般・演劇学専門教科講座の歴史は大学設立と同時に始まった。二〇〇七年以降はアレクサドル・バダエフ（二〇〇九〜二〇一三年にスベルドロフスク州文化大臣を兼任）が講座長である。講座は一九八七年に演劇マネージメントの教育に着手した。講座の教師陣は舞台芸術分野の企画・経営管理に関する教科を教えている。

当演劇大学の別棟には、舞台設備を完備した教育用劇場があり、そこで学年末制作、卒業制作の芝居が披露される。

ノボシビルスク国立演劇大学

一九六〇年にノボシビルスク市にノボシビルスク演劇専門学校が誕生した。専門学校創設をオーガナイズしたのはエレーナ・アガロナワとニコライ・ミハイロフである。二人の人生はロシア演劇史・演劇教育史を研究する人にとって非常に面白いものだ。アガロナワ（一九〇三〜一九八五年）は幼少期をアゼルバイジャンの首都バクーで過ごし、バクー大学歴史・文学部を卒業後、ドラマ劇場付属演劇コースに入学した。その後、レニングラードに移り、レニングラード舞台芸術大学（現在のサンクトペテルブルク舞台芸術アカデミー）に入学して勉学に励んだ。大学教育を終えた一九二八年にレニングラード青年劇場の女優として一歩を踏み出したが、当時、この劇場の芸術監督は青少年劇場設立運動の生みの親、アレクサンドル・ブリャンツェフだった。ところで、ロシア初の青年劇場は一九二一年にレニングラードで誕生し、それに続き、同様の劇場がソビエト連邦の大都市に次々と設立されたのである。ノボシビルスクの場合、一九二九年にノボシビルスクで第一回西シベリアピオネール大会が開催された時、地元の参加者がブリャンツェフを囲み、ここでも青年劇場を設立したいので支援して欲しいと懇願したことがきっかけになった。これを受けたブリャンツェフは早速、レニングラード青年劇場の俳優に声をかけて、ノボシビルスクに青年劇場を設立する計画に挑んだ。幸い、劇場の五名の俳優が応えてくれた。その中に、上述のエレーナ・アガロナワとニコライ・ミハイロフがいたというわけだ。後にニコライ・ミハイロフが回想録で次の様に記している。

「一九三〇年三月三〇日。レニングラード。オクチャーブリスキー駅のプラットホーム。誰もがわくわくと興奮して、頬は上気し、歓喜に満ち溢れている。レニングラード青年劇場のブリャンツェフ芸術監督を先頭に、団員が勢ぞろいしている。西シベリアに青年劇場を設立する目的で遥か彼方のノボシビルスクに旅立つ仲間を見送るのだ。「芸術に仕える仲間が、人民と共にシベリアの社会主義建設に参加しようと、今まさに未開の建設現場に旅立つところだ」という想いが皆の心を揺さぶり、どの顔も希望に燃えて、きらきらと輝いている。発車ベル。別れのキス。別離の瞬間。アガロノワ、ヴォロンコワ、ストゥラチラトフ、モクシャノフと私の五人は、車両に身を委ねた。汽車で過ごす五日間は、社会団体に向けて青年劇場の宣伝をするために必要な企画書の立案に費やされた。社会団体はきっと最初の一歩を踏む出す私達の力になってくれるに違いないと期待を込めて、皆で知恵を絞ったものだ。遂に四月四日午後六時にノボシビルスクに到着し、北の大地を踏みしめた。シベリア！ノボシビルスク！この瞬間に劇場建設を目指す闘いの火ぶたが切られた。（G・K・ジュラヴレワ、E・A・アブラモワ。「歴史の数頁。ノボシビルスクアカデミー青少年劇場グローブス。一九三〇〜二〇〇〇年」）。ノボシビルスク、二〇〇一年。六八頁）

一行は一九三〇年四月にノボシビルスクに到着した。何と、早くもその年の七月に青年劇場（ＴＵＺ）は旗揚げ公演を行っている。レオニード・マカリエフ作、ヴィクトル・ストゥラチラトフ演出の芝居「炭鉱夫チモシキン」でオープニングを飾った。これはノボシビルスク市初の常設劇団を抱える劇場となった。現在はノボシビルスク青少年劇場「グローブス」と改称されている。青年劇場創設からわずか二年後に、オデッサの劇団がノボシビルスクに移転して来て、ノボシビルスク・ドラマ劇場「クラースヌイ・ファーケル（赤い松明）」を設立した。その後、この「クラースヌイ・ファーケル」に俳優エレーナ・アガロノワとニコライ・ミハイロフが移籍している。二人とも劇場の花形役者になり、観客の心を虜にした。アガロノワはアンナ・カレーニナ（レフ・トルストイ作『アンナ・カレーニナ』）、アルカージナ（アントン・チェーホフ作『かもめ』）、ガードルート（シェークスピア作『ハムレット』）、クルチニナ（アレクサンドル・オストロフスキー作『罪がないのに罪人に』）、ウジェニー・グランデ（オノレ・デ・バルザック作『ウジェニー・グランデ』）、肝っ玉お母（ベルトリド・ブレフト作『肝っ玉お母』）を演じている。ニコライ・ミハイロフはノボシビルスク青年劇場、「クラースヌイ・ファーケル」で俳優・演出家として大きな足跡を残した。また、彼は青年劇場で児童・青少年向けの芝居を十四本も上演している。「クラースヌイ・ファーケル」で演出した芝居は、ロシア古典戯曲が中心だった。一九六〇年までアガロノワとミハイロフはノボシビルスクで崇拝の対象と崇められ、愛された。二人は豊富な創作経験と人生経験を糧に演劇専門学校創設をオーガナイズし、演劇教育の世界で手腕を奮ったのだ。専門学校の教育には「クラースヌイ・ファーケル」の俳優、演出家も加わった。ノボシビルスク演劇専門学校は、四十年間でシベリア・極東のドラマ劇場、ミュージカル劇場、人形劇場で働く千名以上のアーチストを養成している。二〇〇〇年に高等教育機関に昇格し、ノボシビルスク演劇大学と改称された。

現在、ノボシビルスクには三〇以上の高等教育機関がある。その内、演劇大学は学生数（一四五名）と教員数（六五名）では最小規模だが、存在意義ではトップレベルである。シベリアのドラマ劇場はどこも、若手俳優による劇団員補充の問題を抱えている。その主な補充源になっているのがノボシビルスク演劇大学なのである。
大学は様々な専門の俳優を育成している
ドラマ劇場・映画俳優
音楽劇場俳優
人形劇場俳優
軽演劇・サーカス俳優
数年前に大学はドラマ劇場演出家養成機関の認可を受けた。
大学の俳優学部入学志望者に対する創作面の選考試験は三次試験まである。

ノボシビルスク国立演劇大学。卒業制作芝居『かもめ』の場面。演出：S.N. セルゲイ・アファナシエフ、コース長：A.V. ブトーリン。2013年

第一次試験で受験生は詩、寓話、散文小説の断片等、文学作品を暗誦朗読する。

第二次試験で音楽的才能、リズム感、発声、話法、造形的身体表現の資質が評価される。受験生は楽器伴奏に合わせた音楽作品の歌唱、ダンス、伴奏つきの造形的身体表現エチュードを演じなければならない。

三次試験で簡単な舞台エチュードを演じる。

演出学部入学志望者には筆記試験が義務付けられている。これまで自分が上演したことのある芝居に関する論述、あるいはこれから自分が演出したい芝居の構想に関する小論文を提出するのだ。

その後、創作面の試験を一次から三次まで受ける。入試委員会は専門課題、演技課題を与えて、受験生の俳優としての適性と資質、空想力、想像力、形象・隠喩的思考能力、芝居の筋に沿って舞台上で行なわれていることに反応して行動する思考能力、舞台空間を正しく捉えながら動く能力、形式やジャンルを理解する能力、ユーモアの感性、芸術趣向、感情・意志面の資質、知的資質、組織能力、演劇等の芸術に関する知識、人生経験、職業経験を見極める。

第一次試験は俳優学部希望者と同様である。

第二次試験として、まず面接を受ける。この試験にパスするためには、スタニスラフスキー、ネミーロヴィチ＝ダンチェンコ、ワフタンゴフ、メイエルホリド、タイロフ、ゲオルギー・トフストノーゴフ、アンドレイ・ゴンチャロフ、オレグ・エフレーモフ、ユーリー・リュビーモフ、アナトーリー・ワシーリイエフ、レフ・ドージン、マルク・サハロフ、ピーター・ブルック、ジョルジョ・ストレーラー、イェジー・グロトフスキー等、ロシアやヨーロッパの演出家の芝居を理解しておかなければならない。第二次試験には筆記試験も含まれる。受験生には回答時間が四時間与えられ、論文「演出家の戯曲分析」を記述する。分析する戯曲は、試験の最中に委員会が提示するリストから選択できる。

演出学部の受験生は、第三次試験で舞台エチュードを演出して見せる。エチュードでは自分も俳優として出演するが、俳優学部受験生を参加させてもよい。

ノボシビルスク演劇大学は三つの建物で授業を行なっている。事務管理棟は革命通りに面しており、教育棟はヤドゥリンツェフスカヤ通りの歴史的建造物（一九〇九～一九一二年に建築家アンドレイ・クリャチコフの設計で学校用に建設された。現在は歴史建築遺産に登録されている）と、ロシア構成主義の典型例である十月革命文化会館（一九二八年に建築家フョードル・ブルラコフの設計で建設され、建築遺産に認定されている）にある。現在、大学新館の建設が予定されており、それが完成すれば、大学の全てがそこに収まるはずだ。

学長ヤナ・グレムボツカヤは若い文学者、研究者である。彼女は数ある演劇大学学長の中でも、若さだけでなく、演劇や現代戯曲の革新的潮流に直接関与していることでも一際目立つ存在なのだ。このような個性的な学長の下で、色々な進歩的企画が実施されるに違いないと大きな期待が寄せられている。それが上手くいけば、この大学をヨーロッパ水準の現代的教育機関にレベルアップするのも夢ではないからだ。グレムボツカヤはケメロボ大学ローマ・ゲルマン学部を卒業後、ロンドンの大学で劇場経営管理を専攻した。彼女のアート・マネージメント資格認定書には英国評議会（モスクワ事務所）、ソロス基金「公開株式会社研究所」（モスクワ）、Visiting Arts（モスクワ）の三団体の署名が付されている。グレムボツカヤは、欧州統合プロセスを支持するロシア人芸術家の一人だと断言できる。彼女は元々、革新的現代芸術に興味があり、その姿勢は日頃の実践活動、学術研究調査に如実に現れている。まだケメロボにいた頃から、ロシア演劇の革新的潮流に関わる最も注目すべき人物とされていた。今では国際的にも知名度が高いエヴゲニー・グリシュコヴェッツと協力関係にある。グレムボツカヤは、「ノーヴァヤ・ドラマ（新しいドラマ）」流派に属する劇作家の共同行動第一弾となる全ロセミナー「リュビーモフカ」のエキスパートを務めている。また、彼女はノボシビルスク教育総合大学の機構に入る言語文学・マスコミ・心理大学で外国語講座長を務めたこともある。二〇〇四年にはノボシビルスク演劇大学・学術研究担当副学長に就任した。現在は学長職にありながら、「外国文学史」を担当し、講義を行なっている。

大学には五講座が設置されている。

俳優術講座

音楽教育講座

演劇・文学・音楽史講座
造形的身体動作訓練講座
舞台話法講座

俳優術講座には十二名の教師がいる。講座長セルゲイ・アファナシエフ（一九五八年生まれ）は、ワフタンゴフ記念劇場付属シューキン記念演劇大学演出学部を卒業した。彼はノボシビルスク市立ドラマ劇場芸術監督、ロシア演劇人同盟ノボシビルスク支部幹部会議長の要職についている。二〇〇三年に演劇専門学校が大学に昇格すると同時に、アファナシエフが学長に任命され、二〇一一年まで学長のポストにあった。現在、彼の役職はノボシビルスク演劇大学総裁である。二〇一二年以降は俳優術講座長を引き受け、教育に直接関わっている。アファナシエフの演劇に対する基本的な考え方は、「深淵な人生の真実の探究、その人生の真実を極限的に演劇形態といった鮮明な形で具現すること」である。彼は所謂「演出家主導の演劇」という流派を代表している。つまり、芝居動作は全て演出家の構想やイメージに基づくものであり、俳優は演出家から与えられた課題を余すところなく遂行するように求められているという考えだ。しかし、彼はさらにロシア語が美しく響く話法、その話法を社会にも広めるという劇場の重要な役割も重視している。

ノボシビルスク演劇大学の諸講座は、次世代の演劇を担う俳優を養成するための基準を充分に満たすものになっている。音楽教育講座、造形的身体動作訓練講座、舞台話法講座の学生は、講座考案の訓練メソッドに基づく特殊トレーニングを受けて、肉体、声、呼吸を鍛練し、さらにクラシックダンス、現代舞踊、舞台上の格闘、フェンシング、声楽、合唱・アンサンブルの歌唱、音楽理論の教科で日々、研鑽を積んでいる。

音楽教育講座長は**イーゴリ・チュヴァエフ**。彼はミハイル・グリンカ記念ノボシビルスク音楽院で合唱指揮を専攻し、一九八六年に卒業した。ノボシビルスクではノボシビルスク合唱団と礼拝堂合唱団の指揮者をしていたが、一九九三年に合唱アンサンブル「声のマルケロフ」を結成した。結成目的は、普段はあまり演奏されることのない古代ロシア教会音楽、西欧・ルネッサンスとバロックの教会音楽を演奏するためと説明している。チュヴァエフの主導でノボシビルスク音楽院に古代音楽講座が開設された。彼は六年以上、オーストリアの首都ウイーンで仕事をしながら、リッカルド・ムーティ、クラウディオ・アバド、サイモン・ラトル、マルク・ミンコフスキといったヨーロッパ出身の有名指揮者が統括する様々なクリエイティブ・プロジェクトに参加してきた。また、彼はウイーン音楽院古代音楽講座で教員をしていたこともある。二〇〇八年からノボシビルスク演劇大学音楽教育講座長を務めている。

造形的身体動作訓練講座長アナトリー・タマシェフスキーは、一九七九年からノボシビルスク演劇大学で教鞭を執っている。以前はノボシビルスクオペラ・バレエ劇場のクラシックバレエダンサー、ソリストだった。大学ではクラシックダンスの他、現代舞踊、モダンダンス、ジャズダンスの指導を行なっている。タマシェフスキーは大学の学年末制作、卒業制作の芝居で造形的身体表現のナンバーを盛り込み、躍動的な舞台に仕上げる名人である。

マリナ・シェレヴェルは、一九九〇年からこの大学の教員だが、二〇〇六年から舞台話法講座長の座にある。彼女は大学卒業後にロシア国立舞台芸術大学大学院に入学し、舞台話法を専攻した。大学では訓練メソッド教材を作成し、舞台話法教授法を考案している。

大学には教育・研修用劇場がある。そこにはメインホールと小ホールの二つの舞台が備えられている。メインホールは演劇クラブ「プーリャ ПУЛЯ（普通は弾丸という意味）」と呼ばれている。「ПУЛЯ」とは制作・学習研究室を表すロシア語 Производственно-Учебная ЛабораторияЯのアルファベット四文字を合わせた略語である。このホールには客席が九〇席あり、小ホールは五〇名収容できる。教育・研修用劇場は学年末制作、卒業制作の芝居、芸術集会、公開マスタークラス、学生と教師が出演する実験演劇を行うための施設だ。教育目的で上演される芝居はのびのびと制作されており、伝統的演劇形式の枠に縛られている様子は微塵もない。芸術における斬新な息吹、現代演劇の革新的潮流に対して開かれた大学であることが一目で分かる。

二〇一〇年からノボシビルスク演劇大学通報を発行している。通報に掲載されるのは主に訓練課程、訓練メソッドに関連する教師陣の論文である。

極東国立芸術アカデミー

沿海地方の行政中心地ウラジオストクでは一九六二年に芸術専門の高等教育機関が創設された。当時は極東教育芸術大学と呼ばれていた。初代学長に就任したのはゲルマン・ワシリエフ。設立当初の大学に与えられた課題は、極東地域とシベリアのために音楽教師、美術教師、舞台芸術専任教師を養成することだった。だから、大学には設立当初から音楽学部、演劇学部、美術学部の三学部が揃っていたのである。第一期は音楽学部（ピアノ、合唱指揮、オーケストラ弦楽器、歌唱）、演劇学部（俳優術）、美術学部（絵画、グラフィック）の三部門に分かれた専攻別入学試験を実施した。その後、学長はウラジーミル・アプレソフとヴェニアミン・ゴンチャレンコが務めた。一九九二年に大学は極東芸術大学に改称され、続いて二〇〇〇年に極東国立芸術アカデミーと呼ばれるようになった。

現在のアカデミー学長はアンドレイ・チュグノフ。チュグノフはウラジオストク音楽専門学校民族楽器オーケストラ芸術監督専攻コース（一九八一年）、極東芸術教育大学（コンサート演奏家・講師専攻）（一九八六年）を卒業した。彼は文化行政機関で様々な役職を歴任し、沿海地方文化局長の職も経験している。

演劇学部に入学するための創造面の試験は、他の大学と同様の要領で実施されている。受験生には様々なジャンルの文学作品の朗読が義務付けられ、話し方、話法上の欠点の有無、リズム感、身体動作調整能力が評価される。また、受験生は選考委員の課題テーマに沿った即興エチュードを演じなければならない。試験官は、受験生が舞台に集中する素養を持っているか、即興の実力があるか、観客に感染させるだけの演技ができるか、与えられた状況の中で真実味のある動作を見せることができるか観察を行ない、評価を下す。受験生の容姿も、合否を左右する要素になる。

面接試験では、受験生の知識と関心を見究めるための質問がなされる。面接で質問される可能性のある文学作品のリストが事前に受験生に提供される。リストには、例えば以下の作品が含まれている。コンスタンチン・スタニスラフスキー作「芸術におけるわが生涯」と「俳優と劇場の倫理」、ウラジーミル・ネミーロヴィチ＝ダンチェンコ作「俳優の創造活動について」、ユーリー・カラシニコフ作「K・S・スタニスラフスキーの美学的理想」、アレクサンドル・プーシキン作「ボリス・ゴドゥーノフ」と「小悲劇」、アレクサンドル・グリボエードフ作「知恵の悲しみ」、ニコライ・ゴーゴリ作「検察官」と「結婚」、ミハイル・レルモントフ作「仮面舞踏会」、アレクサンドル・オストロフスキー作「持参金のない娘」と「森林」、レフ・トルストイ作「生きた屍」、アントン・チェーホフ作「かもめ」、「桜の園」、「三人姉妹」、マクシム・ゴーリキー作「どん底」、ウラジーミル・マヤコフスキー作「南京虫」、「風呂」、コルネイチュク作「プラトン・クレチェット」、アルブーゾフ作「イルクーツク物語」、ヴィクトル・ローゾフ作「グッド・ラック」、ロペ・デ・ベガ作「フエンテ・オベフーナ」、シェークスピア作「ロミオとジュリエット」と「ハムレット」、モリエール作「町人貴族」、ベルトルト・ブレヒト作「肝っ玉お母とその子供たち」。さらに、リストには以下のロシアや外国の作家の小説や詩が含まれている。アレクサンドル・プーシキン、アファナーシ・フェート、ミハイル・レルモントフ、レフ・トルストイ、イワン・ツルゲーネフ、ニコライ・ネクラソフ、アレクサンドル・クプリン、アントン・チェーホフ、イワン・ブーニン、アンナ・アフマトワ、マリナ・ツヴェタエヴァ、ウラジーミル・マヤコフスキー、ニコライ・グミレフ、アルカジー・アヴェルチェンコ、マクシミリアン・ヴォローシン、ヴェリミール・フレブニコフ、ボリス・パステルナーク、アンドレイ・プラトーノフ、ミハイル・ブルガーコフ、ミハイル・ゾシェンコ、オシプ・マンジェリシュターム、コンスタンチン・パウストフスキー、ユーリー・カザコフ、エヴゲニー・エフトゥシェンコ、アンドレイ・ヴォズネセンスキー、ワシーリイ・シュクシン、ウラジーミル・ソローヒン、ウイリヤム・シェークスピア、ジョージ・バイロン、ジャック・ロンドン、シャルル・ボードレール、ガルシーア・ロルカ、マーク・トウェイン、サマセット・モーム、オー・ヘンリー、アントゥアン・ド・サン＝テグジュペリ、ジェローム・ジェローム、ハインリヒ・ベル、ヴォルフガング・ボルヒエルト、ニコラス・ギリエン。

アカデミーには計十五の講座が設置されている。演劇学部には俳優術講座、専門教科の舞台話法講座、舞台動作・ダンス講座、大学の一般教養講座にあたる一般人文学教科講座があり、それぞれの担当教師が指導している。

俳優術講座は一九六二年の創立当初に設置された。この講座を開設するために、GITIS教師オリガ・スタロスチナとシューキン記念専門学校（現在は演劇大学）教師ボリス・クリネフがウラジオストクに派遣されたのである。両名はロシア演劇教育の発展に多大な貢献をしたことで有名だ（一九七二年のヴォロネジ芸術大学俳優術講座開設時の二人の功績については、本書で既に述べた通り）。その後、ナタン・バシン、ユーリー・バルボイ、A・マーモントフ、K・ロゴフが講座長を務めている。**セルゲイ・グリシコ**（一九二八〜一九九六年）は、俳優術講座と演劇学部の発展に大きな貢献をした。グリシコが学生と共に上演した卒業制作作品は、いつも異例の成功を収め、拍手喝采を浴びたものだ。彼は数世代に渡る俳優を育成した。演劇学部を卒業した彼の教え子達はマールイ劇場等、国内屈指の劇場に羽ばたいていった。グリシコが作成した教材は今でも色褪せることがない。（グリシコ著「演劇学校における舞台動作訓練」、教材、ウラジオストク、極東大学出版所、一九八三年）。現在の講座長はゴーリキー記念沿海地方ドラマ劇場の看板俳優**アレクサンドル・スラフスキー**である。スラフスキーは一九七七年に極東芸術教育大学演劇学部を卒業し、一九八〇年代の数年間、コムソモリスク・ナ・アムーレ市のドラマ劇場で仕事をしていた。沿海地方ドラマ劇場のレパートリーにあるエドゥアルド・デ・フィリッポ作『フィルメナ・マルトゥラーノ』のリカルド、チェーホフ作『三人姉妹』のベルシーニン、テネシー・ウイリムス作『欲望という名の電車』のスタンリー・コワルスキー、『ペテルブルクから来たおしのび旅行者』（ゴーゴリ作『検察官』がモチーフ）等の役を演じた。彼は演出も手掛け、優れた演劇人として名声を得ている。ちなみに、彼はロシア演劇人同盟沿海地方支部長、ロシア演劇人同盟極東連邦管区担当書記でもある。

舞台話法講座は一九七三年に開設された。開設の御膳立てをしたのはロシアの名優、文芸作品朗読の名手**レフ・トゥカチェフ**（二〇〇四年没）である。彼はコンサートプログラムの舞台に立ち、時には交響楽団の伴奏をバックにプーシキン、レルモントフ、マヤコフスキー、ベルンス、エセーニンの小説や詩を朗読して、観客をうっとりさせた。魅惑的な容姿、エレガントで貴族的な芸風で一世を風靡したトゥカチェフは、学生が真似をしたがるお手本そのものであり、憧れの対象だった。現在はGITIS卒業生のガリーナ・バクシェエワが講座長である。彼女はポーランドのヴロツラフにあるイェジー・グロトフスキーセンターの研究室でも教鞭を執っている。このアカデミーの舞台話法講座は教育活動だけ行っているわけではない。ここでは教授法研究も盛んで、個々の出版物で調査研究結果が紹介されている。例えば、L・トカチョフ著「意図、解釈、具体化」、「言語行動発達手段としてのイントネーション」、N・レベジンスカヤとT・シシリャンニコワの共著「舞台話法と歌唱教科の間で行なう調整の諸問題」、T・シシリャンニコワ著（共同執筆：G・ロゴフ、G・ネスメヤン）「俳優と音楽」、O・スィチェワ著「詩的作品の型の内容性」、G・バクシェエフ著の教材「俳優・語り手」、「舞台話法」等である。また、講座は創造文化事業にも積極的であり、講座創設者レフ・トカチョフの伝統を守る教師陣が、沿海地方諸都市で文学・音楽の夕べを実施している。

舞台動作講座は一九六二年に開設された。初代講座長は**モイセイ・ロージン**。彼は舞台動作の基本、行儀作法、舞台上のフェンシングを学生の骨の髄まで徹底的に叩き込んだ。ロージンはその後、ウクライナで舞台動作の指導に当たっており、最近、八十歳の傘寿をハリコフで迎えた。講座の教師陣は「ダンス」と「身体訓練」の教科も担当する。現在、この講座は舞台動作・ダンス講座と呼ばれている。講座長は、モダンダンス講師、沿海地方青年劇場ダンス振付師であるヴィクトリヤ・ヴォルコゴノワである。

一般人文学教科講座も一九六二年に開設された。設立当初は学術全般教科講座と呼ばれていたそうだ。本講座の担当教科は歴史、哲学、社会学、文化学、倫理、美学、心理学、教育学、経済、法学、ロシア語、話法、芸術史、マネージメント基礎、極東文化・芸術史、文化・芸術マネージメントである。二〇一三年以降は社会学と哲学の講師であるカリーナ・ライフが講座長の座にある。講座の教師達は学術・方法論研究を推し進め、国際会議、全国・地方会議で報告を行なっている。

極東芸術アカデミーは学術会議「ロシア極東とAPECの文化：東西」を開催していることで有名だ。その会議にアカデミーの一般人文学教科講座の教師陣が積極的に関わり、日本などAPEC加盟国の代表と協力を深めてきた。極東芸術アカデミーでは、かなり多くの外国人留学生が学んでいる。その大半が音楽学部の学生である。留学生の教育を組織・実施する目的で、一九九八年に外国学科が設立された。

第八章　中等演劇専門教育機関

ソビエト時代には様々な分野の中等教育が盛んで、演劇もその一つであった。演劇専門の中等教育機関は、カレッジと同じ様なものだと思われるかもしれない。確かに、ロシアの中等職業教育機関を卒業すると、具体的職業の資格が得られる。ただ、両者には明らかな違いがある。カレッジはあくまでも高等教育機関なので、中等教育卒業後（十一年の学業を修了）でないと入学できない。ところが、中等職業教育機関は中学の九年生（つまり不完全中等教育）を終えたら入学できるのである。中等職業教育機関で勉強した生徒は、卒業してからさらに卒業証書の価値が高い高等教育機関に進学して勉強を続けることも可能だ。

今日では、中等演劇職業教育機関は高等教育機関に改編されている。昔ながらの中等演劇職業教育機関として存続しているのはイルクーツク演劇専門学校だけである。この学校は昔と変わらず高い評価を得ている。

ところで、俳優の職業教育は一体、何歳から始めるのが適当なのだろう?専門家の間でも論争が分かれるところだ。バレエなら十歳からだということが分かっているが、演劇にはバレエとは違った特殊性がある。一般的には、「俳優の勉強を始めるには、精神的に熟し、舞台芸術や戯曲に関するある程度の知識を蓄えておかなければならない。だから、やはり完全中等教育卒業後がふさわしい」と考えるのが一般的なようだ。ところが、「完全中等教育完了の十一年生ではなく、基本的知識を授けられた九年生までの教育さえあれば、俳優の職業教育を受け始めることが可能だ」と反論する専門家もいる。彼らは「九年間の学習の後にさらに二年も一般的な勉強をして、貴重な時間を失うのはもったいない。それに中等演劇職業学校であったとしても、完全中等教育の十年生、十一年生で習う全教科が教育課程に入っており、俳優教育と共存できるので教育的には全く問題がない」と主張しているのだ。このような立場を提唱しているのが演劇教育者・名優オレグ・タバコフだ。彼は実際に行動に出て、二〇一〇年にモスクワで新しい演劇学校を設立し、十四~十六歳の生徒を入学させている。以上から分かるように、ロシアでは今日、イルクーツクとモスクワに名門の中等演劇職業教育機関が計二校ある。

イルクーツク演劇専門学校

東シベリアのイルクーツクは人口六〇万強の都市である。シベリアのアンガラ川の岸辺で、ちょうどイルクート川(イルクーツクの語源となった川)がアンガラ川に注ぐ場所に位置する。近くにはバイカル湖があり、モスクワ・ウラジオストク間のシベリア鉄道が通る美しい都市として有名だ。この地に最初のロシア人移住者がやって来たのは、原住民からの収税を目的に集落を築いた一六六一年である。シベリアや極東では税金の代わりに毛皮を納めたので、毛皮保管倉庫と集落が必要になったのだ。やがて、集落の周囲にロシア人移住者用の建築物が建てられた。例えば最初の教会(一六七二年)、男子修道院(一六七八年)、女子修道院(一六八九年)等である。

イルクーツクはちょうど中国に通じる通商路にあったので、ロシアから中国に毛皮が、中国からロシアに茶、砂糖、絹がイルクーツク経由で輸送された。一七二〇年代には男子修道院付属ロシア・モンゴル学校が開校している。その後の一七九一年以降、イルクーツクには流刑政治囚が送られてくるようになった。一八二五年十二月十四日にサンクトペテルブルク元老院広場で暴動（デカブリストの乱）が起こり、一流の教育を受けたデカブリストと呼ばれる貴族が暴動扇動・組織の罪で有罪判決を受け、イルクーツクに政治流刑囚として送還されてきた。この悲惨な出来事はイルクーツクの歴史の重要部分であり、市の文化水準が一挙に高まる直接の原因になった。イルクーツクには流刑貴族の歴史を物語る博物館がある。

　イルクーツクでは、デカブリストの乱が起こる前の一七九九年に最初の演劇が行なわれている。ただ、これはあくまでもアマチュア演劇に過ぎなかった。一八五〇年に移動劇団がイルクーツクでの定住を決め、これがプロ劇場第一号になったのである。現在、イルクーツクには国立劇場が四館ある。その内、ニコライ・オフロプコフ記念イルクーツクドラマ劇場が最大規模を誇っている。オフロプコフ（一九〇〇～一九六七年）はロシアの伝説的な俳優・演出家・教育者である。イルクーツクで生まれ、地元で演劇活動の一歩を踏み出したが、その後、モスクワに移り、メイエルホリドやワフタンゴフと共に仕事をして、モスクワ革命劇場（現在のマヤコフスキー記念劇場）を率いた。また、ロシアの優れた劇作家アレクサンドル・ヴァムピーロフ（一九三七～一九七二年）も、イルクーツクと深い結びつきのある人物である。彼は幼少期からこの地に住み、二〇世紀ロシア戯曲の遺産となる珠玉の作品を残したが、バイカル湖で溺れて若い命を落とした。イルクーツク青年劇場は彼の名を冠している。

　イルクーツクには大学が六校もあり、住民の教育・文化水準は極めて高い。そのため、イルクーツクは魅力的な音楽や演劇を発信する文化拠点として一条の光を放っているのだ。最初の演劇専門学校は一九六二年に設立された。シベリアの古い劇場の一つであるニコライ・オフロプコフ記念イルクーツクドラマ劇場は首都から離れた辺境の地にあるので、若手俳優の補充にも、新しい劇団の結成にも苦心惨憺していた。そこで、地元の演劇専門学校を設立することになったのである。実は、既に一九四〇年代末に劇場付属スタジオが開設されており、俳優術に加え、専門教科、一般教養科目の教育が行われていたのだ。ただ、スタジオの規模は小さく、生徒募集も定期的ではなかったそうだ。そこで、一九六二年にこのスタジオをベースにイルクーツク専門学校が設立されたというわけだ。専門学校の初代校長（一九六二〜一九六九年）に就任したのは、シベリアでは珍しく演劇学を研究していたアヤ・レヴィコワである。彼女は校長就任後、イルクーツク初の演劇専門家、理論家になった。レヴィコワはGITIS演劇学部を卒業してからイルクーツクにやって来て、一九四〇年代に芸術委員会やイルクーツク文化局で仕事をするようになった。その後、イルクーツク青年劇場文芸部長の立場で、イルクーツクの劇場で上演される芝居の劇評を書いていた。彼女の言葉なら誰もが有難く耳を傾けるというほど、博識と人徳の持主で、人望も厚く、初代イルクーツク演劇専門学校長として適任者と認められ、抜擢されたのである。初期の教師の一人**ヴィタリー・ヴェンゲル**は、後に当校の芸術監督になり、ロシアでも指折りの名優になっている。彼は一九五〇年にシューキン記念演劇専門学校（現在は演劇大学）俳優学部を卒業し、ニコライ・オフロプコフ記念イルクーツクドラマ劇場で長年、舞台に立っていた。その間、古典・現代戯曲から成るレパートリー作品の主役を演じ、多彩な役を巧みに演じ分ける名優の呼び声が高かった。一時期、モスクワ風刺劇場にも登場し、映画出演も果たしている。今でもヴェンゲルはイルクーツク専門学校で教鞭を執っており、次のように書いている。「これまで教師職を数十年やってきて、はっきり言えるのは、この教育実践活動の結果、自分自身が途方もないほど大きな収穫を得たことだ。生徒を相手にする授業を通して、私は俳優の創造活動の意味をさらに深く、さらに正しく解釈できるようになった」。(http://www.itu.irk.ru/index.files/Page476.htm)。

現在、校長はスヴェトラーナ・ドムブロフスカヤ、芸術監督はニコライ・オフロプコフ記念イルクーツクドラマ劇場首席俳優・演出家ゲンナジー・グーシン（一九五七年生まれ）である。

開校当初の十年間は自前の校舎がなく、様々な場所で授業を行なっていた。一九七二年にチミリャゼフ通りの古い屋敷が学校に提供され、改築を経て、ようやく教育環境が整ったのだ。

イルクーツク演劇専門学校には、九年の学校教育を修了した（不完全中等教育卒）生徒が入学している。入学するためには創作面の試験を受けなければならない。試験にパスした者は、専門学校の主要学部である俳優学部のドラマ劇場・映画俳優専攻コースに入学できる。人形劇俳優専攻コース、ミュージカル劇場俳優専攻コースは、これとは別に定期募集している。ドラマ劇場・映画俳優専攻コースの履修期間は三年九カ月。俳優術の他に舞台話法・舞台動作の授業が行われる。理論教科は、様々なイルクーツクの大学から招かれた専門家が教えている。中等専門教育機関の卒業証書は、中等普通教育学校学習課程終了を証明するものなので、演劇専門学校の生徒は当然、中等教育に規定された一般教科のカリキュラムも合わせて学習することになる。

卒業生はイルクーツク、シベリア、極東、ロシア諸都市で仕事に就いている。中にはモスクワの高等教育機関に進学して勉強を続け、高度な専門教育を身につけて立身出世を遂げた例もある。例えば、新進気鋭の有名劇作家・演出家**イワン・ヴィルィパエフ**（一九九五年卒）。「ノーヴァヤ・ドラマ（新しいドラマ）」流派の代表格であり、「プラクチカ」モスクワ劇場の芸術監督である。彼はイルクーツク演劇専門学校で学んだ後、教育者として母校に貢献している。モスクワに出る前にマガダン、カムチャッカで仕事をし、イルクーツクでは劇場・スタジオ「演技空間」を立ち上げ、さらにシューキン記念演劇大学演出学部を卒業した。やはりイルクーツク演劇専門学校を卒業した**アレクサンドル・モホフ**（一九八二年卒）は演劇・映画の人気俳優になり、視聴者に大人気の連続テレビドラマや劇映画の演出家として新たな才能を開花させた。彼はイルクーツク演劇専門学校卒業と同時に、GITIS俳優学部第三コースに入学している。コース長オレグ・タバコフの指示で、例外的に無試験で入学が許可されたという。大学の教科課程修了後にタバコフ・モスクワ劇場の俳優に採用され、その後、目覚ましい出世を遂げた。イルクーツク演劇専門学校は中等職業教育機関の職務を立派に実現している。

オレグ・タバコフ・モスクワ演劇学校

オレグ・タバコフはモスクワ芸術座芸術監督就任前の十四年間（一九八六〜二〇〇〇年）、モスクワ芸術座演劇大学学長、GITIS教師の立場で教育に従事してきた。教え子の多くが人気俳優に成長しており、特にエヴゲーニイ・ミローノフ、ウラジーミル・マシコフ、セルゲイ・ベズルーコフはロシアで燦然と輝く大スターである。タバコフが結成したタバコフ・モスクワ劇場スタジオの舞台には、毎回、教え子である有名俳優が登場し、迫真の演技を見せている。タバコフが作成した演劇学校設立案にはしっかりした根拠があり、十分な説得力があったので、モスクワ政府の支援を得ることができた。演劇学校は二〇一〇年九月に晴れて開校の日を迎えた。

学校はチャプルィギン通りのタバコフ・モスクワ劇場（タバケルカ）に隣接している。この学校は十四歳から十六歳までの生徒を募集して、俳優育成を行っている。才能ある逸材を発掘するためには時間も手間も省かない。ロシア各地で開催される特別観賞会がそのよい例だ。各都市で特別観賞会実施特別委員会が組織され、実に用意周到である。観賞会は既にノボシビルスク、サラトフ、モスクワ、エカテリンブルク、リツェプク、サンクトペテルブルク、イルクーツク、バルナウル、オムスク、ペルミ、サマラ、ロストフ・ナ・ドヌ、スモレンスク、ブラゴヴェシエンスク、ケメロボ、ボルゴグラード、オレンブルグ、カザン、ニージニイ・ノブゴロド、ヴォロネジ、チェレポベツ、カリーニングラード、ウファ、アルハンゲリスク、クラスノダールで実施された。そこで選ばれた若者は、創造面の試験をモスクワで受けることになる。入学競争率は非常に高く、一つの席を百人で奪う状況だ。現在、タバコフ演劇学校では七二名の学生が学んでいる。各コースの定員は二四名。履修期間は三年十カ月である。創造面の試験は演劇大学の場合と大体同じである。受験生は文芸作品の断片を暗誦朗読し、入試委員会が音楽能力、身体動作、リズム感、訛や方言のない美しい発話・発音を評定する。受験生が一人ずつ受ける個別面接試験によって総合的文化水準、ロシア演劇、世界演劇、音楽、美術、映画芸術に関する知識、クリエイティブな職業に不可欠な精神・知的面の適性（ひたむきで真摯な態度と意欲、演劇芸術や文化的価値に対する関心等）

が評価される。

タバコフ演劇学校の教育プログラムは、創造に従事する俳優の養成、児童芸術学校における演技教育専門家の養成を目的に策定されている。学生は卒業までにドラマ素材をどう扱うか、集団の中で他の俳優とどのように関わって仕事をすべきか、演出構想に基づいて舞台イメージをどのように創造すべきかを充分に習得する。また、これから教育活動を行なう可能性があることを考慮して、心理学、教育学、現代演劇概念の知識を体得して、子供の年齢や心理・身体的特性に応じた個別教育手法適用の能力を身につけ、児童芸術学校に合った演劇レパートリーに精通しておくように指導されている。

タバコフ演劇学校の学生は数学、歴史、地図、文学、ロシア語、外国語等、中等普通学校の教科も合わせて学習しているが、そういった学習の中で、やはり俳優業や演劇教育学に直接関連する教科が最も重視されている。例えば、哲学基礎、世界文化史、職業活動情報、メーキャップ、世界・ロシア舞台芸術、演劇史（外国、ロシア）、美術史、音楽教育、音楽文学である。

専門科目として舞台話法と舞台動作がある。最も重要な科目は当然、俳優術だ。学校の要となる俳優術教科では、タバコフとタバコフの教え子（有名俳優）が自ら教師になり、熱心な授業を行なっている。その教師とは、演劇・映画界の主導的俳優ミハイル・ホミャコフ、著名な俳優・演出家ヴィタリー・エゴロフ、「ゴーゴリセンター」女優アンナ・グリャレンコ、タバコフ劇場俳優ヴィタリー・ウグリューモフ、演劇・映画の人気俳優イワン・シバノフ、モスクワ芸術座女優ヤニナ・コレスニチェンコ、タバコフ劇場女優アリョーナ・ラプチェワ、モスクワ芸術座演劇大学の高名な演劇教育者ミハイル・ロバノフといった錚々たる顔である。この学校の爆発的人気の秘密は何と言ってもタバコフの名声だが、彼以外の教師もスターばかりなので、ここで学ぶことは若者にとって夢のような体験であり、極めて有益なのだ。次に、教師の何人かを詳しく取り上げてみよう。

タバコフの教え子ミハイル・ホミャコフ（一九五九年生まれ）は一九八〇年にGITIS（タバコフ・コース）を

卒業した。彼はタバコフ・モスクワ劇場で設立当初から仕事をしてきた。ホミャコフはこの劇場だけでなく、モスクワ芸術座の芝居でも大役を任されている。モスクワ芸術座で演じた代表的な役は、アレクサンドル・オストロフスキー作『どんな賢者にもぬかりはある』のグルーモフ、アントン・チェーホフ作『かもめ』のトリゴーリンである。彼は劇場だけでなく、映画や連続テレビドラマでも引っ張りだこである。タバコフは、ホミャコフの演劇に対する献身的姿勢、新しい役柄を創造的に模索する能力を高く買っている。彼はホミャコフを「タバケルカの柱の一人であり、様々な役を演じながら勇敢に自分を試す俳優」と呼んでいる。(ミハイル・ホミャコフ:「映画は好きだが、映画を演劇と同等扱いにするなんて私には絶対できない!」──イリーナ・シュヴェドワ、新聞「モスコーフスカヤ・プラウダ」、二〇〇五年六月十六日)。タバコフがホミャコフに「演劇学校で教えてみないか」と声をかけた時にタバコフが基準にしたのは、正にこの俳優、人間としての資質だったのである。

ヴィタリー・エゴロフ(一九六八年生まれ)もタバコフの教え子である。一九九四年にモスクワ芸術座演劇大学(タバコフ・コース)を卒業した。一九九九年にタバコフはエゴロフについてこう述べている。「彼は非常に繊細な上に傷つきやすく、誰の目から見ても間違いなく成功を成し遂げているというのに、まだその成功を疑っている始末だ。普通の人間なら、成功すると鼻が高く伸びるものだが、彼の場合、伸びた鼻先を自ら剪定して切ることができる。私は彼のそういう才覚に歓びを覚えるのだ。彼はいつでもまっさらの白紙から、つまりゼロから新たにスタートすることができる人物だ。仕事には情熱的にむさぶりつく。だから私は彼を信じるのだ。彼の元に役が来ている。それもすごい大役が!彼がまた驚異的業績を上げるものと期待している。」(I・V・ロジオノワ著「オレグ・タバコフ。俳優のパラドクス」、モスクワ、出版社ツェントラリグラフ、一九九九年。二三四頁)。タバコフがこう述べてから、エゴロフは舞台だけでなく、三〇本以上の映画に出演する銀幕スターとして、様々な役を演じている。しかもタバコフ演劇学校では、演出家として学生と共に芝居を上演する教師の顔も持っているのだ。

人気俳優イワン・シバノフ（一九七六年生まれ）もタバコフ演劇学校で教えている。容姿に恵まれたシバノフは一九九六年にノボシビルスク演劇大学、二〇〇〇年にGITISを卒業した。一九九〇～一九九九年はノボシビルスク青年劇場「グローブス」で仕事をしていた。モスクワではゴーゴリ記念劇場で働いていたが、二〇〇七年にタバコフ劇場に採用された。シバノフのレパートリーにはシェークスピア、ボーマルシェ、カルロ・ゴッツィ、テネシー・ウイリアムズ、オストロフスキー、チェーホフや、現代劇作家の芝居の主要な登場人物、映画・連続テレビドラマにおけるの二〇以上の役が入っている。

タバコフ学校ではミハイル・ロバノフ（一九四五年生まれ）のような熟練教師が人気俳優と肩を並べて働いており、これが辛子のようにぴりっとしたアクセントになっている。ロバノフはモスクワ芸術座付属演劇学校で学び、カリスマ演劇教育者で名優のパーヴェル・マッサリスキーに師事した。卒業後にモスクワ芸術座劇団に採用され、いくつかの重要な役を演じている。一九八〇年に天職となる演劇教育に新境地を開き、モスクワ芸術座付属演劇学校で俳優術を教え始めたのである。そこで十五本の卒業制作作品を上演した実績を持つ。一九八八年以降はタバコフと共にコースの芸術監督を務めた。その間に、共同で創造活動をするという二人の関係が育まれ、タバコフはこの経験豊かなプロを自分の演劇学校に招きたいと思うようになったのである。今やロバノフはタバコフ演劇学校の名教師である。タバコフ演劇学校は活発な事業を展開しているので、設立からたったの数年で広く周知されるようになった。毎年ロシア各地に住む多くの未来の俳優が素晴らしい教師陣の下で俳優業を学びたいと願い、この演劇学校入学を目指している。

第三部　ロシアの俳優教育メソッド

ロシアの主要な俳優教育メソッド――スタニスラフスキー・システム

スタニスラフスキー

スタニスラフスキー・システムは、コンスタンチン・スタニスラフスキーの創造と教育活動の集大成である。彼の名はロシア演劇改革の象徴、世界的業績を上げた人物として歴史に深く刻まれた。俳優養成メソッドの考案はモスクワ芸術座結成と並んで、彼の偉業として評価されている。注目すべきは、スタニスラフスキーがモスクワ芸術座の俳優や演出家だけでなく、演劇教育者の育成にも成功したことだ。この演劇教育者が、後にスタニスラフスキー・システムを次世代に伝授しながら発展させたと言えよう。その結果として、今日でもなおロシアだけでなく、世界中でスタニスラフスキー・システムに基づく俳優養成が生きているのだ。

スタニスラフスキー・システムの基本について説明する前に、それがどのように誕生したのか、簡単に述べてみたい。コンスタンチン・アレクセエフ（スタニスラフスキーの本名、一八六三～一九三八年）は富裕産業家セルゲイ・アレクセエフの息子として生を受けた。十四歳から家庭劇サークルで芝居に出演するなど、大の演劇好きであった。コンスタンチン少年にとってマールイ劇場の役者はアイドルそのもので、自分もあの役者のようになりたいと憧れるようになった。そこで、自分の俳優の才能を伸ばすために、声楽を習い、最高の教師の下で身体動作の訓練を受けたのである。やがて、家族もコンスタンチンの応援しようと、モスクワのアレクセエフ家所有の屋敷内とモスクワ郊外リュビーモフカ領に演劇ホールを設営した。やがて第一の転機が訪れた。二三歳の青年に成長したコンスタンチンがロシア音楽協会収入役に選出されたのだ。それ以降は偉大な作曲家ピョートル・チャイコフスキー等、著名な社会活動家と力を合わせてロシア芸術振興支援活動に全精力を傾けた。第二の転機は、彼が自己資金を注ぎ込んでモスクワ芸術・文芸協会設立の悲願を果たしたことだ。正にこの時期にコンスタンチン・スタニスラフスキーの芸名を名乗ったのである。後にこの名が全世界を駆け巡ることになるのは衆知の通りだ。当時、スタニスラフスキーはアマチュア俳優としてモスクワ芸術・文芸協会の芝居でいくつかの役を演じていた。演出家として芝居を上演するようになるのはもう少し後である。彼の初期の演出作品を見た評論家が、「スタニスラフスキーは、一八八五年と一八九〇年代にロシア巡業を二回行ったドイツのマイニンゲン宮廷劇場の影響を受けている」と劇評を残している。マイニンゲン宮廷劇場芸術監督リュドビーク・クロネク（一八三七～一八九一年）は、「演出家の指導下で演じる俳優アンサンブル中心の芝居」を提唱した一人だ。彼の宮廷劇場の芝居は全て、あくまでも演出家の構想だけを基本にして、真実の思想を舞台で具現している。ヨーロッパでは十九世紀末にドラマ劇場の改革運動が展開されており、創造面の模索が盛んに行われていたが、その結果として向かっていたのは、演出家主導の演劇を承認することだった。演出家主導の演劇こそが現代思想を具現する方法であり、舞台芸術に社会的意義を与えることができるものだと考えていたのである。総じて演劇界に台頭した新時代のリーダー達は、芝居の思想と創造活動の一体化を目指していた。演出家の明確な構想があれば、何か具体的な思想の周りに芝居参加者である俳優を結集することができ、ばらばらの出演者をまとまりのあるアンサンブルに変化させ、そのアンサンブルが精一杯の力を出すことで、観客に何か斬新なもの、最も大切な価値を告げることができると考えたわけだ。ここで重要なポイントは、演出家の指導下にある俳優アンサンブルが観客に提供する芝居は、本当に斬新な戯曲に基づく芝居でなければならないという点だ。時代に即した斬新な戯曲があって初めて、演劇に刷新をもたらすことができると信じられていたのである。ちょうどこの要求に答えてくれる劇作家がヘンリック・イプセン、ゲアハルト・ハウプトマン、エミール・ゾラだった。つまり、自然主義と象徴主義の要素を持つ最初のリアリズム劇作家である。ほぼ同時に、フランスのアンドレ・アントワーヌ（一八五八～一九四三年）、ドイツのオットー・ブラーム（一八五六～一九一二年）が革新的活動を開始している。アンドレ・アントワーヌはパリで「自由劇場」という劇団を結成し（一八八七年）、オットー・ブラームはベルリンで「自由舞台」を設立した。特筆すべきは、アンドレ・アントワーヌが革新的演劇概念には新しいタイプの俳優が不可欠だと結論づけ、俳優養成に早く着手したことだ。

ちょうどその頃、モスクワのスタニスラフスキーは、自らが進むべき演劇の道を模索していた。彼の目には、マールイ劇場の芝居はもはや時代遅れで古臭いと映っていたのである。彼の意識におぼろげながら未来の演劇改革の輪郭が浮かび始めたのだ。今ではロシアで演劇に携わる者なら誰でも、十九世紀末に新しい演劇流派が生まれる契機になった出来事のことを知っている。それは、一八九七年にモスクワのレストラン「スラビャンスキー・バザール」でコンスタンチン・スタニスラフスキーとウラジーミル・ネミーロヴィチ＝ダンチェンコが伝説的な会合を行ったことだ。ここで二人の偉人は丸十八時間も協議を続け、遂にモスクワ芸術座設立を決定したのである。二人は正にこの席で共同事業の基盤、芸術面の原則、新しい演劇倫理の問題、組織・運営計画、将来のレパートリー、新劇場にはどんな俳優が求められるか等々、山ほどある問題を語り合った。この時は既にスタニスラフスキーには芸術・文芸協会の教え子がおり、ネミーロヴィチ＝ダンチェンコにはモスクワ音楽協会音楽・演劇専門学校ドラマ学科の学生がいた。この若い学生達がモスクワ芸術座劇団の基を構成することになったのである。

こうして、スタニスラフスキーはモスクワ芸術座で活動を開始し、その後に演劇教育者としての真髄を究めることになる。彼が演出する芝居の創造芸術は、教え子と共に取り組む演劇教育学と並行して、進化と変化を遂げていった。ここが重要な点である。要するにスタニスラフスキーは、演劇分野のあらゆる発見、あらゆる経験を俳優と共に分かち合う不断の努力をしていたということなのだ。彼自身が成長すると同じ様に、俳優も常に成長していかねばならないと考えていたからに他ならない。彼はフレッシュな若手人材で劇団員補充を行なうために、モスクワ芸術座付属スタジオ（学校）を定期的に開設し、そこでスタニスラフスキー・システムに従った俳優養成を実践した。システムは様々な段階を経て形を整えていったと考えられている。その完成に向けたプロセスは、スタニスラフスキーの晩年まで続くのだ。スタニスラフスキーの死後は、弟子が引き継ぎ、芝居制作や教育活動を通じてシステム発展に尽力した。

システムの基本原則はスタニスラフスキーの著作「芸術におけるわが生涯」、「俳優の仕事第一部　俳優教育システム：体験の創造過程における自分に対する仕事：生徒の日記」、「俳優の仕事第二部　俳優教育システム：具象化の創造過程における自分に対する仕事：本の付録」、「俳優の仕事第三部：俳優の役に対する仕事：本の付録」の中で体系化されている。さらに彼の論文、日記、手記、スピーチ、回想にもシステムに関する有益な叙述が見られる。

スタニスラフスキーの最初の本「芸術におけるわが生涯」は、アメリカの出版社「Little, Brown and Ko」の依頼を受けて書かれたもので、英語版としてボストンで出版された。スタニスラフスキーに本の執筆を依頼するという案は、一九二二〜一九二三年にモスクワ芸術座が長期アメリカ巡業をしていた最中に浮上したものだ。その後、一九二四年にソビエトのアカデミア出版からロシア語版が出ている。この本は幼少期に始まるスタニスラフスキーの半生を綴った自伝的なものだが、同時に、理論性を帯びた俳優業の本質に関する諸思考や俳優養成法が盛り込まれている。後にアカデミア出版所長アレクサンドル・クロレンコが、本書出版について協議していた際にスタニスラフスキーが述べた言葉を回想している。「誤解を避けるために、今すぐに事の本質を正確に説明する必要がある。自分自身、この本を回想録（時に自伝）と呼んでいるが、これはあくまでも仮の呼び方に過ぎず、間違った解釈をされる恐れがある…。この本は俳優自身の告白の形で、俳優が体験する模索、発見、成功、失敗、飽くなき創造の意義、創造的開眼、創造の内面的法則、観客の心に働きかける秘訣を探すための努力について物語ったものであり、あくまでも俳優の創造芸術をテーマとする作品なのだ。本の主要素材は確かに著者自身の印象や体験の記録なので、これに関しては回想資料、文書資料と言えるだろう。この諸資料は厳密に課されたテーマに合わせて、共通原則に基づいて選んだものだ…」(http://teatr-lib.ru/Library/Stanislavsky/My_life/#_Toc 一二七三七八一〇三)。

「俳優の仕事第一部　俳優教育システム：体験の創造過程における自分に対する仕事：生徒の日記」では、もはや自伝的要素はない。一貫してスタニスラフスキーが学生との活動を通して得た経験に基づいて書いた書である。理論書には違いないが、読者が理解しやすいように若者の日記という文学手法をとっており、面白く読める。つまり、どこかの演劇学校、例えば演劇専門学校で勉強している学生が体験する日常の出来事をつぶさに書き留めた日記形式の本なのだ。この若者の興味の中心は、アルカジー・トルツォフ先生（仮想の人物）が指導する授業と稽古だ。本の大半が教師と学生のやりとり、学生同志の会話になっている。時折、会話の合間を縫って、日記の著者である俳優の卵が色々と思いを巡らせる場面がある。トルツォフ先生の教師像はスタニスラフスキー自身のイメージとかなり重なり、トルツォフ先生が学生に教えようとしていることは、演劇に対するスタニスラフスキー自身の基本原則なのである。

「俳優の仕事第一部　俳優教育システム：体験の創造過程における自分に対する仕事：生徒の日記」は、将来の俳優がプロの基本として自分の中で成長させ、高めるべき資質、訓練を経て体得すべき技術と経験について述べた本である。教師はディレッタンティズム（芸術愛好趣味）という概念の本質と、俳優に必要なプロフェッショナリズムとの違いを解説し、職人芸と舞台芸術との違いを演習や作業を通して理解させようとしている。また、教師は学生と共に《与えられた状況》、《想像力》、《舞台で必要な注意力》、《筋肉の解放》、《舞台上の真実の感情》、《情緒的記憶》、他の俳優との《交流》、《舞台における内的な自己感覚》、《超課題》、《貫通行動》といった概念を定義づけ、それらの特徴を明らかにして、訓練を進めていく。

「俳優の仕事第二部　俳優教育システム：具象化の創造過程における自分に対する仕事：本の付録」でも、第一部に登場する教師と学生が授業を続けているが、ここでは次段階に移行して、舞台イメージ具象化の準備をしている。イメージ具象化に移る前に、トルツォフ先生は学生と一緒に外面的資質を磨く練習を進める。そのために必要な体操等の肉体訓練、歌唱、発話、発声の練習、話法原則の説明といった有益な授業が展開される。先生は学生の様々な質問に答えながら、俳優の将来性、役柄、テンポ・リズムの解釈、舞台における俳優の行動の論理と一貫性、忍耐力、舞台上で輝く魅力、舞台上の俳優の心の中で起こる内面的な動きについて語って聞かせる。スタニスラフスキーは、本書の登場人物を介して演劇倫理と規律の教育も行っている。個々の章は「システムの基本的概念」をテーマとするものだ。本の付録として演習とエチュード、俳優養成プログラムの範例が付いている。

もう一つのスタニスラフスキーの著書「俳優の仕事第三部：俳優の役に対する仕事」は、生前に完成を見なかった。最終構成を終える前に著者が他界したからだ。しかし、役や芝居に関して書き残した手記や回想録の一部を補足した形で、結局は出版されたのである。本書ではシステムの二つの重要な概念、《貫通行動》と《超課題》の定義づけがなされている。スタニスラフスキーは自分の演出例を引き合いに出して、芝居と役に対する仕事を三つの部分（認識の時期、体験の時期、具象化の時期）に分けている。この本にも虚構の人物が登場し、その人物にスタニスラフスキー考案の用語を語らせているが、これまでの本とは異なり、ストーリーにはなっていない。この本はスタニスラフスキーの生前に完成されたわけではないが、スタニスラフスキー・システムに関する概念の解析がなされているので、システムを理解する上で極めて重要な意味を持つ。

スタニスラフスキーの基本的な著書のタイトルには、必ず「俳優の仕事」というフレーズが含まれているが、これは決して偶然ではない。著者は、俳優業に不可欠な要素、プロの俳優が会得すべき能力や技量とは何かを定義づけ、その能力を伸ばす方法を明確に示したかったので、タイトルに「俳優の仕事」を入れる必要があったのである。二冊の本「俳優の仕事第一部　俳優教育システム：体験の創造過程における俳優の自分に対する仕事」と「俳優の仕事第二部　俳優教育システム：具象化の創造過程における俳優の自分に対する仕事」の主題を成す教育プロセスは首尾一貫している。その点に注目すると、俳優育成過程で学生の内的資質・能力を伸ばすことに重点を置きながら、まず最初に内的柔軟性を鍛え、その後に内面的な心の動きに合わせた外面的動作の表現能力を育成している流れがよく理解できる。

スタニスラフスキーは演劇改革者であり、改革推進には新しいタイプの俳優がどうしても必要だった。だからこそ、彼は俳優の教育活動にこれほど多くの時間と精力を傾け、しかも多くの教え子を演劇教育者に仕立て上げたのである。スタニスラフスキー手法の特徴は、教え子が俳優修業を終えて入団するモスクワ芸術座の特色を考慮したものであった。

スタニスラフスキーが強く主張したかった第一のポイントは、ディレッタント（芸術愛好家）の芝居と職業演劇の大きな違いである。次のポイントは、演劇を職業とする人にも二種類あるという点だ。つまりプロの自覚をもって芸術に取り組む人と、演劇は単なる職人仕事に過ぎないと考える人である。スタニスラフスキーが演劇教育学の課題として掲げたのは、「本物の芸術に取り組み、しかもプロに不可欠な技術と職人技を備えた俳優を育成すること」だった。彼はこのような俳優を育成する劇場を二つの種類、つまり、二つの異なる演劇芸術流派、タイプに分けている。それは「追体験の劇場」と「見世物の劇場」だ。この内、「追体験の劇場」は人生の真実に迫り、信頼性が高く、十九世紀と二〇世紀の狭間で主要な演劇趣向になったイプセン、チェーホフ等の心理を掘り下げる演劇に生命を与える力があると考えていた。スタニスラフスキーは演出家として、どうしたらこういった戯曲を舞台で正しく具象化できるか、これからはどのようなタイプの劇場が必要なのか模索する中で、結局、「追体験の劇場」に的を絞ったわけだ。このような劇場では、演出家の構想を具象化する使命を担った俳優アンサンブルが最も重要な役割を果たす。ここでは、俳優はアンサンブルの一部でありながら、一人ひとりが舞台上でリアリティーに溢れた真実を確実に再現できる手法と熟練技を体得していなければならない。スタニスラフスキーは、「舞台でも普段の生活でやっているように自然に行動できるように」と指導した。彼が演劇実習に導入した概念は全て、この目的を果たすために考案されたものだ。

「俳優の仕事第一部　俳優教育システム：体験の創造過程における自分に対する仕事：生徒の日記」に頻繁に出てくる概念の一つ、《与えられた状況》あるいは《もしも》について述べてみよう。俳優は、それが「もしも」自分の人生で本当に起こったらどうするか、あれとかこれとかの状況を想像して、「これは現実の出来事なのだ」と確信できる心理状態にならなければならない。一つひとつの行動、実に単純な身体行動でさえ、その行動の背景には固有の状況があるはずだ。人間が何かの行動をとる時、その行動が単に機械的なものであるとか、何の意味も持たないなんてことは絶対に有り得ない。例えば、人間が椅子に座っているとしよう。座っている人には様々な状況があるはずだ。過酷な一日を終え、やっと自宅に戻り、やれやれと椅子に腰を下ろしているのかもしれない。あるいは、医者の診察室で椅子に腰かけて、自分の病気に診断が下るのをじっと待っているのかもしれない。それとも、客としてどこかの家を訪問し、周りの人に気に入られたいと思いながら座っているのかもしれない。何の変哲もない単純動作であったとしても、考え得る状況はいくらでもきりがないほどある。それに、単純動作の背景が何であったとしても、その人にはこの具体的状況と結びついた心の内面の動き、つまり心理的動作が伴っているはずだ。スタニスラフスキー流に言えば、「舞台上の俳優の行動には全て、何か背景があるはず」なのである。現実の生活でもそうなっているではないか。背景や状況があって初めて、一つひとつの動作に真実味、信憑性があり、説得力が増し、論理的であり、意味を持つことになる。スタニスラフスキーの有名なフレーズ《信じない》は、彼が観客の立場になり、学生の演技を見ながら、「《与えられた状況》を感じさせない動作をする俳優のことは《信じない！》」と述べた時の気持ちを表している。かつてスタニスラフスキーは、学生に動作の背景になる状況を深く理解するように指導し、「舞台では空虚な動作をするな」と口を酸っぱくして説いたものだ。

舞台上で起こっている虚構の状況を現実のことだと確信するために、俳優は**想像力**を逞しくして、あたかもそういう状況が実際に起こっているかのように、臨場感ある演技をするための能力を養わなくてはならない。例えば、空っぽの椅子が並んでいるだけの観客席に向かって俳優を座らせ、「目の前には海辺の波が寄せては返す光景がある」とか、「大変な自動車事故が起こっている」と想像させるだけでも構わない。例はいくらでも挙げられる。人間というものは、個々のケースや色々な状況に応じて、様々な反応をするものだ。俳優もそれと同じ様に、状況に応じた動作をするように求められるのだが、それがうまくできるのは、彼が想像したものを本当に信じた時だけである。この信じる力を養い、想像力を逞しくさせることも、学生に与えられる初歩課題の一つであり、教師の指導が必要となる。

学生と共に取り組むもう一つのポイントは、**舞台で必要な注意力**だ。俳優は舞台で起こっていることに常に注意を払い、そこに引き込まれる力を養わなければならない。舞台で起こっている状況とは、外面的、内面的状況ということだ。言い換えるなら、俳優は舞台で起こっている全ての動作を視界に収め、それに内面的に反応し、舞台動作のいかなる状況変化も見逃さないようにするということだ。俳優が舞台動作とは関係のないことに気を奪われているようでは失格だ。この訓練でスタニスラフスキーはもう一つの解釈《第四の壁》を導入している。ご存知の通り、舞台には三つの壁があり、四つ目の壁の代わりに観客席が広がっている。舞台に立っている俳優は自分の身体動作をしっかりと頭に刻み、同時に、舞台で起こっている全てに神経を集中させた状態になっている。この時、観客から見つめられていることはきれいさっぱり忘れなければならない。つまり、「客席の場所には第四の壁があると思い込んで行動せよ」ということだ。

ここまで述べた基本概念の訓練は舞台エチュードの形で進められる。まず、学生に《与えられた状況》、出来事、情景が提示されると、学生は想像力を働かせて、それが実際の出来事だと信じる。これらのエチュードを演じる際に、人体には所謂《**舞台上の緊張**》が起こるものだ。つまり、無意識の内に筋肉が縮み、自然に演じることができなくなる。場合によっては緊張のせいで、ただ普通に体を動かすことさえままならない。そうなると当然、迫真の演技に必要な心理面の状況も阻害され、舞台上で真実をリアルに再現するための精神的、心理的表現にブレーキがかかってしまう。そこで、ロシアの演劇教育機関ならどこでも、入学当初から筋肉をほぐす《**筋肉開放**》の体操を行っているのだ。「俳優の仕事第一部　俳優教育システム：体験の創造過程における自分に対する仕事：生徒の日記」に、筋肉を解きほぐす体操の例が書かれている。

「体操は、表面が固い場所（床等）に仰向けで寝た体勢をとり、必要以上に緊張している筋肉群を自分で見つけ出すことから始める。その際、自分の体の感覚をはっきり自覚できるように、緊張部位を口に出して表現する。肩、首、肩甲骨、腰の部分で収縮しているという具合に、自分に向かって言ってみるのだ。自分で気づいた緊張箇所はその場ですぐに弛緩させる。続けて別の緊張箇所を探し、その都度、ほぐしていく。（K・S・スタニスラフスキー著作集全九巻、モスクワ、芸術出版、一九八九年。「俳優の仕事第一部　俳優教育システム：体験の創造過程における自分に対する仕事：生徒の日記」、一九〇頁）。

《**真実の感情と確信**》は、スタニスラフスキーが俳優にどうしても伝えたかった重要概念である。上記の本では、次のエピソードが引き合いに出されている。ある時、女学生が財布の入ったバッグを舞台のどこかに置き忘れてしまい、困っていた。授業が始まる直前のことで、ちょうど舞台に勢ぞろいしていた学生が一斉に動き出し、女学生と一緒にハンドバッグ探しを始めた。このタイミングで教師がホールに入って来て、学生の様子をじっと観察していたが、学生はそんなことは全く気付かない。やっとハンドバッグが見つかった時点で、教師は学生に声をかけた。「舞台枠というものは、ライトを浴びて行っている行動を実に鮮明に見せてくれるものだ。君達は失くした物を探している間中、真剣に心的体験をしていたね。全てが真実で、全てを信じ、小さな身体的課題がきちんと遂行されていた。課題は明確であり、はっきり理解されており、注意は研ぎ澄まされ、創造に不可欠な要素が一寸とも狂わずに、一斉に機能していた。いわば、舞台上に真の芸術が創造されたことになる」。学生は、先生がそれほどまでに褒めてくれた動作を繰り返し行おうとした。早速、バッグを元の場所に戻し、もう一度、探し始めたのだ。しかしやることなすこと全てがぎこちなく、不自然になってしまい、教師の声が飛ぶ。「違う！今度は課題も行動も、本物の真実も何一つ感じられない…。どうして君達はたった今、現実に体験したことを繰り返すことができないのか？生きた行動を見せるには、俳優でいる必要なんかまったくなく、ただ人間でありさえすれば良いということのようだね」。（K・S・スタニスラフスキー著作集全九巻、モスクワ、芸術出版、一九八九年。「俳優の仕事第一部　俳優教育システム：体験の創造過程における自分に対する仕事：生徒の日記」、二二四頁）。

俳優は《与えられた状況》を信じるために、「これが自分の人生に起こったら」と想像する力を養うための訓練を積み重ねる。内面的な心の動きは、何らかの身体行動と結び付ければ、楽にできる。例えば、学生にただの紙束を渡す。学生はそれを数えるという課題に立ち向かう。但し、「もしこれが本物の紙幣だったらどうする？」というような条件つきで。このような練習は、様々なバージョンの《与えられた状況》に作り変えて行うことができる。例えば、レジ係が現金を数えるのだが、大金が不足していることに気づき、数え直す。また、或る男が、クレジットの返済をすぐにしないと自宅を失うので絶望的になっている。そんな時、思いがけず道端に紙包みが落ちているのを見つけ、それを拾って開けてみると、そこには現金が。早速、数え始める。その他にも、状況例は色々あるかもしれない。将来の俳優が学ぶべき重要ポイントは、ただの紙ではなくお金を数えていると信じること、これら全ての背景にある状況を信じることだ。

《真実の感情と確信》、つまり架空の状況を確信することは、スタニスラフスキー・システムの概念《**情緒的記憶**》と関連している。人が何かを想像する時、その人の大切な物、あるいは急に思い出した物、いつかうっとりと眺めた景色のイメージなどが浮かんでくることがある。また、何か想像しながら、好きな食物の味、寒さ暑さといった体の感覚を思い出すこともあるだろう。あるいは、過去に見た嫌な光景が浮かんでしまい、そのイメージを払い除けて、おぞましい経験を忘れたいと思うかもしれない。このように、人間の想像は何らかの感情を伴い、人は想像しながらその物や出来事にまつわる気持ちを再び味わうことになる。時に、その感情は非常に強烈なものになる。人の思い出には五感の全て（視覚ー目、聴覚ー耳、味覚ー舌、嗅覚ー鼻、触覚ー皮膚）が関係しているものだ。しかし、何よりも鮮明に覚えているのは、見たこと、聞いたことであり、最も記憶され易い感覚は視覚と聴覚だろう。その意味で、人は視覚記憶の良い人と聴覚記憶の良い人に分類できる。しかし、人にはさらに自分の感情の記憶がある。何かの出来事を思い出しながら、その出来事に関連した自分の気持ちを思い出し、その思い出の作用で赤面するかもしれないし、青ざめるかもしれない。これを《情緒的記憶》と呼ぶ。情緒の記憶は万人に同じように発達しているわけではなく、千差万別だ。俳優であるなら、芝居を演じる度にその感情を再現できる状態でいられるように、情緒の記憶を発達させ、鍛練しなければならないということだ。

上述のスタニスラフスキー・システムの概念は、一年生の一学期に学習する。スタニスラフスキー本人は、天才俳優なら舞台で直感的にこの概念通りの行動をとると考えていた。しかし、俳優になる勉強をしている平凡な学生の場合、この概念を研究して鍛えるためには、日々の練習が必要になる。訓練はエチュードの形で実施され、学生はどう演じるべきかの指導を受ける。俳優術の教師は多種多様なエチュードを使っているが、スタニスラフスキー自身が提示したエチュードをそのまま利用する場合もある。《筋肉開放》の訓練は既に紹介したが、もう一つ《**身体的行動記憶**》の訓練がある。この訓練で使われるエチュード例を挙げてみよう。

一・庭掃除をする。

二．床をふく。
三．旅の前に荷物をまとめる。
四．部屋の掃除をする。
五．魚を釣る。
六．花に水をやり、絵を描く。
七．夏に森を散歩する
八．昼食後に腹痛薬を飲む。
九．朝食をとる。
十．バイオリンを弾く。
十一．昼食の支度をする。
十二．森で鳥を捕まえる。
十三．手紙を書く。
十四．靴を磨く。
十五．窓拭きをする。
十六．夏に庭で花を摘む。暑い。蜂が邪魔をする。
十七．雛鳥に餌をやる。
十八．顔を洗う。
十九．猫と戯れる。
二〇．犬とじゃれる。
二一．ピアノを弾く。

二二．水浸しの中を裸足で歩く。

このようなエチュードを演じる時、学生はこの状況で自然に出てくる自分の身に沁みついた身体動作を思い出さなければならない。例えば、「床が水浸しなので、裸足」という設定だが、靴を履いたままの状態で床を通り抜ける演技をする。学習の場である舞台や教室には当然、エチュードの演技に必要な道具がそろっていない。学生は仕方なく、ひたすら自分の経験を思い出し、それを演技で再現することになる。勿論、エチュードで指定されている物に代わる何かで代用することもできよう。例えば「魚を釣る」エチュードで、釣り竿の代わりに棒か何かを手にとるとか。しかし、道具は一切使わずに、それを想像するだけで行動してみせるという方法もある。これは**《無対象行動》**のエチュードと呼ぶ。この場合、学生は道具を一切使わずに、上記エチュードを演じなければならない。つまり、道具を想像して演じるのだ。例えば、トランプはないが、まるで手の中にトランプがあるかのようにゲームに興じるといった具合に。このエチュードは触覚や、過去にその物に触れた時の記憶を甦らせる訓練になり、想像力を養う上でも役立つ。

次のエチュード群は**《注意力》**のエチュードと呼ばれている。これは人間の五感（視覚、聴覚、触覚、味覚、臭覚）の訓練になる。

視覚のためのエチュード：

一．部屋の調度品を観察して、部屋を出てから見た物について語る。

二．二人の人物を眺め、二人の外見上の違いを詳しく説明する。

聴覚のためのエチュード：

一．部屋の中にいて、窓の外から聞こえてくる音だけに耳を傾ける。

二．オーケストラ演奏の録音を聴きながら、弦楽器だけを聞き分ける。

触覚のためのエチュード：二つの物に触り、それを比べる。

味覚のためのエチュード：梅、お菓子、レモン等の味を思い出す。

臭覚のためのエチュード：

一．色々な花の匂いを嗅ぎ、香りを比べる。

二．魚、ニンニク、香水等の匂いを思い出す。

注意力のためのエチュード：

一．自分の人生で最も嬉しい、最も悲しい瞬間を思い出す。

二．演劇学校に入学した日を振り返る。

三．相手の動作や表情をそっくり真似る。

学生に《**空想力**》のエチュードを演じるように指導する。例えば、教師が学生に幾つかの単語を告げると、学生は空想を加えながら一つの場面に仕上げていく。あるいは、幾つかの物を渡され、これらの物が全て利用される出来事を考え出す。

学生はやはり一学期の授業で、**道具を扱うエチュード**（物を扱う演技）を習う。例えば、何か軽い物を手に取り、それがあたかもずっしりと重い物のように演技して見せる。あるいは、本を掴むのだが、初めは自分の本と仮定して、次は店頭に置いてある本、あるいは弟の本として…。また、学生は色々な部屋を仮定し、部屋に対する態度を変化させていく。最初は自分の部屋から始め、次に博物館、工場と続く。女学生は扇子の所有者を色々に変えて、つまり自分の物か、母の物か、あるいはライバルの物かによって、扇子の扱い方に工夫を凝らす。ナイフの扱いは、それが調理用の台所包丁か、博物館の由緒ある剣か、殺人者が刺したナイフかによって変わってくる。

《動作と動作正当化のエチュード》の学習では、教師の合図に合わせて動き出し、次の合図でポーズを決めたまま、身動きしないでいる。そして、そのポーズを正当化する。学生はこのポーズが持つ意味を正当化させ、このポーズで何ができるかを示さなければならない。

《公衆を前にした孤独》の訓練を行なうエチュードもある。前述の通り、スタニスラフスキー・システムには《第四の壁》という概念があり、客席の代わりに第四の壁があって、俳優は誰からも見られていないと想像しなければならない。もし本当に誰も見ていないなら、俳優は自然でのびのびと演技をすることができ、動作も生き生きしてくるものだ。《公衆を前にした孤独》とは、実際には人前にいながら、自分はたった一人だと想像することである。

このエチュードでは、それが自分の身に起こったらどうだろうと、自分の身に置き換えて演じるのだ。次の例がある。


一．人が授業の予習をしている時、電話のベルが鳴り、それに続いてドアがノックされ、邪魔される。

二．女が目を覚まし、煙の匂いに気付き、火事を発見する。

三．俳優が台詞を覚えている時、表を走る車の音が邪魔になっている。

四．男が親しい人の死亡を知らせる電報を受け取る。

五．勤め人が職場をクビになり、そのまま帰宅する。

六．若い人が汽車に遅れそうなのに、切符が見つからないでいる。

七．学生が友人の部屋に入って、友人の本を勝手に読み出す。

八．青年が部屋で一人、ダンスの練習をしている。

九．コンサートが終わり、男が自宅に帰る為にコートを着た時、財布が盗まれていることに気づく。

十．男が買ったばかりの新品の背広を家に持ち帰り、包みを広げ、背広が破けていることに気づく。


その他にも、**《変化する状況に伴う単純行動》**のエチュードがある。例えば、様々な状況の下で何回かコートを脱いでみせる。男が長い旅行から自宅に戻ってコートを脱ぐ、恋人の家に招かれて、職場にやって来て、手術を受けるために病院に着いて等々。人が身を隠すストーリーでもよい。警察から身を隠す、子供とかくれんぼ遊びをしていて、彼女をびっくりさせようとして。また、人がお茶を飲んでいる場面でもできる。自宅で、高級レストランで、イギリス王室の晩餐会で、監房で、酷い暑さの中で、ひどい寒さの中で等。どのエチュードでも、同じ動作でありながら、状況が変わるたびに人の振る舞い、動作に対する気持ちが変化する。学生が何かを行なう時、例えそれが単純動作であったとしても、どういう状況でその動作を行っているのか自覚していることが大切で、**どこでそれを行っているのか、いつそれを行っているのか、なんのために（目的）それを行っているのか、なぜ（理由）それを行なっているのか**という問いに答える用意ができていなければならない。

同じ身体行動だが、状況を変えたバリエーションで演じるエチュードの例。

一．人がドアを開けて入る。

a．部屋に誰かいるか確かめるために。

b．待ってくれている友人に会うために。

c．病院に入院している重病の親類を見舞うために。

d．部下の仕事ぶりをチェックするために。

e．重要な会議で報告を行なうために。

f．遅れて劇場に着き、誰にも迷惑をかけたくないと思いながら。

g．試験を受けるために。

h．幼稚園で子供を引き取るために。

二．人が歩いている。

a．就寝前に新鮮な空気を吸いながら散歩するために。

b．興奮しているので、気を鎮めるために。

c．自分の部屋の寸法を歩幅で測ろうとして。
d．自分の身に起こった重要な事を熟考するために、または何かを思い出すために。
三．人が様々な状況の中で座っている。
a．休憩のために。
b．誰かの目から逃れようとして。
c．通りで何が起こっているのか観察するために。
d．煙草を吸うために。
e．暗記した詩を思い出すために。
f．読書のために。
g．テレビでサッカー試合を見るために。
h．眠っている病人の看病をするために。
四．人が立ち上がる。
a．パーティで気分を害し、その場から立ち去るために。
b．自分に注意を向けるために。
c．乾杯の音頭をとろうとして。
d．自分の元にやって来た客に挨拶するために。
e．話が終わり、訪問者にもう帰ってもらう時間だと示すために。
f．年配者に敬意を表すために。
五．人が挨拶をしている。
a．長く待たされた客に挨拶するために。

b．自分の優位性を見せつけようとして。

c．挨拶の相手にお悔やみの気持ちを示すために。

d．急いでおり、さっさと挨拶を済ませて先に進もうとして。

e．挨拶の相手である高位の人物と知り合いであることを周りの人に見せびらかすために。

f．挨拶している相手の共感を呼ぶために。

六．人がドアを閉める。

a．強風が吹いているため。

b．強盗から身を守るため。

c．読書の邪魔をされないように。

d．恋人と二人きりになるために。

e．多額紙幣を数えるために。


これらの行動は全て、自分の役で演じても良いが、他の人物の役で演じることもできる。例えば美女が座っている、病気の老人が座っている、大会社の社長が座っている、小さな子供が座っている、ピアニストが座っているというように。「ドアを開けて入る」、「歩く」、「立ち上がる」も色々な役で演じることができる。

動作自体は同じでも、それが起こっている場所（レストラン、オフィス、自分の部屋、森、海岸、店等）、天候（暑い、寒い、雨天、風、蒸し暑い、雪等）、季節や時間帯といった状況の違いを考慮しなければならない。

リズム感を発達させるためには、特別の訓練が必要である。授業ではメトロノームを一定のリズム（速い、ゆっくり、変化する）に設定して、設定リズムに合わせて動く。リズムは外面的なものに限らず、内面的リズムでもある。外面的リズムは人間の動作や実際の行動に現れる。人間はどこかに急いでいることもあるし、誰か、あるいは何かを待っていなければならない時も、時間をつぶしている場合もある。内面的リズムの方はその人の精神面の営みと関連し、外面的な速い動作、ゆっくりした動作とは関係ない変化を見せることもある。例えば何かの出来事がその人の精神的な状態を急変させ、意外なことが起こったためにその場で立ちすくむとしよう。その立ちすくんでいる時の内面的リズムは、ひょっとすると非常に速くなっているかもしれない。何か悲劇的な報せを受けてその場から動けなくなってしまう時、心の中では激しいリズムの強烈な心的体験が起こっているのが普通だろう。俳優の訓練では、次の様に内面的テンポ・リズムの練習が行われている。まず、学生に何かの出来事を思い浮かべてもらい、メトロノームが奏でるリズムに合わせてそれを考えさせる。テンポ・リズムの練習は、舞台でテンポ・リズムが変化する際に必要となる外面的、内面的動作を体に刻み込むために行っているのだ。

一年次二学期のカリキュラムにスタニスラフスキー・システムの概念の一つ、《**交流**》が含まれている。学生はもうこの時期に二人か三人でエチュードを実践し、舞台上で常にコンタクトを保つ《交流》の能力を伸ばす訓練を始めるのである。

「もし俳優が客席にいる千名の観客の視線を繋ぎ止めておきたいなら、自分自身の情感、思考、行動によって、さらに自分が演じている役の情感、思考、行動によって、共演者との「繋がり」が途切れないように気を配っていることが大事だ。その際、当然のことながら、俳優同士の心の中で交わされる《交流》の中身は、芝居を目と耳で愉しんでいる観客にとって興味深く、魅力的なものでなければならない。舞台上の《交流》プロセスは非常に重要なので、私達はそれに充分な注意を払い、よく出会う最も重要な《交流》の種類について、何よりも早急に検討すべきだ」とスタニスラフスキーは書き残している。（K・S・スタニスラフスキー著作集全九巻、モスクワ、芸術出版、一九八九年。「俳優の仕事第一部　俳優教育システム：体験の創造過程における自分に対する仕事：生徒の日記」、三二二頁）

共演者とのコンタクトを保つという意味の概念《**交流**》には、外面的交流、内面的交流の両方が含まれる。それに加えて、観客席との《交流》、群衆場面における大勢の俳優との《交流》もあるだろう。さらに、交流の対象は共演者にも観客にも見えない想像の対象（例：ハムレットの父親の亡霊）の可能性もある。演劇で問題が生じるのは、下手な俳優が生身の《交流》相手である共演者を、まるで想像の対象のように捉えている時だ。このような場合、下手な俳優には自分の目の前で演じている実在の共演者が見えていないので、共演者が行なっていることに瞬時に反応することができず、台詞や登場のタイミングを知らせる共演者の合図に耳を傾けず、身振り、顔の表情の変化、行動に全く気付かないのだ。これでは《交流》と呼べない。本物の《交流》は、共演者に対して絶えず注意を払い、その行動に対処した瞬時の反応をすることだ。外面的《交流》は、共演者の身体行動に対する身体反応のことだ。例えば、共演者が挨拶をするために君に手を伸ばしてきた時、君は相手に合わせて、相手と同じ様に応えるか、あるいは嫌な奴だと思うなら、顔をそむけ、相手の仕草に気付かないふりをする。どちらのケースでも、君は共演者の行動に反応し、応じるための行動をしており、これは外面的な《交流》となる。ところが内面的交流の方は、外面的交流を伴うかもしれないし、それとは無関係かもしれない。例を挙げて説明しよう。なぜか女友達が気分を損ねていると、ある人が気付いたとしよう。その人の反応は色々考えられる。同じように暗い気分になる、女友達が悲しんでいる理由を理解しようと試みる、誰かが彼女を怒らせたのではないかとじっと考え込むという具合に。このような場合、共演者との《交流》によって、俳優の心に内面的状況（考え込むとか、心配するとかいった心の動き）が呼び起こされることになる。外面的交流には動作や言葉が伴うが、内面的交流の方は動作も言葉もないままに生じていることがある。

共演者に起こっている全てに反応する能力は、特別のエチュードで訓練している。二人の俳優が参加して演じる《**有機的**（**明確な意味をもっている**）**沈黙**》のエチュードがある。このエチュードによって、言葉を交わさずに相手とコンタクトを保つ能力を養うことができる。

エチュード例：

一．二人がエレベーターでばったり行き合う。一人はもう一人を知っているように感じ、一体どこで会ったのか思い出そうとしている。

二．老婦人が一人で自宅にいる。そこに強盗が部屋に忍び込む。

三．若者が公園のベンチでガールフレンドを待っている。待ち合わせ場所のベンチには見知らぬ男が座っている。若者は「こいつ早くどっかに行けばいい」と思っている。

四．喧嘩をした二人の友人同士が図書館で出くわした。一人は近づいて仲直りしたがっているが、もう一人は避けている。

五．汽車で男女の乗客が並んで座っている。男は知り合いになりたがっているが、女は携帯電話でSMSを書くことに没頭している。

六．二人の学生がキャンパスの一室にいる。一人は化学の試験勉強中で、もう一人は歌の試験の準備中。

数名が参加して演じる《有機的沈黙》のためのエチュード例。

一．人々が空港で、何らかの原因で遅延している到着便を待っている。

二．患者が待合室で診察の順番を待っている。

三．激しく揺れる船の甲板に乗客がいる。

四．閉店セールの店に買物客がいる。

五．大学に試験開始を待つ学生がいる。

六．人々がランチタイムにレストラン前で行列に並んでいる。

《特徴を表現する》ためのエチュードはグループで演じる。このエチュードで、学生は人や動物の特徴を掴み、自分の動作を駆使してその特徴を再現し、グループ内で交流できるようにする。以下の例がある。

一．全員が鳥。

二．全員が動物。

三．全員がマダム・チュッソ博物館の蝋人形。

四．全員が中国人、フランス人、イタリア人。


これらのエチュードとは別の《交流》エチュードがある。このエチュードを行なう時には、予め学生に《与えられた状況》が提示され、その状況の中で演じることになる。その例は以下の通りである。


一．夫と妻の口論。

二．街角で警官が通行人を呼び止め、身分証明書を調べようとしているが、通行人は身分証明書を所持していない。

三．会社の宴会。

四．教師が生徒にピアノのレッスンをしている。

五．写真館に様々な人やグループが写真を撮ってもらうために来ている。誰もが、それぞれの具体的な理由からプロのカメラマンに撮ってもらう必要があるのだ。

六．女が自分のワンピースを仕立てているデザイナーの元に試着をするためにやって来た。

七．数人が同じ仕事に就くためにやって来た。求人は一人だけだが、誰もがこの職に就きたいと思っている。

八．女が男と会っており、女は今日こそプロポーズしてもらえるものと期待している。男は彼女から断られることを恐れ、自分の気持ちをどうしても言い出せない。

九．会社の社員に、彼の息子が生まれたことを告げる。

十．ある人がもっと家賃の高いアパートに引っ越すために荷物をまとめている。その最中に彼の同僚が来て、彼は解雇されたと知らせる。

十一．現代美術展が開催されている。来館者が絵を見ている。一人の来館者が気絶する。

十二．人が就業時間中に公園のベンチに座り、菊の花を観賞している。その時、上司が歩いているのに気付く。学生はエチュードでただ漠然と役を演じるのではなく、どこで、いつ、何のために（目的）、何故（理由）それをするのか、状況をしっかり理解していなければならない。勿論、自分の相手役が何者なのか、何をしている人なのかも承知しておくことが求められる。最も簡単な例は、教師、子供、若い女性、医師、警官、上司、遠い親戚等、色々な相手と挨拶を交わすエチュードだ。

ロシアの演劇大学の舞台話法教師は、スタニスラフスキーの助言に基く授業を実践している。特に「メトロノームに合わせた散文小説の暗誦朗読、詩・散文朗読は、抽象的な聴衆の前ではなく、仮に設定した聴衆の前で演じるのだと思わせることが望ましい。例えば、学校の先生、大勢の観客、子供、君に感じの悪い態度で接する人、愛する女性、夜のパーティに集まった客人とか、聴衆を設定して、その人のために演じると想像させるのだ」という助言は人気がある。

二年次か一年次（三学期か四学期）から短い芝居、つまり戯曲断片の演技に入る。スタニスラフスキーは、コースの入学希望者選考の際には、ひとつのコースに様々な役柄の俳優がそろうように、つまりコースがミニ劇団になるように考慮すべきだと考えていた。そうすれば、学生と共に戯曲断片を、その後（三年次か四年次）に戯曲を舞台で演出することが容易になるからだ。また、スタニスラフスキーは、将来に教師と学生が共に演出する具体的戯曲を予め頭に入れておいて、その芝居に合うかどうかを根拠に受験生を選ぶよう教師に提言している。当然、演習やエチュードの内容も、今後、舞台で演じることになる戯曲の内容に関連したものになる。最終的な舞台上演のために、二年次の授業で同じ戯曲から断片をいくつか選んで練習しても良いのだが、色々な形式や時代の感覚を養うためには、古代ギリシャ悲劇から現代戯曲まで、様々な時代、様々な文学思潮の戯曲を扱い、学生と共に演出を経験する方がより有益である。

芝居で演技をするために必要な個々の技量は、学習過程の初期段階からスタニスラフスキー・メソッドで訓練できるし、またそうでなくてはならない。何故なら、例え短い練習課題やエチュードであっても、そこには「超課題」と「貫通行動」の概念が生きているはずだからである。これらの概念を無視して、心理を重んじる手法で芝居を演じ、舞台上で生きた真実を創造できる人はいないだろう。

一年次一学期に演習やエチュードを演じる時、いかなる動作も、それが例え些細な動作であったとしても、学生は何のために(目的)それを行なうのか理解していることが重要だと前に述べた。例えば「座っている」エチュードでは、一休みするために、煙草を吸うために、新聞を読むためにというように、何のために座っているのか、学生は十分に掴んでいなければならないのだ。

今度は、「何故?」という質問に答えることが、新たな課題になる。学生には簡単な課題が与えられ、それに続いてひっきりなしに新たな課題が追いかけてくる。元々、この世に課題がないままに漠然と暮らす生活などあるわけがない。俳優もやはり、舞台で正しい演技をするために色々な課題を背負うことになる。ただ人間生活にも、舞台上の俳優(スタニスラフスキー・システムで演じていると仮定して)にも、次々と現れる小さな課題があるかと思えば、それと並行して、完全に遂行されるまで、あるいは何らかの理由で断念するまでずっと長く立ちはだかっている、大きな課題や目的があるはずだ。例えば、若者が大学の法学部で学んでいるとしよう。その人は法学という専門を身につけるために、小さな課題をクリアしながら二年かけて必要な授業に通い、必要な試験を受けている。ところが二年間の勉強を終えた段階で、彼はオペラ歌手の才能があることに気づき、自己課題(目的)を変更し、大学を去り、今度は声楽の勉強を始めることになった。また、ある女性には資産家に嫁ぐという課題があり、その目的を果たすためにエステサロンに通い、理想の結婚相手に出会えると期待しながら沢山の人と知り合う努力を重ねている。そして目出度く結婚相手を見つけ、嫁ぐことができたが、今度は「旦那とずっと仲良くしていきたい」とか、「彼との関係の中でもっと自由があったらいいのに」とか、何か別の課題の実現を目指すようになる。しかし人間にはこういった小課題とは別に、一生を通じて胸に宿り、生涯の生きがいになる究極の課題や目的があるものだ。例えば作家なら、数世紀後も彼の名が語り続けられるような傑作を書き上げること。これこそが作家にとって最高位の課題、《**超課題**》だろう。勿論、この作家にも他の人々と同じ様に、超課題と並行して取るに足らない小さな短期課題があるはずだが。

人生と同様、舞台上の俳優にも重要度と期間において大中小の課題がある。芝居の場合なら、全登場人物、全俳優に共通の大きな課題があり、これが芝居の《超課題》になる。俳優、登場人物が芝居の主題に基づく《超課題》を遂行する過程と方法は、俳優の行動、動作、言葉に貫かれる《**貫通行動**》(スタニスラフスキー用語)の形をとる。演出家の仕事は、一人ひとりの俳優・登場人物に対して《超課題》、《貫通行動》を明確にする指南役を務めることだ。芝居の世界には各俳優の課題があり、芝居全体の《超課題》と《貫通行動》がある。その場合の《超課題》は、劇作家が自分の戯曲に込めた本質的な意味、戯曲の趣旨と内容に対する演出家のビジョン、演出家のコンセプトから生まれる。各俳優の課題遂行に向けた努力、共演者と共に芝居の場面に関わること、アンサンブルの一員としての動作と台詞、共演者との《交流》は、真摯なものでなくてはならない。それが成功するかどうかは、芝居の《超課題》が芝居参加者を惹きつける力、俳優の注意力制御、共演者に対する反応、芝居の《超課題》と《貫通行動》の遵守にかかっている。舞台では「無意味な」瞬間は有り得ないし、流れの寸断などもってのほかだ。全てが超課題に沿って順調に演じられた時に初めて、観客の心を虜にすることができる。演出家は、各俳優が自分の行動路線を正しく構築するように、共演者との《交流》が超課題に基づく芝居の統一ラインに沿って進むように手を貸すのだ。

現実の世界ではどんな作用もそれに反発する力と衝突するのが常であり、人は目的達成のためにその難関を克服する運命にある。例えば、学生は大学の卒業証書を受けるために必死に勉強しなければならず、そのために娯楽は我慢するしかない。この時、心の内面で二つの矛盾した思い、卒業証書と娯楽が葛藤を始める。これと同じ様なことが演劇で起こった場合、「《貫通行動》が、それに敵対する作用の抵抗に遭っている。もし《貫通行動》

が反作用に打ち勝つことができたら、超課題は無事に具象化される」という説明がなされるだろう。

戯曲『オセロ』を例にとって説明してみよう。オセロとデズデモーナの超課題は、元々は一致していた。二人とも相手を幸福にしたいと心から願っていた。実際、それぞれが自分なりに、身近な方法でそれを実現しようと試みている。然るべく、二人にはそれぞれ、一連の行動や言葉の鎖で連なる《貫通行動》がある。ところがイアーゴの《超課題》は全く正反対なのだ。イアーゴは、オセロが自分の能力を正当に評価してくれないと憎み、しかも、オセロがイアーゴの妻と密通したのではないかと疑心暗鬼に陥り、オセロへの復讐に燃えている。イアーゴが繰り広げる奸計の行為、つまり目的達成に突進する《貫通行動》は、オセロとデズデモーナに拮抗する作用になっていく。この芝居では、《貫通行動》と反作用の衝突は、主人公三人の死という悲劇に導かれる。一般的に、戯曲の主人公の争いや行為の中で展開される正反対の目的の**衝突**が、芝居のドラマチックな**起動力**になるものだ。戯曲の核となる争いがどのように解決されるかによって、芝居のジャンルが決まる。悲劇か、ドラマかコメディーか。時には解決できない争いもある。相対する双方の和解が得られない場合には、悲劇的結末となる。例えば、ソポクレス作『オイディプス王』の悲劇では、オイディプスの意図に運命が逆らっている。反対に、争いが解決できるケースもある。主人公の《貫通行動》が対立側の作用に打ち勝ち、その結果として争いが無事に解決される場合だ。ボーマルシェ作の喜劇『セルビアの理髪師』では、フィガロがアルマヴィーヴァとロージナの結婚を阻む全ての敵に勝利して、彼らの結婚を御膳立てすることに成功している。

と言っても、古典作品の場合は色々な解釈がなされ、演出家の裁量でいくらでも変えてよいという前提があるので、シンプルな解釈はご法度である。これが演劇の多様性と深さを物語っている。そのため、様々な演出家の構想で決まる《超課題》も、《貫通行動》も千差万別になる。いわば、演出家の采配次第で芝居の趣旨や思想、さらに芝居がどれほど真実味に溢れ、観客を納得させ、夢中にさせるかが決まってくるのだ。スタニスラフスキー自身、モリエールの喜劇『気で病む男』のアルガンを演じた時の反省を語っている。それは、自分が演じる役の

《超課題》を定めようとしていた時のことだ。「最初、〈病人になりたい〉という《超課題》を決めた。この課題で役に取り組んだが、ちっともうまく行かなかった。その後、〈病人だと思わせたい〉と《超課題》を修正したところ、芝居はたちまち陽気な喜劇となり、観客を沸かせることができた」。このエピソードは、《超課題》と《貫通行動》を決定する作業がいかに重要かを物語っている。

学生はエチュードで経験を積み、やがて説得力に富み、真実味のある生きた演技を身につけていく。芝居に出る俳優の演技や舞台動作は、心の中で感じている状況に基づいたものであり、論理的であり、一貫しているのが普通だ。この点では、現実の生活と何ら変わりがない。確かに、人間が理由もなく、実際の状況がないままに何かの行動をとることはない。芝居は、エチュードの訓練と同じように、デティールに至るまで何もかも、充分に検討を重ねて作り込んでいくものだが、その時の俳優は当然、自分の行動と台詞に関して、「いつ、どこで、何のために(目的)、何故(理由)それを行なうのか」の問いに答えられるようになっている。要するに、一人ひとりの俳優が舞台で見せる動作、動線は全て、登場人物の心の動きである内面的状況の結果であるべきなのだ。スタニスラフスキー・システムは心理を重んじる演劇手法の原則に従い、俳優は演じるのではなく、《役を生きる》のだと述べている。俳優は戯曲で起こっている状況を現実のことだと信じ、全身全霊で芝居の世界に没頭する。俳優の一つひとつの動作、舞台で発する言葉はどれも、心の状態と動機に支配されるものでなくてはならない。戯曲に描かれている出来事と登場人物の人柄に、知らないうちに入り込んでいたということはあり得ない。俳優が戯曲内容、出来事の原因、登場人物の行動の背景にある動機について十分な知識を持つことができた時に初めて、そのプロセスに身を投じていけるのだ。学生は自分の役の内面的状況、行動動機をとことん突き止め、その上でこの動機を信じ、今度は自分の内面的状況の一部にしていかねばならない。ここでパワーを発揮するのが俳優の想像力、情緒的記憶等、一年生の学習で習ったスタニスラフスキー・システムの要素なのである。

スタニスラフスキーは、登場人物の具象化は「自ら進めるようにしなさい」と教えている。「俳優自身の心の中で、登場人物の行動の根拠となる内面的原因を見つけ出しなさい」ということなのだろう。つまり、内面的原因がはっきりすれば、登場人物の動作を、俳優自らやってみようという気分になるということなのではないか。もし、戯曲で衝突が起こっていたとしたら、学生はその衝突を自分の生活に置き換えることになる。スタニスラフスキーは、悲劇『ハムレット』のテーマの背景にある状況を引き合いに出している。それはハムレットの父親の死、ハムレットの母親が、父を殺した犯人である叔父と結婚したことだ。俳優は想像力を働かせて、これがすべて自分の身に起こったことだと信じるように努力する。すると、これらの出来事に対して自然に反応し、戯曲の出来事を心の中で追体験することができるようになる。その結果、戯曲で起こっていることに対する感情面の対処の仕方が決まるのだ。俳優はこれを頭に刻み、登場人物の性格、生活や人生を詳細に模索し、役の世界に没頭していく。次にさらに想像力をパワーアップして、戯曲の出来事に対する自分の対処の仕方を補完しながら、自分に置き換えていく。俳優はこのような複雑な経路を通って、最後は《変身》と呼ばれる域に達するのが理想である。

《**変身**》は心理を表現する演劇の重要部分であり、基本の一端を成している。舞台で《変身》する訓練は、大学教育の次段階である二年次から始まる。ちょうど学生が戯曲断片の演技を行い、その後に学年末、卒業記念制作の芝居に着手する時期である。

舞台上の正しい《交流》の訓練で体得した経験と知識は、芝居の稽古中も、観客を前にした芝居でも、パーフェクトな形で活かされなければならない。芝居の最中に交わされる共演者同士の《**交流**》が、抜け落ちた輪のない、途切れることなく繋がった鎖になっていたら素晴らしい。

舞台行動がこの上なく真実に迫り、根拠に裏打ちされ、説得力に富んだものになるために、学年末制作、卒業記念制作のリハーサルを行なう途中で、芝居のテーマに関連したエチュードに戻ることが何回もある。様々な状況に合わせてドアを開けるという単純なエチュード例については、既に述べているが、このような簡単なエチュードさえ、芝居を控えたリハーサルでは実に有益なのだ。例えば、ハムレットとガートルード（ハムレットの母）の場面でドアを開ける動作がある。これを演じる学生は、戯曲の前場面で起こったことを理解し、ハムレットがガートルードと会って何をしようとしているかを考えて、そういう内面的状態でドアを開けなければならない。

二年次の三学期と四学期には、個々の芝居の断片を扱う。規模は小さいが、芝居と全く同じことが練習できる。芝居全体を通して決定的な意味を持つのは、演出家が俳優に提示する課題である。まず、演出家が戯曲全体あるいは断片の《超課題》を定め、次に、それに立脚した各人の課題と《貫通行動》を共に模索するのである。それ故、プロの演出家が俳優コースの責任者を務めているケースが多いのだ。コース長と協力して、あるいはその指導下でプロの俳優も学生の訓練に直接携わっている。ここで、ハムレットとガートルードが登場するドラマチックな場面を振り返ってみよう。それは、「ねずみ捕り」のエピソードの後で起こり、ハムレットが仕組んだ場面だ。ハムレットの叔父）こそが父を殺した犯人だということを暴露するために、ハムレットが仕組んだ場面だ。ハムレットは母親のガートルードに呼ばれて、彼女の元に出向く。ガートルードがハムレットを呼び寄せた時、彼女の心にはハムレットの気を鎮め、自分の再婚相手クローディアスと仲直りするように説得するという課題があった。ところがハムレットの課題は正反対で、クローディアスは殺人犯なのだとガートルードに分からせ、母親の目を開かせることだった。舞台に登場する人物の欲求の衝突が、この場面のエネルギー源になっている。結局、この場面は意外な結末を迎える。ブラインドの向こうで物音がするのに気付いたハムレットは、クローディアスが隠れているのだと思い込み、剣でブラインドを突き刺す。ところがブラインドの向こうにいたのはクローディアスの廷臣ポローニアス。ハムレットは偶然とは言え、結果的にポローニアス殺害の罪を犯してしまった。ガートルードとハムレットの軋轢を解決する可能性は、この事件が起きる前からほとんどなかったが、この悲劇がきっかけでもはや絶望的となる。その先も、つまり戯曲の最後まで母と息子が二人きりで、一対一で会うことは一度もない。その後、人間関係が破局的な展開を見せ、周知の通り、悲惨な結末を迎える。二年次の教科課程では、戯曲の一場面を取り出して演じる学習を行っているが、学生は、一部のエピソードで自分の出番が終わったとしても、それ以降に展開する事件の流れを心に留めておく必要がある。そのため教師は、具体的なエピソードの枠を越え、現時点で演じている場面の先にある芝居も視野に入れて、《超課題》を示す必要がある。

俳優学部三年次に受ける俳優術の授業は、コース長かコース教師が演出する学年末制作芝居の稽古になる。芝居はプロの俳優と一緒に劇場で上演されることもあるので、純粋な学習とは言えないが、完全な公演でもない。学年末制作の稽古にはかなり多くの時間が必要だ。芝居稽古の途中で、この時期に必修の戯曲を扱う通常授業も並行して行われるからだ。登場人物、断片、エピソード、場面、その一つひとつが詳細に教師の手で吟味される。勿論、学生自身が創作プランを提案しても構わない。それが優れたアイデアと評価された場合には、芝居に採用される。最高学年の四年次には、四年間の学習成果を披露することになっている。その成果を発表する場が卒業制作芝居なのだ。

学年末制作、卒業記念制作の芝居は数回上演されるのが普通だ。どの演劇大学も別棟の教育用劇場、あるいは学内の演劇ホールを所有している。芝居は、観客が見ている中で行なわれ、俳優術講座の教師陣の評価を仰ぐことになる。このような機会を通して、学生は俳優業に必要な経験を踏み、劇場で仕事をするための準備を整えるのである。学生は学年末制作や卒業制作のリハーサルと並行して、舞台話法、舞台動作、ダンス、声楽、メーキャップ等の専門科目、さらにカリキュラムに応じた一般教養科目の俳優修業に励むのだ。

卒業記念制作の芝居はいつの時代にも、学生本人、演劇大学教師だけでなく、地元の劇場幹部にとっても重要イベントとされている。劇場幹部は気に入った卒業生を自分の劇場で採用したいと思っているので、真剣そのものだ。彼らは学生の才能だけでなく、自分の劇団で上演する芝居の役柄にぴったり合うかどうかも見ている。他の都市の劇場関係者も卒業記念制作芝居を見に来る。また、卒業制作芝居フェスティバルが華やかに実施されており、大学卒業生、劇場幹部の双方に好評である。フェスティバルでは、その場で様々な演劇大学の芝居を見ることができるので、学生にとっても、劇場にとっても絶好のチャンスなのだ。通常、優秀な卒業生には数か所の劇場から声が掛かるが、その場合には、本人が希望の劇場を選ぶことができるようになっている。

俳優学部の学生は例外なく「ドラマ劇場・映画俳優」の資格を取得できる。もっとも、在学中から映画に出演する学生も多いが…。学生の映画出演は教師にとってあまり嬉しい話ではない。学生には、事前の特別許可取得が条件だと指導している。大学卒業前に劇場の芝居に出演することに関しては、教師の見解が分かれている。ただ、大半の教師は「不完全に学んだまま、卒業を待たずに舞台で演じるのは、将来ある俳優にとって毒であり、しかも初めから観客の評判が良いと、自分はもう一人前のプロだという幻想に捉われ、せっかくの創造芸術の芽が摘まれてしまう」と考えている。

ロシアの演劇大学には、所謂《特定目的グループ》という風習がある。これは、予め具体的な劇場のために設けられたグループに学生を採用して、その劇場の演出家か芸術監督が俳優術の教育を行なうという仕組だ。勿論、このようなグループに入学したからと言って、卒業後にその劇場が絶対に引き受けてくれるという保証はないのだが、入団の可能性は確かに大きいのである。何故なら、もともと入学選考の時点で、その劇場にとって必要な、使える若者を選んでいるからだ。《特定目的グループ》の学生は、入学試験で自分を選んでくれた劇場の芝居、特に群衆場面に出演することがよくある。このような経験を通して、劇場で培われた空気や規則を徐々に体得していくのだ。

スタニスラフスキーは俳優の職業教育だけでなく、モラル教育も重視した。何分、演劇は集団作業の芸術なので、芝居は参加者全員の協力の中で制作されている。ロシアの演劇大学ではスタニスラフスキーによって築かれた伝統の維持が重視されており、教師陣はプロの俳優術と合わせて、劇場における基本的モラルを教えなければならない。つまり、グループ内で行動する際の原則、仲間・劇場事務部・技術スタッフとの相互関係、創造活動で求められる規律の原則である。スタニスラフスキーの言葉を引用しよう。

「秩序と作業体制が整っていれば、集団の仕事は気持ちよく、実り豊かなものになる。何故なら、そこではお互いに助け合う環境が整っているはずだからである。しかし、もし秩序と仕事の環境が整っていなかったら、集団による創造活動は苦痛と化し、人々は互いに邪魔し合い、現場で衝突を繰り返すだろう。ここで明らかなのは、全員がいつでも規律を身に着け、守っていくべきだということだ」（K・S・スタニスラフスキー著作集全九巻、第三巻、モスクワ、芸術出版、一九九〇年。「俳優の仕事第二部：具象化の創造過程における自分に対する仕事：本の付録」、二七五頁）。

スタニスラフスキーは一九〇八年に劇場のモラルと規律の原則を確立した。この原則は、彼の舞台芸術の基本理念と直接関係しており、芝居制作という創造活動に必要な全条件を整えて完璧な芝居を提供するという最大目的のためにあるのだ。「愛すべきは自分の中にある芸術であり、芸術の中にある自分ではない」というスタニスラフスキーの名言がある。これは、今でもロシアの演劇大学で学生に叩き込まれているモラルと規律の基本と考えることができる。創造に携わっている人、技術スタッフ、管理や事務の仕事をしている人等、芝居には多くの人が関わっており、観客に提供する芝居はその人たちの仕事の結果としてある。だから、組織全体の規律に加えて、芝居制作・上演に不可欠な助け合いと協力の原則が守られて初めて、芝居は成功するのだ。エゴイストの性分が抜けない俳優は、いかに才能に恵まれていたとしても、自分の役を立派に演じることしか考えないようなら、深刻な問題を必ず引き起こす。アンサンブルが基本で結成された劇場では、仲間から孤立した俳優が立派な演技をやり遂げるのは無理であり、舞台の共演者との精神的繋がり、芝居の基本概念の生みの親である演出家との創造活動が不可欠なのだ。だから、創造に関わる他の人たちをよく観察して、配慮を怠らないことが、優れた芝居を制作するために必要な条件になる。だからこそ、学生には劇場での集団創造活動を第一に教育しているのである。

これまでも繰り返し述べたが、演劇では創造活動と俳優の精神状態が密接に結びついているので、俳優が芝居に集中し、役を生きる生活に入るための環境が非常に重要である。理想的環境を作ることができるかどうかは、正に劇場で働く一人ひとりにかかっている。プライベートの問題を劇場に持ち込む者がいると、皆の気が散り、必要な環境が整わないどころか、乱れてしまう。だから、日常生活の問題は劇場の敷居外に置いてきて、劇場に入ると同時に芝居という共通の仕事に気持ちを切り替えるべきだ。これが劇場におけるモラルと規律の重要原則になる。また、規律は外面と内面の両方であり、劇場で働く人の行動だけでなく、心の状態のことも意味している。俳優は特にこの原則に忠実であるべきだ。何故なら、俳優にとって心の状態は自分の創造活動の重要ツールであり、これは何が何でも絶対に守る必要があるからだ。

演劇という創造活動では、芝居を取り仕切る演出家の権威が高いものだ。出演俳優は、稽古の初めから終わりまで演出家に注意を払い、演出家の課題を具象化することに対して、精神的に常にスイッチ・オンの体勢でいなければならない。

俳優の世界は実に具象的で分かりやすい。入団したばかりの新人俳優にとって古株や先輩俳優は、有難い存在とはお世辞にも言えない。配役を決める時、新人がライバルになるかもしれないので、先輩が戦々恐々として警戒するのも充分にうなずける。配役が元で、俳優同士の陰謀、もめごと、モラルに反する悪辣な行為が繰り広げられることは、皆が知る通り。勿論、陰謀の対象が経験豊富な俳優になる場合もなきにしもあらず。別の俳優が彼の役を奪おうと画策して、あるいは成功を妨害しようと企んで…。しかしやはり、陰謀の餌食になるのは、劇場内の争いにうとい、入団したての若手俳優の場合が多いようだ。優れた指導者は常に、このような俳優のエゴの芽を摘むように心がけている。

「小さな役はない。小さな俳優はいる」というスタニスラフスキーの有名なフレーズがある。誰もが簡単に賛成できる言葉ではない。彼は昔からずっと劇場での主役争いを見てきたので、この言葉を発し、学生にその意味を理解させようとしたのだ。この言葉の意味は明瞭である。「大事なのは役の大きさではなく、君がそれをどう演じるかだ。俳優は主役を獲得しようと努力するのではなく、与えられた役を立派に演じようと尽力すべきなのである。例えその役が端役であっても同じことだ。特にアンサンブルが原則で結成された劇場では全員が同じように重要であり、その役が全くの端役であったとしても、重要であることに変わりはない」ということだ。演劇大学の教師陣は、この原則をなんとか学生に伝えようと苦心惨憺している。しかしこれは、スタニスラフスキーが勧めるモラルの中で人気ワースト・ワン。それも仕方のないことだ。いつの時代も、大役をものにしたいと必死になるのが当たり前で、大役が手に入った途端に格別の責任感で臨むというのが人の常だからである。

演劇のモラルと規律はリハーサルの準備段階でも、真っ最中でも同じようにキチンと守るべきだ。さっと流してお茶を濁すだけの不真面目で許しがたいほど形式的なリハーサル、全ての動作を機械的にこなし、心も込めず、無分別に台詞を発するだけのリハーサルがどういうものか、教師は学生に理解させねばならない。それは、心理を重んじる演劇の俳優にとって害であり、準備の弊害になるだけである。稽古中であっても、俳優は役を生き、登場人物の全ての行動と言葉について、内面的に正当化しなければならない。主役か端役かに関係なく、俳優は絶対にこれを守るべきなのである。

演劇活動の最終ゴールとなる芝居上演の段階では、俳優は自らの創造的、身体的、精神的パワーをこれまで以上に発揮することになる。集団原則を守ること、共演者に注意を向けること、舞台上で注意力を研ぎ澄ますこと、舞台に登場するための精神的心構え等々…。芝居当日の俳優の心は、こういった思いで張ち切れそうになり、その中で精一杯の準備を整えるのだ。俳優は舞台イメージを頭に描きながら劇場に入って来るので、そのタイミングで俳優の気を散らすことがないように互いに気をつけなければならない。劇場に到着して舞台衣装を着けるうちに、完全に役に集中することができる。役づくりのために自分でメーキャップを施す時、役との精神的な繋がりをしっかり意識していることが大事である。

芝居はどんなものであっても、観客に見せる目的で制作されるものだ。ただ、劇場と観客との関係は、それぞれの劇場の思うがままに築かれている。娯楽を愉しみ、楽しく愉快になりたい観客に来てもらう劇場もある。また、芝居上演の趣旨である問題や思想について、観客にじっくり考えさせる芝居を提供する劇場もある。心理を重んじる演劇を上演する劇場は、何よりも観客が舞台にのめり込み、舞台で起こっていることを共に追体験し、情緒的に反応することを目指している。こういった演劇は観客の心を揺さぶり、続いて熟考を誘うように観客を導いていく。舞台俳優が役に生き、身をもって真実の感情と情念を体感し、その感情と情念を観客に感染させることができた時、劇場の望み通りの状況が実際に起きたことになる。舞台と観客の間で情緒的関係が結ばれるかどうかは、まず俳優の演技にかかっている。言うまでもなく、その関係は、舞台から発せられる衝動を観客側が受け入れる気持ちになって初めて成立するものだ。つまり劇場では、舞台だけでなく客席でも相応の雰囲気が醸し出されるように、あらゆる手段を講じなければならないということになる。劇場では何もかもが大切ということだ。観客が劇場に入って来る時、誰がどのように迎え入れるか、劇場のロビーはどのようなものであるべきか、切符切りやクローク係はどう振る舞うべきか、一つひとつの些細なことまでが大切なのだ。スタニスラフスキーが「劇場はクロークから始まる」と言った時に意味したのは、恐らくこういうことなのだろう。大学卒業後に入団したばかりの新人俳優は、自分の周囲や傍で働く劇場の全員に対して、つまり俳優にも、技術スタッフにも心配りを忘れず、真摯に接するべきだ。若い彼らが成功するか否かは、一つひとつの小さなこと、一人ひとりによって決まるのだということを、肝に銘じておかなくてはならない。こういったニュアンスが分かれば、何故、演劇大学の教師陣が俳優術の厳密さだけでなく、モラルと規律の問題を重視しているのか、学生にも理解できるだろう。

スタニスラフスキー・システムに基づく俳優養成メソッドはロシアだけでなく、世界中で適用されている。多くの演劇や映画の俳優が、それぞれの国の演劇学校でスタニスラフスキー・システムに基づく訓練を受けているのだ。世界中の銀幕を飾り、文字通り巨星となって天空にキラキラと輝くスターも例外ではない。例えば、マリリン・モンロー、ダニエル・デイ＝ルイス、チャールズ・スペンサー・チャップリン、ジェームス・ディーン、マーロン・ブランド、モンゴメリー・クリフト、エイドリアン・ブロディ、ロベルト・デ・ニーロ、ハーヴェイ・カイテル、アル・パチーノ、メリル・ストリープ、ダスティン・ホフマン、エドワード・ノートン、アンソニー・ホプキンス、ジョニー・デップ、ミッキー・ローク、ヒュー・ジャックマン等である。現代演劇・映画界の錚々たる顔ぶれが例に上がったことで、スタニスラフスキー・メソッドに基づく演劇教育の擁護者は確信を強めるだろう。「スタニスラフスキー・システムは様々な流派の劇場に適用できる訓練メソッドであり、ある意味で俳優術のアルファベットになり得る」と。

著者あとがき

ロシアの演劇教育システムは、今では枝分かれが進み、多彩になっている。いずれにせよ、ロシアの演劇教育機関では相変わらず多くの学生が学んでおり、その大半は卒業後に演劇関係の職につき、学校で身につけた知識や技術をプロの世界で発揮することができている。それは、国内に国立劇場が沢山あり、おまけに映画産業が発展し、テレビ業界が活況を呈していることによるものだ。学生が受けている演劇教育の基本にある訓練メソッドは、言うまでもなくスタニスラフスキー・システムである。これはある意味でロシアの強みと言えるが、逆に、このシステムだけで訓練を受けた俳優の演技には偏りが見られ、システムにはある種の限界があると批判されている事実も否定できない。

今日の時点では、スタニスラフスキー・システムの捉え方に微妙な温度差があると言えよう。ロシア生粋の演劇教育擁護者は、「スタニスラフスキー・システムはオールマイティなメソッドである」と主張し、中には「他の手法は一切認められない」と頑固一徹を通す者さえいる。実際、演劇界の現実を見ると、ほとんどの学生がスタニスラフスキー・システムの訓練を受けている。ところが面白いことに、ロシアの俳優には多種多様な演劇潮流を受け入れる能力があり、実際にその能力を色々な舞台で発揮しているのだ。私自身、彼らの驚くべき柔軟性と才能は本物だと納得する幸運な機会に何度も遭遇した。

現実にロシアの役者は《心理を重んじる演劇》とは程遠い、様々なスタイルの演出家と仕事を行ない、異なる演劇流派の洗礼を新たに受けることで、プロとしての覚醒と成長を遂げている。ところが、それでもなお、学校で全身に叩き込まれたスタニスラフスキー・システムの基本は大切にしており、それを捨て去ろうとする者はいない。

二〇〇四年に異色の日本人演出家、鈴木忠志氏がモスクワ芸術座でシェークスピアの『リア王』を上演した。鈴木氏のユニークな演出メソッドは、リアリズム演劇とは全く関係がなく、スタニスラフスキー・システムとは正反対と言っても過言ではない。鈴木氏はある種の潜在的エネルギーを利用した特別なトレーニング法を取り入れている。その隠れたエネルギーとやらは、一定運動をすることによって俳優の体内で充電され、俳優の造形的身体動作、発話、舞台上に存在する全ての物に溢れ出すそうだ。鈴木氏の芝居に出演したモスクワ芸術座の俳優、つまり芸術座付属演劇学校出身者にとって、この手法は初耳、初体験のものだった。しかし彼らは日本で数週間滞在し、鈴木氏のお膝元で直々の訓練を受けたことで、鈴木メソッドを完璧に身に付けることができた。モスクワと日本で大成功を収めた鈴木氏演出の舞台は、ロシアの演劇教育法と日本人演出家の概念が結合した成功例となり、観客はその素晴らしい結合の瞬間を脳裏に深く刻んだ。モスクワ芸術座で実際にあったこのエピソードによって、ロシアの俳優養成メソッドには包括的特徴があるということが分かるだろう。ちなみに、上記の露日合同舞台を成し遂げた鈴木氏にロシアの名誉ある演劇賞「スタニスラフスキー賞」が授けられている。

新時代に生きる若い俳優の前途には、とてつもなく大きな可能性が広がっている。彼らは自分の職業活動を果敢に開拓し、舞台芸術のイメージをさらに広げ、色々な俳優訓練法・スタイルを貪欲に吸収することができる。今後、ロシア演劇教育はロシア演劇界に寄与するだけでなく、多様性に富んだ世界舞台芸術の発展にも一役買うことができると期待している。

訳者あとがき

モスクワの街を散策すると、至る所で新作芝居のポスターが目に飛び込んでくる。ここには、演劇が盛んな国であることがすぐ分かる街の風情がある。劇場の数が非常に多く、しかもどこも満員になっている。ロシアの人々はとにかく芝居が大好きだ。芝居のことになると、話が止まらない。むきになったり、饒舌になったり、妙にシニカルになったりする。芝居が終わると、好きか嫌いか、見るべきか、見ない方がいいか、激論となり、時にはネットが炎上する。演劇が人々の生活の営みに組み込まれているのだ。マイヤ・コバヒゼさんが書いた本書は、ロシアの演劇教育を紹介する本だが、この本には、演劇が大好きなロシア社会の秘密を解く鍵が隠されている。ロシアには「心理を重んじる演劇」の伝統があり、演出家はその真髄を究めるために舞台芸術の伝統を守りながらも、一日も休まずに斬新な演劇に挑戦を続けているそうだ。役者は「役を生きる」ことに徹し、「超課題」に沿って、「追体験」、「貫通行動」と呼ばれるスタニスラフスキー・システムの原則を守りながら、やはりノーヴァヤ・ドラマという新潮流の演劇で新境地を開いているという。

スタニスラフスキー・システムは一二〇年以上前から世界中で受け継がれ、研究されてきた俳優修業法だ。基本を身につけるためには地道な日々の努力が必要だと教え、仕事現場の仲間を大切にして、和を重んじ、小さな役でも全身全霊を尽くすようにと諭してくれる精神修養でもある。だから、システムは演劇以外の職業、例えば語学、スポーツ、音楽修業にも役立つ貴重なヒントがいっぱい詰まった玉手箱のようだ。東京でもスタニスラフスキー・システムを学ぶことができる劇場やセミナーが存在している。機会があれば、尊敬できる本物の指導者を信じて、飛び込んでいく価値があると思う。長い時間をかけた無数の基礎的レッスンや実習を経験し、熟考や迷いに苦しみ、確固たる地盤ができた時に、一部のセミナーの宣伝文句にあるように、本当にひらめきやインスピレーションが湧いてくるかもしれない。システムのつまみ食いは良くないが、できるところから実践するのは、構わないのではないか。まずは、スタニスラフスキー・システムの基本に則った芝居を見るために、劇場に足を運ぶことから始めるのが正解だろう。

本書では演劇と政治の関係に触れている。シベリア・極東が収容所列島と化し、凍てつく収容所に政治犯や思想犯が送り込まれた流刑の時代、検閲、反コスモポリタニズム闘争の恐怖に脅かされた時代、これもまた演劇史のひとこまに組み込まれているそうだ。今や新生ロシアの時代。検閲は当然残っているが、恐怖時代とは全然違う。今という時代に生きる演劇人が思い切り才能を開花させるように心から祈り、平和な社会を守りたいと真剣に思う。

二〇一五年一二月にクレムリンで大統領付属文化・芸術審議会が行われ、プーチン大統領が議長を務めた。会議には文化大臣やトルストイ、ゲルギエフ等、文化部門の重鎮が顔を揃えていた。会議では、発言者はかなり率直に窮状を訴え、改善を求める発言をしている。この中でシャフナザーロフはウクライナで自分の映画が上映禁止になっていることを憂い、ウクライナ問題が文化交流にも暗い影を落としていることが伺えた。その席で演劇人同盟のカリャーギンが、ロシアには文化年（二〇一四）、文学年（二〇一五）、映画年（二〇一六）があるので、次はいよいよ「ロシア演劇年宣言を！」と直談判している。彼はその理由として「栄光の歴史を有するロシア演劇は実際に民族の文化遺産である」と強調したのだ。プーチンが演劇を含む文化発展に理解を示していることは確かなので、きっとこの演劇年の提案も近いうちに実現されるだろう。

コバヒゼさんは文化省の要職にあった方で、しかも現場の最前線ともやり取りがあり、官僚としては演劇界の酸いも甘いも噛分けた人物だ。だからこそ、実に公平に、冷静に劇場や演劇大学の紹介をしているのだ。彼女は有る時、ふーっとため息をつきながら「日中の激務の後であちこちの芝居やコンサートに足を運ぶのよ。だってそういうのは普通、夜ですもの！」と漏らしたことがある。私は、「体力もいるから大変だったということ？」と少々気の毒に思ったのだが、次の瞬間、彼女はすっと背筋を伸ばして、「でも、最前線の作品を沢山見ることができたわ！」と、まるで薔薇が咲いたように笑ったのだ。官僚、演劇教師、学者、日本通と色々な顔を持つコバヒゼさんだが、素顔の彼女は正真正銘のロシア演劇ファンなのだと感じた瞬間である。実際、ボリショイ劇場で会うコバヒゼさんは、我が家にいるように自然で、豪華絢爛な劇場にしっくり溶け込んでいる。彼女は誰よりも劇場が似合う人だ。

このたび、コバヒゼさんが書いた演劇教育の本を翻訳するという機会を与えて下さったロシア文化フェスティバル日本組織委員会事務局長長塚英雄氏に心からの謝意を表明したい。モスクワでは、露日協会会長ロマネンコさんに演劇用語の意味を教えていただいた。また、スタニスラフスキー・システム概念用語訳については、「俳優の仕事—俳優教育システム（第一部・第二部）」（岩田貴、堀江新二、浦雅春、安達紀子 訳）の翻訳者が熟考と協議を重ねて決めたという訳語を多く借用させていただき、その一人安達紀子さんとは直接お会いして貴重なご助言を仰ぐことができた。ノーヴィ・レパートリーの上世博及氏からは、スタニスラフスキー・システムに基づく訓練内容や用語についてお話を伺うことができた。紙面を借りて御礼申し上げる次第である。

鍋谷真理子

付録
ロシアの主要な演劇教育機関の連絡先

●ロシア国立舞台芸術大学 GITIS

住所：125009 ロシア連邦モスクワ市マールイ・キスロフスキー横丁六番
電話：+7（495）690-52-26
　+7（495）690-31-53（俳優学部 actor@gitis.net）
　+7（495）690-52-15（演出学部 director@gitis.net）
　+7（495）690-51-78（演劇研究学部 teatroved@gitis.net）
　+7（495）690-05-97（国際交流局 international@gitis.net）
ファクス：+7（495）690-52-26
オフィシャルサイト：http://www.gitis.net/ http://www.youtube.com/user/gitisnet
e-mail: infc@gitis.net
学長 メリク＝パシャエヴァ・カリーナ・レヴォノヴナ

●モスクワ芸術座付属演劇大学

住所：125009 ロシア連邦モスクワ市トヴェルスカヤ通り六／一番
電話：+7（495）629-39-36，+7（495）629 3213
　+7（495）629-39-36（俳優学部 volodina@mxat-school.ru）
ファクス：+7（495）292-57-67

オフィシャルサイト：http://www.mxatschool.theatre.ru/
e-mail: public@mxat-school.ru　tsezarova@mxt-school.ru（国際交流部）
学長 ゾロトヴィツキー・イーゴリ・ヤコヴレヴィチ
総裁 スメリャンスキー・アナトリー・ミロノヴィチ

●国立アカデミー・マールイ劇場付属シェープキン記念演劇大学

住所：109012 ロシア連邦モスクワ市ネグリンナヤ通り六／二番　一、二ビル
電話／ファクス：+7（495）623-18-80
オフィシャルサイト：http://www.shepkinskoe.ru/
e-mail: schepkinskoe@theatre.ru
学長 リュビーモフ・ボリス・ニコラエヴィチ

●国立アカデミー・ワフタンゴフ記念劇場付属ボリス・シューキン記念演劇大学

住所：119002 ロシア連邦モスクワ市ボリショイ・ニコロペスコフスキー横丁十二－a
演出学部住所：ボリショイ・ニコロペスコフスキー横丁十五番一ビル
電話／ファクス：+7（499）241 5644（学長受付）
電話：+7（499）241 92 22（俳優学部事務局）
+7（499）241 01 46（演出学部事務局）
+7（499）241 08 90（入試委員会）
オフィシャルサイト：http://www.htvs.ru/
e-mail: sh-tea-inst@mail.ru
学長 クニャゼフ・エヴゲニー・ウラジーミロヴィチ

芸術監督 エトゥシュ・ウラジーミル・アブラモヴィチ

●サンクトペテルブルク国立舞台芸術アカデミー SPBGATI

住所：191028 サンクトペテルブルク市モホヴァヤ通り三十四番
電話：+7（812）273-15-81
　+7（812）579-83-63（俳優・演出学部）
　+7（812）273-08-12（演劇研究学部）
　+7（812）273-10-72（入試委員会 pk@tart.spb.ru）
　+7（812）272-17-89（国際部）
オフィシャルサイト：http://academy.tart.spb.ru/
e-mail: rector@tart.spb.ru, international@tart.spb.ru
学長代行 チェプロフ・アレクサンドル・アナトーリエヴィチ

●ヤロスラブリ国立演劇大学

住所：ヤロスラブリ州ヤロスラブリ市ピエルヴォマイスカヤ通り四三番
電話：+7（485）231-41-14，電話／ファクス：+7（4852）72-81-11
オフィシャルサイト：http://www.theatrins-yar.ru/
e-mail: ygti@rambler.ru
学長 クツェンコ・セルゲイ・フィリッポヴィチ

●L・V・ソビノフ記念サラトフ国立音楽院付属サラトフ演劇大学

住所：410028 サラトフ市ラボーチャヤ通り二三番
電話：+7（845）222 30 07

+7（845）223 13 28（音楽院学部事務局）
ファクス：+7（845）227 26 53
オフィシャルサイト：http://sati-sgk.ru/index.php
e-mail: inku@mail.ru
学長 ゴリュノワ・ナタリヤ・ペトロヴナ

●**ヴォロネジ国立芸術アカデミー**
住所：394053 ヴォロネジ市ゲネラル・リジュコフ通り四二番
電話：+7（473）266-16-72（学長受付）、+7（473）266-39-72（教務課）
+7（473）266-84-09（入試委員会）
+7（473）266-26-91（演劇学部事務局）
+7（473）227-22-20（音楽学部事務局）
オフィシャルサイト：http://www.artacademy.vrn.ru/kontaktyi/
e-mail: voronezhacademyofarts@gmail.com
学長 スクリンニコワ・オリガ・アナトリエヴナ

●**エカテリンブルク国立演劇大学**
住所：620014 エカテリンブルク市ワイネル通り二番
電話／ファクス：+7（343）371-76-45
+7（343）359-40-71（俳優術講座）
+7（343）359-40-72（舞台話法講座）
+7（343）359-40-71（身体表現講座）

オフィシャルサイト：http://egti.ru/
http://www.youtube.com/channel/UCbCu5IolxgxKvXCY3FkYSYw?feature=watch
e-mail: r_egti@mail.ru
学長 バベンコ・ウラジーミル・ガブリーロヴィチ

●ノボシビルスク国立演劇大学

住所：630099 ノボシビルスク市レヴォリューツィヤ通り六番
電話／ファクス：+7（383）223 48 87
電話：+7（383）223 11 58（学部事務局）
+7（383）218 75 99（俳優術講座）
オフィシャルサイト：http://www.ngti.ru/
e-mail: ngti2004@mail.ru
会長 アファナシエフ・セルゲイ・ニコラエヴィチ
学長 グレハボツカヤ・ヤナ・オレゴヴナ

●極東国立芸術アカデミー

住所：690990 ウラジオストク市ピョートル・ヴェリーキー通り三番a
電話：+7（423）226-49-22（学長受付）
+7（423）222-24-91（教育部門）
+7（423）226-05-11（教育・研究部門担当副学長）
+7（423）226-17-13（国際交流・イノベーション事業・補足教育担当副学長）

+7（423）226-08-15（音楽学部）
+7（423）226-16-18（演劇学部）
+7（423）222-16-32（美術学部）
オフィシャルサイト：http://www.dv-art.ru/
e-mail: mail@dv-art.ru
学長 チュグノフ・アンドレイ・マトヴェーヴィチ

●オレグ・タバコフ・モスクワ演劇学校（O・タバコフ・モスクワ劇場付属モスクワ演劇カレッジ）
住所：モスクワ市チャプルィギン通り二十番一ビル
電話：+7（495）625 52 74
　　　+7（495）625 78 65
ファクス：+7（495）625 67 41
オフィシャルサイト：http://www.tabakovschool.ru/
e-mail: shkolatabakova@mail.ru
学長 クラヴェツ・ユーリー・アナトリエヴィチ

●イルクーツク演劇専門学校
住所：664003 イルクーツク市チミリャゼフ通り二十番
電話：+7（3952）20 94 62
電話／ファクス：+7（3952）20 84 58　+7（3952）20 61 96
オフィシャルサイト：http://irkteatruch.ru/page/index.html
e-mail: teatruch@mail.ru

校長 ドムブロフスカヤ・スベトラーナ・イワノヴナ
芸術監督 グーシン・ゲンナジー・スチェパノヴィチ

参考文献

1. K・S・スタニスラフスキー著作集全九巻。第一巻。「芸術におけるわが生涯」。解説I・N・ソロヴィヨワ。モスクワ、芸術出版。一九八八年。
2. K・S・スタニスラフスキー著作集全九巻。第二巻。「俳優の仕事第一部　俳優教育システム（体験の創造過程における自分に対する仕事：生徒の日記）」。編集及び序文：A・M・スメリャンスキー。解説：G・V・クリスチ&V・V・ディボフスキー。モスクワ、芸術出版。一九八九年。
3. K・S・スタニスラフスキー著作集全九巻。第三巻。「俳優の仕事第二部　俳優教育システム（具象化の創造過程における自分に対する仕事：本の付録）」。総監修：A・M・スメリャンスキー、序文：B・A・ポクロフスキー。解説：G・V・クリスチ&V・V・ディボフスキー。モスクワ、芸術出版。一九九〇年。
4. K・S・スタニスラフスキー著作集全九巻。第四巻。「俳優の役に対する仕事：本の付録」。編集・序文・解説：I・N・ヴィノグラーツカヤ。モスクワ、芸術出版。一九九一年。
5. K・S・スタニスラフスキー著「俳優と劇場の倫理」。序文：A・D・ポポフ。モスクワ、ロシア国立舞台芸術大学GITIS出版。二〇一二年。
6. 「K・S・スタニスラフスキーの用語と定義による俳優術」。モスクワ、「ソビエトロシア」出版。一九六一年。
7. V・O・トポルコフ著「スタニスラフスキーの稽古」。モスクワ、芸術出版。一九五〇年。

8. N・M・ゴルチャコフ著「K・S・スタニスラフスキーによる演出の授業」。編集N・D・ヴォルコフ、モスクワ、芸術出版。一九五二年。
9. V・I・ネミーロヴィチ＝ダンチェンコ著「劇場の誕生」。モスクワ、「プラウダ」出版。一九八九年。
10. V・I・ネミーロヴィチ＝ダンチェンコ著「過去から」。モスクワ、「ワグリウス」出版。二〇〇三年。
11. E・B・ワフタンゴフ著、資料選集。モスクワ、「VTO」出版。一九八四年。
12. M・O・クネベリ著「俳優の創造活動における言葉」。モスクワ、GITIS出版。二〇〇九年。
13. M・O・クネベリ著「教育学の詩情、戯曲と役の効果的分析」。モスクワ、GITIS出版。二〇一〇年。
14. B・E・ザハワ著「俳優と演出家の技能。教材」。モスクワ、GITIS出版。二〇〇八年。
15. B・V・アリペルス著「新しい舞台の模索」。モスクワ、芸術出版。一九七六年。
16. G・A・トフストノーゴフ著「思索の輪：論文。演出の解説。リハーサルの記録。」レニングラード、芸術出版。一九七二年
17. I・N・ソロヴィヨワ著「芸術座：活動と思想の冒険」。編集：A・M・スメリャンスキー。モスクワ、モスクワ芸術座出版。二〇〇七年。
18. A・M・スメリャンスキー著「与えられた状況。二十世紀後半のロシア演劇の実態から」。モスクワ、「俳優・演出家」出版。一九九九年。
19. A・M・スメリャンスキー著「過ぎゆく天性。ゼロからの声」。モスクワ、AST出版。二〇一三年。
20. A・M・スメリャンスキー&Z・V・ウダリツォワ著「モスクワ芸術座付属演劇大学。家族のアルバム」。モスクワ、モスクワ芸術座出版。二〇〇三年。
21.「劇場―変化の時代：論文集」。編纂：A・M・スメリャンスキー、M・E・シュビトコイ。モスクワ、芸術出版。一九八七年。

22．A・V・バルトシェヴィチ著「演劇年代記。二一世紀初頭」。モスクワ、「俳優・演出家・美術家」出版。二〇一三年。
23．V・N・ガレンジェエフ、レフ・ドージン著「メソッド。流派。創造の哲学」。サンクトペテルブルグ、サンクトペテルブルグ舞台芸術アカデミー出版。二〇一四年。
24．A・Y・スモリヤコフ著「正にロシア国立舞台芸術大学」。モスクワ、「アルゴリズム・ブック」出版。二〇〇四年。
25．V・V・リセツキー著「俳優訓練：歴史、実践、実施に際しての個別アプローチ」。モスクワ、GITIS出版。二〇一三年。
26．「肖像と人物に見るロシア国立舞台芸術大学」全2巻。編集：V・M・トゥルチン＆E・E・シゼンコ。モスクワ、GITIS出版。二〇一三年。
27．「ロシア国立舞台芸術大学：演劇教育学の生命と運命」。編集：V・M・トゥルチン、モスクワ、GITIS出版。二〇〇三年。
28．D・G・リヴネフ著「一年生との対話：一年次の俳優術教育メソッド叙述の経験」。モスクワ、GITIS出版。二〇一三年。
29．A・I・ピリュス著「慣れた言葉からプロの言葉へ：舞台話法の技術。演劇大学演出・俳優学部学生用教材」。モスクワ、GITIS出版。二〇一二年。
30．A・B・ネミロフスキー著「俳優の造形的身体表現力。教材」。モスクワ、GITIS出版。二〇一三年。
31．A・G・ブーロフ著「俳優と教師の仕事」。モスクワ、GITIS出版。二〇〇七年。
32．S・Z・グリシコ著「演劇学校での舞台動作技術訓練。教材」。ウラジオストク、極東大学出版。一九八三年。
33．I・V・ロジオノワ、オレグ・タバコフ著「俳優に関するパラドクス」。モスクワ、「ツェントラリグラフ」

出版。一九九九年。
34．G・K・ジュラヴリョワ、E・A・アブラモワ著「歴史の頁。ノボシビルスクアカデミー青少年劇場グローブス。一九三〇〜二〇〇〇年」。ノボシビルスク、二〇〇一年。
35．コンスタンチン・スタニスラフスキー著「An Actor Prepares」。一九三六年。（英語版）。ロンドン、Methuen 出版。一九八八年。
36．コンスタンチン・スタニスラフスキー著「An Actor's Work：A Student's Diary」。一九三八年。（英語版）。翻訳&編集：ジーン・ベネデッティ。ロンドン、Routledge 出版。二〇〇八年。
37．コンスタンチン・スタニスラフスキー著「Creating a Role」。一九六一年。（英語版）。翻訳：エリザベス・レーノルズ・ハプグッド。ロンドン、Mentor 出版。一九六八年。
38．コンスタンチン・スタニスラフスキー著「An Actor's Handbook：An Alphabetical Arrangement of Concise Statements on Aspects of Acting」。一九六三年。（英語版）。翻訳&編集：エリザベス・レーノルズ・ハプグッド、ロンドン、Methuen 出版。一九九〇年。
39．コンスタンチン・スタニスラフスキー著「Stanislavski's Legacy：A Collection of Comments on a Variety of Aspects of an Actor's Art and Life」。一九六八年。（英語版）。翻訳&編集：エリザベス・レーノルズ・ハプグッド。改訂版。ロンドン、Methuen 出版。一九八一年。
40．ベラ・マーリン著。「The Complete Stanislavsky Toolkit」。（英語版）。ロンドン。Nick Hern Books 出版。二〇〇七年。
41．A・M・スメリャンスキー著「The Russian Theatre After Stalin」。（英語版）。ケンブリッジ大学出版。（ケンブリッジの現代演劇研究）。二七二頁。一九九九年。
42．A・M・スメリャンスキー著「After My Life in Art」。ロンドン。Routledge 出版。二〇一二年。

43.　レフ・ドージン著「Journey Without End. Reflections and Memories. Platonov Observed : Rehearsal Notes」。序文：ピーター・ブルック。ロンドン、Tantalus Books 出版。二〇〇五年。

マイヤ・コバヒゼ略歴

専門は演劇研究。芸術準博士。グルジア映画演劇大学を卒業後、英国エセックス大学、ニューヨーク市立大学に留学。ロシア国内の劇場、オーケストラ、舞踊団、サーカスなど、ロシアの90の芸術団体を統括していたロシア連邦文化省・文化映画庁現代芸術局長などを歴任。著明な演劇一族の出身で曾祖母、祖父、父は皆有名な俳優。娘はボリショイ劇場のバレリーナ。

1992～96年グルジア文化省の初代第一次官（副大臣）。グルジアの首都トビリシとモスクワで演劇史を教える。その後、ロシア連邦文化省で高官として活躍、ボリショイ劇場の保護委員会会員、日本におけるロシア文化フェスティバル組織委員会委員。日本語と日本文化を学ぶ。ロシアテレビアカデミー基金国際プロジェクトコーディネーター。

訳者　鍋谷真理子

ミールロシア語研究所にて10年間の通訳訓練を受ける。
青山学院女子短期大学卒業後、川崎重工業開発本部ソ連中国班、国際自然医学会、日ソテレビセンター、トルード新聞社の通訳を経て、フリーロシア語通訳・翻訳者。
2011年からロシア文化フェスティバル IN JAPAN 通訳。

主な仕事：
1980年 東映映画「二百三高地」ロシア語指導
1981年 TBS連続ドラマ「二百三高地」ロシア語指導
1982年 東映映画「ダイアモンドは傷つかない」ロシア語指導
1993年 木山事務所「夢、クレムリンであなたと」レオニード・アニシモフの通訳
2004年 東映映画「キャシャーン」ロシア語翻訳
2007年 講談社なかにしれい著「戦場のニーナ」通訳コーディネーター

ロシアの演劇教育

2016年6月30日　初版第1刷発行

著　　者　マイヤ・コバヒゼ（訳：鍋谷真理子）
企画・編集　長塚英雄（ロシア文化フェスティバル日本組織委員会事務局長）
企　　画　株式会社 ロシアン・アーツ
〒160-0022 東京都新宿区新宿6-7-1 エルプリメント新宿506
TEL 03-5919-1051　FAX 03-3355-8901
発 行 者　南里　功
発 行 所　有限会社 成文社
〒240-0003 神奈川県横浜市保土ヶ谷区天王町2-42-2-3-415
TEL 045-332-6515　FAX 045-336-2064

ISBN978-4-86520-021-8